Lane
Z. 2628
A.1

TRAITÉ
SUR LES
APPARITIONS
DES ESPRITS,
ET
SUR LES VAMPIRES,
OU LES REVENANS
de Hongrie, de Moravie, &c.

Par le R. P. Dom AUGUSTIN CALMET, Abbé de Sénones.

Nouvelle édition revûe, corrigée & augmentée par l'Auteur.

TOME I.

A PARIS,
Chez DEBURE l'aîné, Quai des Augustins, à l'Image S. Paul.

―――――――――――――――

M. D. CC. LI.

Avec Approbation & Privilege du Roi.

Quemadmodùm multa fieri non posse, priusquam facta sunt, judicantur: ita multa quoque, quæ antiquitùs facta, quia nos ea non vidimus, neque ratione assequimur, ex iis esse, quæ fieri non potuerunt, judicamus. Quæ certè summa insipientia est. Plin. Histor. natur. lib. vij. c. I.

PRÉFACE.

LE grand nombre d'Auteurs qui ont écrit sur les Apparitions des Anges, des Démons & des Ames séparées du corps, ne m'est pas inconnu; & je ne présume pas assez de ma capacité, pour croire que j'y réussirai mieux qu'ils n'ont fait, & que j'enchérirai sur leurs lumieres & sur leurs découvertes. Je sens bien que je m'expose à la critique, & peut-être à la risée de bien des Lecteurs, qui regardent cette matiere comme usée & décriée dans l'esprit des Philosophes, des Savans, & de plusieurs Théologiens : je ne dois pas compter non plus sur l'approbation du peuple, que son peu de discerne-

PRÉFACE.

ment empêche d'être Juge compétent dans cette matiere. Mon but n'est point de fomenter la superstition, ni d'entretenir la vaine curiosité des Visionnaires, & de ceux qui croyent sans examen tout ce qu'on leur raconte, dès qu'ils y trouvent du merveilleux & du surnaturel. Je n'écris que pour des esprits raisonnables & non prévenus, qui examinent les choses sérieusement & de sang froid; je ne parle que pour ceux, qui ne donnent leur consentement aux vérités connues, qu'avec maturité, qui sçavent douter dans les choses incertaines, suspendre leur jugement dans les choses douteuses, & nier ce qui est manifestement faux.

Pour les prétendus Esprits forts, qui rejettent tout pour se distinguer & pour se mettre au-dessus du commun, je les laisse dans la sphere de leur élévation : ils penseront de mon ouvrage ce qu'ils jugeront à propos; & comme il n'est pas fait pour eux, apparemment ils ne prendront pas la peine de le lire.

Je l'ai entrepris pour ma propre instruction, & pour me former à moi-même une idée juste de tout ce qu'on dit sur les Apparitions des Anges, du Démon, & des Ames séparées du corps. J'ai voulu voir jusqu'à quel point cette matiere étoit certaine ou incertaine, vraie ou fausse, connue ou inconnue, claire ou obscure.

Dans ce grand nombre de faits & d'exemples que j'ai ramassés, j'ai tâché d'apporter du choix, & de n'en pas entasser une trop grande multitude, de peur que dans le trop grand nombre d'exemples, les douteux ne nuisissent aux certains, & qu'en voulant trop prouver, je ne prouvasse absolument rien. Il s'en rencontrera même entre ceux que j'ai cités, qui ne trouveront pas aisément créance parmi plusieurs Lecteurs ; & je confens qu'ils les tiennent comme non rapportés.

Je les prie cependant de faire un jufte difcernement des faits & des exemples, après quoi ils pourront avec moi porter leur jugement, affirmer, nier, ou demeurer dans le doute.

Il m'a paru très-important par le refpect que tout homme doit à la vérité, & par la vénération qu'un Chrétien & un Prêtre doit à la Religion, de détromper le monde de l'opinion qu'il a fur les Apparitions, s'il les croit toutes vraies ; ou de l'inftruire, & de lui montrer la vérité & la réalité d'un grand nombre, s'il les croit toutes fauffes. Il eft toujours honteux de fe tromper; & il eft dangereux en fait de Religion, de croire légerement, de demeurer volontairement dans le doute, ou de s'entretenir fans raifon dans la fuperftition & dans l'illufion : c'eft déja beaucoup de fçavoir douter sagement, & de ne porter pas ses jugemens au-delà de ses connoissances.

Je n'ai jamais eu la pensée de traiter à fond la matiere des Apparitions ; je n'en ai traité, pour ainsi dire, que par hazard & par occasion. Mon premier & principal objet a été de parler des *Vampires* de Hongrie. En ramassant mes matériaux sur ce sujet, il s'en est trouvé beaucoup qui concernoient les Apparitions ; leur grand nombre causoit de l'embarras à ce traité des Vampires. J'en ai détaché une partie, & en ai composé cette Dissertation sur les Apparitions ; il en reste encore un bon nombre que j'aurois pû en détacher, & mettre plus d'ordre & de suite dans ce Traité. Bien des gens ont pris ici l'accessoire pour le principal, & ont fait plus d'attention à la premiere partie, qu'à la seconde, qui étoit toutefois la premiere & la principale dans mon deſſein.

Car j'avoue que j'ai toujours été fort frappé de ce qu'on raconte des Vampires, ou des Revenans de Hongrie, de Moravie, de Pologne, des Broucolaques de Grece, des Excommuniés qu'on dit qui ne pourriſſent point: j'ai crû devoir y donner toute l'attention dont je ſuis capable; & j'ai jugé à propos de traiter cette matiere dans une Diſſertation particuliere. Après avoir bien étudié la choſe, & m'en être fait inſtruire autant que j'ai pû, j'y ai trouvé peu de ſolidité & peu de certitude; ce qui joint aux avis de quelques perſonnes ſages & reſpectables que j'ai conſultées, m'avoit fait entierement abandonner mon deſſein, & renoncer à travailler ſur un ſujet qui ſouffre tant de contradictions, & renferme tant d'incertitude.

Mais regardant la choſe ſous un autre aſpect, j'ai repris la plume,

PRÉFACE.

résolu de détromper le Public, si je trouvois que ce qu'on en dit fût absolument faux, faisant voir que tout ce qu'on débite sur ce sujet est incertain, & qu'on doit être très-réservé à prononcer sur ces Vampires, qui ont fait tant de bruit dans le monde depuis un certain tems, & qui partagent encore aujourd'hui les esprits, même dans les pays qui sont le théatre de leur prétendu retour & de leurs Apparitions: ou de montrer que ce qu'on a dit & écrit sur ce sujet, n'est pas destitué de probabilité, & que la matiere du Retour des Vampires est digne de l'attention des curieux & des Savans, & mérite qu'on l'étudie sérieusement, qu'on examine les faits qu'on en rapporte, & qu'on en approfondisse les causes, les circonstances & les moyens.

Je vais donc examiner cette question en Historien, en Philosophe, en Théologien. Comme Historien, je tâcherai de découvrir la vérité des faits ; comme Philosophe, j'en examinerai les causes & les circonstances ; enfin les lumieres de la Théologie m'en feront tirer des conséquences par rapport à la Religion. Ainsi je n'écris point dans l'espérance de convaincre les Esprits forts & les Pyrrhoniens, qui ne conviennent pas de l'existence des Revenans, des Vampires, ni même des Apparitions des Anges, des Démons & des Ames, ni pour intimider les Esprits foibles & crédules, en leur racontant des Apparitions extraordinaires. Je ne compte pas aussi guérir les Superstitieux de leurs erreurs, ni le peuple de ses préventions, pas même de corriger les abus qui naissent de cette créance peu éclairée, ni de lever tous les doutes qu'on peut former sur les Apparitions : je prétends encore moins m'ériger en Juge & en Censeur des ouvrages & des sentimens

PRÉFACE.

des autres, ni me distinguer, me faire un nom, ou me divertir en répandant de dangereux doutes sur une chose qui regarde la Religion, & dont on pourroit tirer de fâcheuses conséquences contre la certitude des Ecritures, & contre les dogmes inébranlables de notre créance. Je la traiterai aussi solidement & aussi sérieusement qu'elle le mérite; & je prie Dieu de me donner les lumieres nécessaires pour le faire avec succès.

J'exhorte mon Lecteur à distinguer ici les faits racontés d'avec la maniere dont ils sont arrivés. Le fait peut être certain, & la maniere très-inconnue. L'Ecriture nous raconte certaines Apparitions d'Anges & d'Ames séparées du corps: ces exemples sont indubitables, & fondés sur la révélation des saintes Lettres; mais la maniere dont Dieu a operé ces résurrections, ou dont il a permis ces Apparitions, est cachée dans ses secrets. Il nous est permis de les examiner, d'en rechercher les circonstances, de proposer quelques conjectures sur la maniere dont le tout s'est passé ; mais il y auroit de la témérité de décider sur une matiere, que Dieu n'a pas jugé à propos de nous révéler. J'en dis autant à proportion des Histoires rapportées par des Auteurs sensés, contemporains & judicieux, qui racontent simplement les faits sans entrer dans l'examen des circonstances, ni dans la maniere dont les choses sont arrivées, & dont peut-être ils n'étoient pas bien informés eux-mêmes.

On m'a déja objecté, que je citois des Poëtes & des Auteurs peu accrédités, pour soutenir une chose aussi sérieuse & aussi contestée que les Apparitions des Esprits : ces sortes d'autorités, dit-on, sont plus propres à rendre douteuses les Apparitions, qu'à établir leur vérité.

PRÉFACE.

Mais je cite ces Auteurs comme témoins de l'opinion des peuples; & je compte que ce n'est pas peu, dans l'extrême licence d'opinions qui regne aujourd'hui dans le monde parmi ceux mêmes qui font profession du Christianisme, que de montrer que les anciens Grecs & Romains pensoient que les Ames étoient immortelles, qu'elles subsistoient après la mort du corps, & qu'il y avoit une autre vie, où elles recevoient la récompense de leurs bonnes actions, ou le châtiment de leurs crimes.

Ces sentimens qu'on voit dans les Poëtes, sont aussi rapportés dans les Peres de l'Eglise, & dans les Historiens Payens & Chrétiens; mais comme ils n'ont pas prétendu leur donner du poids, ni les approuver en les rapportant, on ne doit pas m'imputer non plus de les vouloir autoriser. Par exemple, ce que j'ai rapporté des *Manes* ou

Lares, de l'évocation des Ames après la mort du corps, de l'avidité de ces Ames à venir sucer le sang des animaux immolés, de la figure de l'Ame séparée du corps, de l'inquiétude des Ames qui n'ont point de repos que leur corps ne soit mis en terre; de ces superstitieuses statuës de cire dévouées & consacrées sous le nom de certaines personnes, à qui les Magiciens prétendoient donner la mort, en brûlant ou piquant leurs effigies faites en cire; du transport des Sorciers & Sorcieres par les airs, & de leurs assemblées au Sabbat; tout cela est rapporté & dans les Philosophes, & dans les Historiens payens, aussi bien que dans les Poëtes.

Je sçais ce que les uns & les autres valent, & j'en fais le cas qu'ils méritent; mais je crois qu'il est important en traitant cette matiere, de faire connoître aux Lecteurs les anciennes superstitions, les opi-

PRÉFACE. xiij

nions vulgaires, les préjugés des peuples, pour les réfuter, & pour ramener les figures à la vérité, en les dégageant de ce que la Poësie a pû y ajoûter pour l'embellissement du Poëme, & pour l'amusement du Lecteur.

De plus je ne rapporte ordinairement ces sortes de choses qu'à propos de certains faits avoués par des Historiens & par d'autres Auteurs sérieux & raisonnables, & quelquefois plutôt pour l'ornement du discours, ou pour égayer la matiere, que pour en tirer des preuves certaines & des conséquences nécessaires pour le dogme, ou pour certifier les faits, & pour donner du poids à mon récit.

Je sçais le peu de fond que l'on doit faire sur ce que dit Lucien sur cette matiere : il n'en parle que pour s'en railler. Philostrate, Jamblique & quelques autres ne méritent pas plus de considération ; aussi ne les citai-je que pour les réfuter, ou pour faire voir jusqu'à quel point on a poussé la vaine & ridicule crédulité sur ces matieres, dont les plus sensés d'entre les Payens se sont mocqués eux-mêmes.

Les conséquences que je tire de toutes ces Histoires & de ces fictions poëtiques, & la maniere dont j'en parle dans le cours de cette Dissertation, justifie assez, que je n'estime & ne donne pour vrai & pour certain, que ce qui l'est en effet ; & que je ne prétends point en imposer à mon Lectur, en racontant bien des choses que moi-même je regarde comme fausses, ou comme très-douteuses, ou même comme fabuleuses. Mais celà ne doit point préjudicier au dogme de l'immortalité de l'Ame, & à celui d'une autre vie, ni à la vérité de certaines Apparitions rapportées dans l'Ecriture, ou constatées d'ailleurs par de bons témoignages.

PRÉFACE.

La premiere édition de cet ouvrage s'étant faite en mon abſence, & ſur une copie peu correcte, il s'y eſt gliſſé bon nombre de fautes d'impreſſion, & même d'expreſſions & de phraſes louches & ſuſpendues : j'ai tâché d'y remédier dans une ſeconde édition, & d'éclaircir les endroits qu'on m'a averti de demander explication, de corriger ce qui pourroit offenſer les Lecteurs ſcrupuleux, & de prévenir les mauvaiſes conſéquences qu'on pourroit tirer de ce que j'ai dit. J'ai même enchéri dans cette troiſiéme édition. J'en ai retranché pluſieurs endroits ; j'en ai ſupprimé quelques-uns ; j'en ai ajouté & corrigé d'autres : j'ai profité des avis que l'on m'a donnés ; & j'ai répondu aux objections qui m'ont été faites.

On s'eſt plaint de ce que je ne prends pas parti, & de ce que je ne me décide pas ſur pluſieurs difficultés que je propoſe, & que ſouvent je laisse mon Lecteur dans l'incertitude.

Je ne me défends pas beaucoup sur ce reproche ; j'aurois beaucoup plus sujet de me justifier, si je m'étois déterminé sans une parfaite connoissance de cause à un parti, au hazard d'embrasser l'erreur, & de tomber dans un plus grand inconvénient. Il est de la sagesse de suspendre son jugement, jusqu'à ce qu'on soit parvenu à la vérité bien connue.

On m'a aussi averti, que certaines personnes avoient fait des plaisanteries de quelques faits que j'ai rapportés. Si je les ai rapportés comme certains, & qu'ils donnent juste lieu à la plaisanterie, je passe condamnation ; mais si je les ai cités comme fabuleux & comme faux, ils ne sont pas matiere de plaisanterie : *falsum non est de ratione faceti.*

Il y a certaines gens qui se plai-

PRÉFACE. xvii

sent à tourner les choses les plus sérieuses en badineries, qui n'épargnent ni le sacré ni le profane. Les Histoires de l'Ancien & du Nouveau Testament, les Cérémonies les plus sacrées de notre Religion, les Vies des Saints les plus respectables, ne sont point à l'abri de leurs fades plaisanteries.

On m'a fait des reproches de ce que je rapporte plusieurs Histoires fausses, plusieurs faits douteux, plusieurs évenemens fabuleux : il est vrai ; mais je ne les donne que pour ce qu'ils sont : j'ai déclaré plusieurs fois que je n'en étois point garand, que je les rapportois pour en faire connoître le faux, le ridicule, & pour leur ôter le crédit qu'ils pourroient avoir dans l'esprit du peuple; & si je ne me suis pas beaucoup étendu à les réfuter, j'ai crû devoir laisser à mon Lecteur le plaisir de le faire, & lui supposer assez de bon sens & de suffisance pour en porter lui-même son jugement, & en faire le mépris que j'en fais moi-même : ce seroit faire trop d'honneur à certaines choses, que de les réfuter sérieusement.

Une autre objection, mais plus sérieuse, c'est, dit-on, que ce que je dis des illusions du démon porte coup contre les vraies Apparitions rapportées dans l'Ecriture, comme contre les autres soupçonnées de fausseté.

Je réponds que les conséquences que l'on tire des principes ne sont bonnes, que quand les choses sont égales, & que les sujets & les circonstances sont les mêmes : sans cela point d'application de principes. Les faits ausquels s'applique mon raisonnement sont rapportés par des Auteurs de petite autorité, par des Historiens ordinaires, n'ayant aucun caractere qui mérite une créance au-dessus de l'humaine. Je puis sans donner atteinte à leur per-

PRÉFACE.

sonne, ni à leur mérite, avancer qu'ils peuvent avoir été mal informés, prévenus, trompés; que l'esprit de séduction peut avoir été de la partie; que les sens, l'imagination, la superstition ont pû faire prendre pour vrai ce qui n'étoit qu'apparent.

Mais pour les Apparitions rapportées dans les saintes Ecritures, elles empruntent leur autorité infaillible des Auteurs sacrés & inspirés qui les ont écrites; elles sont vérifiées par les évenemens qui les ont suivis, par l'exécution des prédictions qui ont été faites plusieurs siecles auparavant, & qui ne pouvoient être faites, ni prévûes, ni exécutées, ni par l'esprit humain, ni par les forces de l'homme, pas même par l'Ange de ténebres.

Je suis assez peu touché du jugement que l'on a porté de ma personne & de mes intentions, dans la publication de ce Traité. Quelques-uns ont crû, que je l'avois fait pour détruire le sentiment commun & populaire des Apparitions, & pour le traduire en ridicule; & je reconnois, que ceux qui liront cet Ouvrage avec attention & sans prévention, y remarqueront plus de raisons de douter de ce que le peuple croit sur cette matiere, qu'ils n'en verront pour favoriser l'opinion contraire. Si j'ai traité ce sujet sérieusement, ce n'est que dans ce qui concerne les faits, où la Religion & la vérité des Ecritures est intéressée : ceux qui sont indifférens, je les ai abandonnés à la censure des personnes sensées, & à la critique des Sçavans & des Esprits philosophes.

Je déclare que je tiens pour vraies toutes les Apparitions rapportées dans les Livres sacrés de l'Ancien & du Nouveau Testament, sans prétendre toutefois qu'il ne soit pas permis de les expliquer, & de les ré-

PRÉFACE.

duire à un sens naturel & vraisemblable, en retranchant le trop grand merveilleux qui pourroit choquer les personnes éclairées. Je crois qu'en cela je dois appliquer le principe de S. Paul (a): *la lettre tue, & l'esprit vivifie.*

Quant aux autres Apparitions & visions rapportées dans des Auteurs Chrétiens, ou Juifs, ou Payens, j'en fais autant que je puis le discernement, & j'exhorte mes Lecteurs à en faire de même; mais je blâme & désapprouve la critique outrée de ceux qui nient tout, & qui forment des difficultés sur tout, pour se distinguer par leur prétendue force d'esprit, & pour s'autoriser à nier tout, & à contester les choses les plus certaines, & généralement tout ce qui tient du miraculeux, & ce qui paroît au-dessus des loix ordinaires de la nature. S. Paul permet d'examiner & d'é-

(a) II. Cor. iij. 16.

prouver tout : *omnia probate* ; mais il veut qu'on s'en tienne à ce qui est bon & vrai : *quod bonum est tenete* (a).

(a) I. Thessal. v. 21.

TABLE

TABLE DES CHAPITRES

Contenus dans ce premier Volume.

Chapitre I. *Apparitions des bons Anges prouvées par les Livres de l'Ancien Testament,* 2

Chap. II. *Apparitions des bons Anges prouvées par les Livres du Nouveau Testament,* 5

Chap. III. *Sous quelle forme les bons Anges ont-ils apparu,* 12

Chap. IV. *Sentimens des Juifs, des Chrétiens, des Mahométans & des Orientaux sur les Apparitions des bons Anges,* 20

Chap. V. *Sentimens des Grecs & des Romains sur les Apparitions des bons Génies,* 26

Chap. VI. *Des Apparitions des mauvais Anges prouvées par l'Ecriture : sous quelle forme ont-ils apparu,* 35

Chap. VII. *De la Magie,* 52

Chap. VIII. *Objections contre la réalité*

de la Magie, 60
Chap. IX. Réponse aux Objections, 64
Chap. X. Examen du fait de Hocque, Magicien, 74
Chap. XI. Magie des Egyptiens & des Chaldéens, 81
Chap. XII. Magie chez les Grecs & les Romains, 88
Chap. XIII. Exemples qui prouvent la réalité de la Magie, 94
Chap. XIV. Effets de la Magie, selon les Poëtes, 109
Chap. XV. Des Oracles des Payens, 114
Chap. XVI. La certitude de l'évenement prédit n'est pas toujours une preuve que la prédiction vienne de Dieu, 121
Chap. XVII. Raisons qui peuvent persuader que la plûpart des anciens Oracles n'étoient que des supercheries des Prêtres & des Prêtresses, qui feignoient d'être inspirés de Dieu, 128
Chap. XVIII. Des Sorciers & Sorcieres, 137
Chap. XIX. Exemples de Sorciers & Sorcieres soi-disant transportés au Sabbat, 148
Chap. XX. Histoire de Louis Gaufrédi, & de Magdeleine de la Palud, avoués

DES CHAPITRES. xxv
Sorciers & Sorcieres par eux-mêmes, 158

Chap. XXI. Raisons qui prouvent la possibilité du transport des Sorciers & Sorcieres au Sabbat, 167

Chap. XXII. Suite du même sujet, 181

Chap. XXIII. Obsessions & Possessions du Démon, 187

Chap. XXIV. Vérité & réalité des Possessions & Obsessions du Démon prouvées par l'Ecriture, 194

Chap. XXV. Exemples de Possessions réelles causées par le Démon, 198

Chap. XXVI. Suite du même sujet, 207

Chap. XXVII. Objections contre les Obsessions & Possessions du Démon. Réponse aux Objections, 220

Chap. XXVIII. Suite des Objections contre les Possessions, & des Réponses aux Objections, 230

Chap. XXIX. Esprits folets, ou Esprits familiers, 243

Chap. XXX. Autres exemples d'Esprits folets, 254

Chap. XXXI. Esprits qui gardent les trésors, 269

Chap. XXXII. Autres exemples de trésors cachés, & gardés par de bons ou de mauvais Esprits, 278

b ij

CHAP. XXXIII. *Spectres qui apparoissent, & qui prédisent des choses futures & cachées,* 285
CHAP. XXXIV. *Autres Apparitions de Spectres,* 291
CHAP. XXXV. *Examen de l'Apparition d'un prétendu Spectre,* 300
CHAP. XXXVI. *Spectres qui infestent les maisons,* 305
CHAP. XXXVII. *Autres exemples de Spectres qui infestent certaines maisons,* 316
CHAP. XXXVIII. *Effets prodigieux de l'imagination dans ceux ou celles qui croyent avoir commerce charnel avec le Démon,* 322
CHAP. XXXIX. *Retour & Apparitions des Ames après la mort du corps prouvées par l'Ecriture,* 330
CHAP. XL. *Apparitions des Esprits prouvées par l'Histoire,* 340
CHAP. XLI. *Autres exemples d'Apparitions,* 353
CHAP. XLII. *Apparitions d'Esprits qui impriment leur main sur des habits, ou sur du bois,* 363
CHAP. XLIII. *Sentiment des Juifs, des Grecs & des Latins, sur les Morts qui sont demeurés sans sépulture,* 376
CHAP. XLIV. *Examen de ce que les*

DES CHAPITRES. xxvij

Morts qui reviennent demandent ou révelent aux vivans, 391

Chap. XLV. *Apparitions d'hommes vivans à d'autres hommes vivans, absens & fort éloignés,* 400

Chap. XLVI. *Raisonnemens sur les Apparitions,* 428

Chap. XLVII. *Objections contre les Apparitions, & réponses aux Objections,* 440

Chap. XLVIII. *Autres Objections & réponses,* 448

Chap. XLIX. *Les secrets de la Physique & de la Chymie pris pour choses surnaturelles,* 460

Chap. L. *Conclusion du Traité sur les Apparitions,* 467

Chap. LI. *Maniere d'expliquer les Apparitions,* 476

Chap. LII. *Difficulté d'expliquer la maniere dont se font les Apparitions, quelque système que l'on propose sur ce sujet,* 480

Fin de la Table des Chapitres du Tome Premier.

TRAITÉ

TRAITÉ
SUR
LES APPARITIONS
DES ANGES, DES DÉMONS,
ET DES AMES
DES DÉFUNTS.

Out le monde parle d'Apparitions d'Anges, de Démons, & d'ames séparées du corps. La réalité de ces Apparitions passe pour constante parmi plusieurs personnes, tandis que plusieurs autres s'en moquent, & les traitent de rêveries. Je me suis déterminé à traiter cette matiere pour voir à quel point de certitude on peut la porter. Je partagerai cette Dissertation en quatre

parties. Dans la premiere, je parlerai des bons Anges; dans la seconde, des Apparitions des mauvais Anges; dans la troisiéme, des Apparitions des ames des trépassés; & dans la quatriéme, des Apparitions d'hommes vivans à d'autres hommes vivans, absens, éloignés, & à l'insçû de ceux qui apparoissent. J'y joindrai par occasion quelque chose sur la Magie, les Sorciers & les Sorcieres; sur le Sabbat, sur les Oracles, sur les obsessions & possessions du Démon.

CHAPITRE PREMIER.

Apparitions des bons Anges prouvées par les livres de l'Ancien Testament.

LEs Apparitions de bons Anges sont fréquentes dans les livres de l'Ancien Testament; celui qui fut mis à l'entrée du Paradis terrestre (*a*) étoit un Chérubin armé d'un glaive flamboyant; ceux qui apparurent à Abraham, & qui lui promirent la naissance d'un fils (*b*);

(*a*) Genes. iij. 24.　(*b*) Genes. xviij 1, 2. 3.

ceux qui apparurent à Loth, & lui prédirent la ruine de Sodome, & des autres Villes criminelles (*a*) ; celui qui parla à Agar dans le désert (*b*), & lui ordonna de retourner dans la maison d'Abraham, & de demeurer soumise à Sara sa maîtresse ; ceux qui apparurent à Jacob allant en Mésopotamie, qui montoient & descendoient l'échelle mystérieuse (*c*) ; celui qui lui enseigna la maniere de faire naître de ses brebis des moutons de différentes couleurs (*d*) ; celui qui lutta contre Jacob à son retour de la Mésopotamie (*e*), étoient des Anges de lumiere, & bien-faisans, de même que celui qui parla à Moïse dans le buisson ardent à Horeb (*f*), & qui lui donna les Tables de la Loi sur le mont Sinaï. Cet Ange qui prend ordinairement le nom de Dieu, & agit en son nom, & avec son autorité (*g*) ; qui servit de guide aux Hébreux dans le désert, caché dans une nuée sombre & obscure pendant le jour, & brillante pendant la nuit ; celui qui parla à Balaam, & qui menaça de tuer son ânesse (*h*) ; celui enfin qui com-

(*a*) Genes. xix.
(*b*) Genes. xxj. 17.
(*c*) Genes. xxviij. 12.
(*d*) Genes. xxxj. 10. 11.
(*e*) Genes. xxxij.
(*f*) Exod. iij. 6. 7.
(*g*) Exod. iij. 14.
(*h*) Num. xxij. xxiij.

battit contre Satan pour le corps de Moïse (*a*) : tous ces Anges étoient sans doute des bons Anges.

Il faut porter le même jugement de celui qui se présenta en armes à Josué dans la plaine de Jéricho (*b*), & qui se déclara chef de l'armée du Seigneur ; on croit avec raison, que c'étoit l'Ange S. Michel. Celui qui se fit voir à la femme de Manué (*c*) pere de Samson, puis à Manué lui-même, & lui prédit la naissance de Samson. Celui qui annonça à Gédéon qu'il délivreroit Israel de la servitude des Madianites (*d*). L'Ange Gabriel apparut à Daniel à Babylone (*e*); & Raphael conduisit le jeune Tobie à Ragès de Médie (*f*). La prophétie du Prophete Zacharie est remplie de visions d'Anges (*g*). Dans les Livres de l'Ancien Testament on nous décrit le Trône du Seigneur posé sur les Chérubins; & on nous représente le Dieu d'Israel ayant devant son Trône sept Anges principaux (*h*), toujours prêts à exécuter ses ordres; & quatre Chérubins chantant ses louan-

---

(*a*) Jud. 9.
(*b*) Josué, v. 13.
(*c*) Judic. xvij.
(*d*) Judic. vj vij.
(*e*) Dan. viij. 16. ix. 21.
(*f*) Tob. v.
(*g*) Zach. v. 9. 10. 11. &c.
(*h*) Ps. xvij. 10 lxxiv. & &c.

ges, & adorant sa Sainteté souveraine; le tout faisant une espece d'allusion à ce qu'on voyoit dans la Cour des anciens Rois de Perse (*a*), où il y avoit sept principaux Officiers, qui voyoient la face du Roi, qui s'approchoient de sa personne, & qu'on appelloit les yeux & les oreilles du Roi.

CHAPITRE II.

Apparitions des bons Anges prouvées par les Livres du Nouveau Testament.

LES livres du Nouveau Testament sont de même remplis de faits qui prouvent les Apparitions des bons Anges. L'Ange Gabriel apparoît à Zacharie pere de Jean-Baptiste, & lui prédit la future naissance du Précurseur (*b*). Les Juifs qui virent sortir Zacharie du Temple, après y avoir demeuré plus long-tems qu'à l'ordinaire, ayant remarqué qu'il étoit devenu muet, ne douterent pas qu'il n'y eût eu quelque Apparition d'Ange. Le même Gabriel an-

_____
(*a*) Dan. vij. 10. 3. Reg. xij. 19. Tob. xij. Zach. iv. 10. Apoc. j. 4. | (*b*) Luc. j. 10. 11. 12. &c.

nonça à Marie la future naissance du Messie (a). Jesus étant né à Béthléem, l'Ange du Seigneur apparut aux Pasteurs pendant la nuit (b), & leur déclara que le Sauveur du monde étoit né à Béthléem. Il y a tout lieu de croire que l'étoile qui apparut aux Mages en Orient, & qui les conduisit droit à Jérusalem, & de là à Béthléem, étoit dirigée par un bon Ange (c). S. Joseph fut averti par un Esprit céleste de se retirer en Egypte avec la mere & l'enfant Jesus, de peur que Jesus ne tombât entre les mains d'Hérode, & ne fût enveloppé dans le massacre des Innocens. Le même Ange informa Joseph de la mort du Roi Hérode, & lui dit de retourner dans le pays d'Israel.

Après la tentation de Jesus-Christ au désert, les Anges vinrent lui servir à manger (d). Le démon tentateur dit à Jesus-Christ que Dieu a commandé à ses Anges de le conduire, & d'empêcher qu'il ne se heurtât contre la pierre ; ce qui est tiré du Pseaume xcij. & qui prouve la créance des Juifs sur l'article des Anges gardiens. Le Sauveur confirme la même vérité (e), en disant que les Anges des

(a) Luc. j. 26. 27. &c.
(b) Luc. ij. 9. 10.
(c) Matth. ij. 13. 14.
(d) Matth. iv. 6. 11.
(e) Matth. xviij. 16.

enfans voient sans cesse la face du Pere céleste. Au jugement dernier les bons Anges feront la séparation des justes (*a*), les conduiront au royaume des Cieux, & précipiteront les méchans dans le feu éternel.

A l'agonie de Jesus-Christ dans le Jardin des Oliviers, un Ange descendit du Ciel pour le consoler (*b*). Après sa résurrection les Anges apparurent aux Saintes Femmes, qui étoient venues à son tombeau pour l'embaumer (*c*) : dans les Actes des Apôtres, ils apparurent aux Apôtres dès que Jesus-Christ fut monté au Ciel; & l'Ange du Seigneur vint ouvrir les portes de la prison, où étoient enfermés les Apôtres, & les mit en liberté (*d*). Dans le même livre, S. Etienne nous apprend que la Loi a été donnée à Moïse par le ministere des Anges (*e*); par conséquent ce sont des Anges qui lui ont apparu à Sinaï & à Horeb, & qui lui ont parlé au nom de Dieu comme les Ambassadeurs, & comme revêtus de son autorité : aussi le même Moïse parlant de l'Ange du Seigneur, qui devoit introduire Israel dans la terre promise,

(*a*) Matth. xiij. 45. 46.   (*d*) Act. v, 19.
(*b*) Luc. xxij. 43.   (*e*) Act. vij. 30. 35.
(*c*) Matth. xxviij. Joan. 30.

dit que le nom de Dieu est en lui (a); *& est nomen meum in illo.*

S. Pierre étant en prison, en est délivré par un Ange (b), qui le conduisit à la longueur d'une rue, puis disparut. S. Pierre frappant à la porte du logis, où étoient les Freres, on ne pouvoit se persuader que ce fût lui : on crut que c'étoit son Ange qui frappoit & parloit. S. Paul instruit dans l'école des Pharisiens, pensoit comme eux sur le sujet des Anges; il en croyoit l'existence contre les Saducéens (c), & supposoit qu'ils pouvoient apparoître. Lorsque cet Apôtre ayant été arrêté par les Romains, raconta au peuple assemblé la maniere dont il avoit été renversé à Damas, les Pharisiens qui se trouverent présens, répondirent à ceux qui crioient contre lui : que sçavons-nous, si un Ange ou un Esprit ne lui a pas parlé ? *Si Spiritus locutus est ei, aut Angelus ?* S. Luc dit, qu'un Macédonien (apparemment l'Ange de la Macédoine) apparut à S. Paul, & le pria de venir annoncer l'Evangile dans ce pays.

S. Jean dans l'Apocalypse parle des

(a) Exod. xxiij. 21.
(b) Act. xij. 8. 9.
(c) Rom. j. 18. I. Cor. iv. 9. vj. 3. xij. 7.
Galat. iij. 19. Act. xxiij. 9. Act. xvj. 9. Apoc. j. 11.

sept Anges, qui présidoient aux Eglises d'Asie. Je sçais que ces sept Anges sont les Evêques de ces Eglises; mais la tradition Ecclésiastique veut, que chaque Eglise ait son Ange tutélaire. Dans le même livre de l'Apocalypse sont racontées diverses Apparitions des Anges: toute l'Antiquité Chrétienne les a reconnues; la Synagogue les a reconnues de même; ensorte que l'on peut avancer, que rien n'est plus certain que l'existence des bons Anges, & leurs Apparitions.

Je range au nombre des Apparitions, non-seulement celles des bons ou des mauvais Anges, & des Ames des Défunts qui se font voir aux vivans, mais aussi celles des vivans, qui se font voir aux Anges ou aux Ames des Trépassés: soit que ces Apparitions se fassent en songe, dans le sommeil, ou dans la veille; soit qu'elles se manifestent à tous ceux qui sont présens, ou seulement aux personnes à qui Dieu juge à propos de les manifester. Par exemple, dans l'Apocalypse (a) S. Jean vit les quatre animaux, & les vingt-quatre Vieillards qui étoient vêtus d'habits blancs, & portoient des couronnes d'or sur leurs têtes, & étoient assis sur des Trônes autour de

_____
(a) Apoc. iv. 4. &c.

celui du Tout-Puissant, & qui se prosternoient devant le Trône de celui qui vit éternellement, & jettoient leurs couronnes à ses pieds.

Et ailleurs: je vis quatre Anges qui étoient debout sur les quatre coins du monde (a), qui tenoient les quatre vents, & les empêchoient de souffler sur la terre; puis je vis un autre Ange, qui se levoit du côté de l'Orient, & qui cria aux quatre Anges qui avoient ordre de nuire à la terre & à la mer: ne faites aucun mal, ni à la terre, ni à la mer, ni aux arbres, jusqu'à ce que nous ayons imprimé un signe sur le front des Serviteurs de Dieu; & j'ouis que le nombre de ceux qui avoient reçû ce signe, étoit de cent quarante-quatre mille. Ensuite je vis une troupe innombrable de gens de toutes Nations, de Tribus, de Peuples & de Langues, qui étoient debout devant le Trône du Très-Haut vêtus de robes blanches, & ayant des palmes à la main.

Et dans le même Livre (b) S. Jean après avoir décrit la Majesté du Trône de Dieu, & les adorations que lui rendent les Anges & les Saints prosternés

---

(a) Apoc. vij. 1. 2. 3. 9. &c.
(b) Apoc. vij. 13. 14.

devant lui, un des Anciens lui dit : ceux que vous voyez couverts de robes blanches, sont ceux qui ont souffert de grandes épreuves & de grandes afflictions, & qui ont lavé leurs robes dans le Sang de l'Agneau : c'est pourquoi ils sont devant le Trône de Dieu, & le seront nuit & jour dans son Temple; & celui qui est assis sur le Trône, régnera sur eux, & l'Ange qui est au milieu du Trône, les conduira aux fontaines de l'eau vive. Et encore : j'ai vû sous l'Autel de Dieu les ames de ceux qui ont été mis à mort (a) pour la défense de la parole de Dieu, & pour le témoignage qu'ils lui ont rendu; ils crioient à haute voix, disant : jusqu'à quand, Seigneur, ne vengerez-vous pas notre sang contre ceux qui sont sur la terre, &c.

Toutes ces Apparitions, & plusieurs autres semblables, que l'on pourroit rapporter tirées tant des livres Saints, que des Histoires autentiques, sont de véritables Apparitions, quoique ni les Anges, ni les Martyrs dont il est parlé dans l'Apocalypse, ne soient pas venus se présenter à S. Jean; mais qu'au contraire cet Apôtre ait été transporté en esprit au Ciel, pour y voir ce que nous venons

(a) Apoc. vj. 9. 10.

de raconter. Ce sont des Apparitions, qu'on peut appeller passives de la part des Anges & des SS. Martyrs, & actives de la part du S. Apôtre qui les voit.

CHAPITRE III.

Sous quelle forme les bons Anges ont-ils apparu ?

LA maniere la plus ordinaire dont les bons Anges apparoissent dans l'Ancien & dans le Nouveau Testament, est sous la forme humaine : c'est sous cette forme qu'ils se sont fait voir à Abraham, à Loth, à Jacob, à Moïse, à Josué, à Manué pere de Samson, à David, à Tobie, aux Prophetes ; & dans le Nouveau Testament ils ont apparu sous la même forme à la Sainte Vierge, à Zacharie pere de S. Jean-Baptiste, à Jesus-Christ après son jeûne de 40 jours, & au même dans le jardin des Oliviers dans son agonie : ils se montrent de même aux Saintes Femmes après la résurrection du Sauveur. Celui qui apparut à Josué (*a*) dans la plaine de Jéricho,

(*a*) Josué v. 19.

se montra apparemment sous la forme d'un Guerrier, puisque Josué lui demanda : êtes-vous des nôtres, ou de nos Ennemis ?

Quelquefois ils se cachent sous quelque forme, qui n'a nul rapport à la figure humaine, comme celui qui apparut à Moïse dans le buisson ardent (*a*), & qui conduisit les Israélites dans le désert sous la forme d'une colonne de nuée obscure & épaisse pendant le jour, & lumineuse pendant la nuit (*b*). Le Psalmiste nous dit, que Dieu se sert de ses Anges comme d'un vent subtil & d'un feu brûlant, pour exécuter ses ordres (*c*). Les Chérubins dont il est souvent parlé dans l'Ecriture, & qui sont dépeints comme servant de Trône à la Majesté de Dieu, étoient des figures Hiéroglyphiques, à peu près comme les Sphinx des Egyptiens : ceux qui sont décrits dans Ezéchiel (*d*), sont comme des animaux composés de la figure de l'homme, ayant les aîles d'un aigle, les pieds d'un bœuf; leurs têtes étoient composées de la figure du visage de l'homme, de celle d'un bœuf, d'un lion & d'un aigle ; deux de leurs aîles étoient étendues vers leurs

(*a*) Exod. iij. 3. 44. (*c*) Psal. ciij. 4.
(*b*) Exod. xiij. xiv. (*d*) Ezech. 1. 4. 6.

semblables, & deux autres leur couvroient tout le corps; ils étoient brillans comme des charbons ardens, comme des lampes allumées, comme le Ciel enflammé, lorsqu'il lance des éclairs. C'étoit un spectacle terrible à voir.

Celui qui apparut à Daniel (*a*) étoit différent de ceux que nous venons de décrire: il étoit sous la forme d'un homme couvert d'une robe de lin, ayant sur les reins une ceinture d'or très-fin; son corps étoit aussi brillant que la pierre Chrysolithe, sa face éclatante comme un éclair; ses yeux jettoient un feu comme une lampe enflammée, ses bras & tout le bas de son corps ressembloient à l'airain fondu dans la fournaise, sa voix étoit bruyante comme celle d'une multitude de personnes.

S. Jean dans l'Apocalypse (*b*) vit autour du Trône du Très-Haut quatre animaux, qui étoient sans doute quatre Anges: ils étoient couverts de quantité d'yeux devant & derriere. Le premier ressembloit à un lion; le second à un bœuf; le troisiéme avoit la forme comme d'un homme; & le quatriéme ressembloit à un aigle ayant les ailes éployées;

(*a*) Dan. x. 5.
(*b*) Apoc. iv. 7. 8.

chacun d'eux avoit six aîles, & ils ne cessoient de crier nuit & jour : Saint, Saint, Saint, le Seigneur Dieu Tout-puissant, qui étoit, qui est, & qui doit venir.

L'Ange qui fut mis à l'entrée du Paradis terrestre, étoit armé d'une épée brillante (a), de même que celui qui apparut à Balaam (b), & qui menaçoit de le tuer lui & son ânesse; & apparemment celui qui se fit voir à Josué dans la plaine de Jéricho (c), & l'Ange qui apparut à David disposé à frapper tout Israël. L'Ange Raphaël conduisit le jeune Tobie à Ragès sous une forme humaine de voyageur (d). L'Ange qui se fit voir aux Saintes femmes au sépulcre du Sauveur, qui renversa la grosse pierre qui fermoit l'entrée du tombeau, & qui s'assit dessus, avoit le visage éclatant comme un éclair, & les habits blancs comme la neige (e).

Dans les Actes des Apôtres (f) l'Ange qui les tira de prison, & leur dit d'aller hardiment prêcher Jesus-Christ dans le Temple, leur apparut de même sous la forme humaine. La maniere dont

(a) Genes. iij. 24.
(b) Num. xxij. 22. 23.
(c) 1. Par. xxj. 16.
(d) Tob. v. 5.
(e) Matth. xxviij. 3.
(f) Act. v.

il les tira du cachot est toute miraculeuse : car les Princes des Prêtres ayant envoyé pour les faire comparoître en leur présence, ceux qui furent envoyés trouverent les prisons bien fermées, les Gardes bien éveillés ; mais ayant fait ouvrir les portes, ils trouverent la prison vuide. Comment un Ange a-t-il pû sans ouverture, ni sans fracture des portes, tirer ainsi des hommes de prison, sans que ni les Gardes, ni les Géoliers s'en soient apperçûs ? La chose est au-dessus des forces connues de la nature ; mais elle n'est pas plus impossible, que de voir notre Sauveur après sa résurrection revêtu de chair & d'os, comme il le dit lui-même, sortir de son sépulcre sans l'ouvrir, & sans en arracher les sceaux (*a*), entrer dans une chambre où étoient ses Apôtres sans en ouvrir les portes (*b*), & parler aux Disciples allant à Emmaüs sans se faire connoître à eux, puis après leur avoir ouvert les yeux, disparoître, & se rendre invisible (*c*). Pendant les quarante jours qu'il demeura sur terre jusqu'à son Ascension, il but & mangea avec eux, il leur parla, il leur apparut ; mais il ne se fit voir qu'aux té-

---

(*a*) Matth. xxviij. 1. 2. (*c*) Luc. xxiij. 15. 16.
(*b*) Joan. xix. 20. 17. &c.

moins préordonnés du Pere éternel pour rendre témoignage à sa résurrection.

L'Ange qui apparut au Centenier Corneille, homme Payen, mais craignant Dieu, lui parla, répondit à ses demandes, lui découvrit des choses inconnues, & qui furent suivies de l'exécution.

Quelquefois les Anges, sans prendre aucune figure sensible, donnent des preuves de leur présence par des voix intelligibles, par des inspirations, par des effets sensibles, par des songes, par des révélations de choses inconnues, futures ou passées; quelquefois en frappant d'aveuglement, ou répandant un esprit de vertige & de stupidité dans l'esprit de ceux à qui Dieu veut faire sentir les effets de sa colere : par exemple, il est dit dans l'Ecriture que les Israélites n'entendirent aucune parole distincte, & ne virent aucune figure à Horeb, lorsque Dieu parla à Moïse, & lui donna sa Loi : (a) *non vidistis aliquam similitudinem in die, quâ locutus est vobis Dominus in Horeb.* L'Ange qui voulut frapper de mort l'ânesse de Balaam, ne fut pas d'abord apperçû par ce Prophete (b). Daniel fut le seul qui vit

(a) Deut. iv. 15. | (b) Num. xij. 22. 23.

l'Ange Gabriel, qui lui révéla le myſtere des grands Empires, qui devoient ſe ſuccéder les uns aux autres (a) : *Porrò viri, qui mecum erant, non viderunt; ſed terror nimius irruit ſuper eos.*

Lorſque le Seigneur parla pour la premiere fois à Samuel, & lui prédit les maux dont il devoit frapper la maiſon du Grand Prêtre Héli, ce jeune Prophete ne vit aucune figure ſenſible : il ouit ſeulement une voix, qu'il prit d'abord pour celle du Grand Prêtre Héli, n'ayant pas encore l'habitude de diſtinguer la voix de Dieu de celle d'un homme. Les Anges qui tirerent Loth & ſa famille de Gomorre & de Sodome, furent d'abord apperçûs ſous une forme humaine par les citoyens de cette ville; mais enſuite les mêmes Anges les frapperent d'aveuglement, & les empêcherent de trouver la porte de Loth, où ils vouloient entrer de force. Les Anges n'apparoiſſent donc pas toujours ſous une forme ſenſible, ni ſous une figure uniforme; mais ils donnent des preuves de leur préſence par une infinité de manieres différentes, par des inſpirations, des voix, des prodiges, des effets mira-

(a) Dan. x. 7. 8.

culeux, des prédictions du futur, & d'autres choses cachées & impénétrables à l'esprit humain.

S. Cyprien raconte, qu'un Evêque Africain étant tombé malade pendant la persécution, demandoit avec instance qu'on lui donnât le Viatique: en même tems il vit comme un jeune homme d'un air majestueux & brillant, d'un éclat si extraordinaire, que les yeux des mortels ne l'auroient pû voir sans frayeur; toutefois il n'en fut point troublé. Cet Ange lui dit comme en colere, & d'une voix menaçante: vous craignez de souffrir, vous ne voulez pas sortir de ce monde; que voulez-vous que je vous fasse ? Ce bon Evêque comprit que ces paroles le regardoient de même que les autres Chrétiens, qui craignoient la persécution & la mort. L'Evêque leur parla, les encouragea, & les exhorta à s'armer de force contre les tourmens dont ils étoient menacés: il reçut la Communion, & mourut en paix. On trouvera dans les Histoires une infinité d'autres Apparitions d'Anges sous une forme humaine.

CHAPITRE IV.

Sentimens des Juifs, des Chrétiens, des Mahométans & des Orientaux sur les Apparitions des bons Anges.

APrès tout ce que nous venons de rapporter des livres de l'Ancien & du Nouveau Testament, on ne peut disconvenir que le commun des Juifs, les Apôtres, les Chrétiens & leurs Disciples n'ayent crû communément les Apparitions des bons Anges. Les Saducéens qui nioient l'existence & les Apparitions des Anges, étoient consideré par le commun des Juifs comme des Hérétiques, & comme soutenant une doctrine erronée. Jesus-Christ dans l'Evangile les a réfutés. Les Juifs d'aujourd'hui croyent à la lettre ce qui est raconté dans l'Ancien Testament des Anges qui ont apparu à Abraham, à Loth, aux autres Patriarches. C'étoit la créance des Pharisiens & des Apôtres du tems de notre Sauveur, comme on le voit par les écrits des Apôtres, & par l'Evangile.

Les Mahométans croyent comme les

Juifs & comme les Chrétiens, que les bons Anges apparoissent quelquefois aux hommes sous une forme humaine; qu'ils ont apparu à Abraham & à Loth; qu'ils ont puni les habitans de Sodome; que l'Archange Gabriel a apparu à Mahomet (*a*), & lui a révélé ce qu'il débite dans son Alcoran; que les Génies sont d'une nature mitoyenne entre l'homme & l'Ange (*b*); qu'ils boivent, qu'ils mangent, qu'ils engendrent, qu'ils meurent, qu'ils prévoient les choses futures. Par une suite de ce principe, ils croyent qu'il y a des Génies mâles & femelles; que les mâles, à qui les Perses donnent le nom de *Dives*, sont mauvais, fort laids & mal-faisans, faisant la guerre aux *Peris*, qui sont les femelles. Les Rabins veulent que ces Génies soient nés d'Adam seul, sans le concours de sa femme Eve, ni d'aucune autre femme, & qu'ils sont ce que nous appellons Esprits follets.

L'antiquité de ces opinions touchant la corporéité des Anges paroît dans plusieurs Anciens, qui trompés par l'autorité du livre apocryphe qui passoit sous le nom d'*Enoch*, ont expliqué des An-

(*a*) Alcor. Surat. 6. &c. 53.
(*b*) D'Herbelot, Bibl. Orient. Perith. Dives Idem, pag. 343. & 785.

ges ce qui est dit dans la Genese (*a*) : *que les Enfans de Dieu ayant vû les filles des hommes, furent épris de leur beauté, les épouserent, & en engendrerent les Géans.* Plusieurs des anciens Peres (*b*) ont embrassé ce sentiment, qui est aujourd'hui abandonné de tout le monde, à l'exception de quelques nouveaux, qui ont voulu faire revivre l'opinion de la corporéité des Anges, des Démons & des Ames : sentiment qui est absolument incompatible avec celui de l'Eglise Catholique, qui tient que les Anges sont d'une nature entiérement dégagée de la matiere.

Je reconnois que dans leur système la matiere des Apparitions s'expliqueroit plus commodément : il est plus aisé de concevoir qu'une substance corporelle apparoisse, & se rende sensible à nos yeux, que non pas une substance purement spirituelle ; mais il n'est pas question ici de raisonner sur une question philosophique, sur laquelle il est libre de proposer différentes Hypotheses, & de choisir celle qui expliqueroit plus

---

(*a*) Genes. vj. 2.
(*b*) Joseph. Antiquit. lib. I. c. 4. Philo, de Gigantib. Justin. Apol. Tertul. de animâ. Vide Commentatores in Genes. iv.

plausiblement les apparences, & qui répondroit d'une maniere plus satisfaisantes aux questions qu'on pourroit faire, & aux objections qu'on pourroit former contre les faits & contre la maniere proposée.

La question est résolue, & la matiere décidée. L'Eglise & les Ecoles Catholiques tiennent que les Anges, les Démons & les Ames raisonnables sont dégagées de toute matiere : la même Eglise & les mêmes Ecoles tiennent pour certain, que les bons & les mauvais Anges, & les Ames séparées du corps, apparoissent quelquefois par la volonté ou par la permission de Dieu; il faut s'en tenir là; quant à la maniere d'expliquer ces Apparitions, il faut sans perdre de vûe le principe certain de l'immatérialité de ces substances, les expliquer suivant l'analogie de la Foi Chrétienne & Catholique, reconnoître de bonne foi, qu'il y a dans cette matiere des profondeurs que nous ne pouvons pas sonder, & captiver notre esprit & nos lumieres sous l'obéissance que nous devons à l'autorité de l'Eglise, qui ne peut errer, ni nous tromper.

Les Apparitions des bons Anges, des Anges gardiens, sont fréquentes dans l'Ancien comme dans le Nouveau Testament. Lorsque l'Apôtre S. Pierre fut sorti de prison par le ministere d'un Ange, & qu'il vint frapper à la porte de la maison où étoient les Freres, on crut que c'étoit son Ange, & non pas lui qui frappoit. *Illi autem dicebant, Angelus ejus est* (a); & lorsque Corneille le Centenier prioit Dieu dans sa maison, un Ange (apparemment son bon Ange) lui apparut, & lui dit d'envoyer querir Pierre qui étoit alors à Joppé (b). Saint Paul veut que dans l'Eglise les femmes ne paroissent dans l'assemblée que le visage couvert d'un voile, à cause des Anges, *propter Angelos* (c); sans doute par respect pour les bons Anges, qui président à ces assemblées. Le même S. Paul rassure ceux qui étoient comme lui en danger d'un naufrage presque certain, en leur disant que son Ange lui a apparu (d), & l'a assuré qu'ils arriveroient à bon port.

Dans l'Ancien Testament nous voyons de même plusieurs Apparitions d'Anges, qu'on ne peut guere expliquer que des Anges gardiens; par exemple, celui qui apparut à Agar dans le désert, & lui or-

(a) Act. xij. 15.
(b) Act. x. 30.
(c) I. Cor. xj. 10.
(d) Act. xxvij. 21. 23.

donna

donna de retourner dans la maison d'A-
braham son Maître, & de demeurer soumise à Sara sa Maîtresse (a); & l'Ange
qui apparut à Abraham, comme il
étoit prêt d'immoler Isaac son fils, & lui
dit que Dieu étoit content de son obéissance (b); & lorsque le même Abraham envoie son serviteur Eliézer en Mésopotamie, pour demander une femme
à son fils Isaac, il lui dit que le Dieu
du Ciel, qui lui a promis de lui donner
la terre de Chanaan, enverra son Ange
(c) pour disposer toutes choses selon ses
desirs. On pourroit multiplier les exemples de pareilles Apparitions des Anges
tutélaires tirés de l'Ancien Testament;
mais la chose ne demande pas un plus
plus grand nombre de preuves.

Dans la nouvelle Alliance les Apparitions des bons Anges, des Anges gardiens, ne sont pas moins fréquentes dans
les Histoires les plus autentiques; il y a
peu de Saints, à qui Dieu n'ait accordé
de pareilles graces: on peut citer en particulier Sainte Françoise, Dame Romaine du seiziéme siécle, qui voyoit

(a) Genes. xvj. 9. (c) Genes. xxiv. 7.
(b) Genes. xxij. 11.
14.

son Ange gardien qui lui parloit, l'inftruifoit, la corrigeoit.

CHAPITRE V.

Sentimens des Grecs & des Romains fur les Apparitions des bons Génies.

JAmblique Difciple de Porphyre (*a*) eft celui des Auteurs de l'Antiquité qui a traité plus à fond la matiere des Génies, & de leurs Apparitions. Il femble à l'entendre difcourir qu'il connoît & les Génies, & leurs qualités, & qu'il a avec eux un commerce intime & continuel. Il prétend que les yeux font réjouis par les Apparitions des Dieux; que celles des Archanges font terribles : celles des Anges font plus douces. Mais lorfque les Démons & les Héros apparoiffent, ils infpirent de l'effroi; les Archontes qui préfident à ce monde, font une impreffion de douleur, & en même tems d'épouvante. L'Apparition des Ames n'eft pas tout-à-fait fi défagréable que celle des Héros. Il y a de l'ordre & de la douceur dans les Apparitions des

(*a*) Jamblic. lib. 2. cap. 3. & 4.

Dieux, du trouble & du désordre dans celles des Démons, & du tumulte dans celles des Archontes.

Lorsque les Dieux se font voir, il semble que le Ciel, le soleil & la lune aillent s'anéantir; on croiroit que la terre ne peut résister à leur présence. A l'Apparition d'un Archange, il y a tremblement dans quelque partie du monde; elle est précedée d'une lumiere plus grande que celle qui accompagne les Apparitions des Anges: elle est moindre à l'Apparition d'un Démon; elle diminue encore, lorsque c'est un Héros qui se fait voir.

Les Apparitions des Dieux sont très-lumineuses; celles des Anges & des Archanges le sont moins; celles des Démons sont obscures, mais moins que celles des Héros. Les Archontes qui président à ce qu'il y a dans le monde de plus brillant, sont lumineux; mais ceux qui ne sont occupés que des choses matérielles, sont obscurs. Lorsque les Ames apparoissent, elles ressemblent à une ombre. Il continue dans sa description de ces Apparitions, & entre dans un détail ennuyeux sur tout cela: on diroit à l'entendre qu'il y a entre lui, les Dieux, les Anges, les Démons & les Ames séparées du corps, une liaison intime & habituelle. Mais tout cela n'est que l'ouvrage de son imagination : il n'en savoit pas plus qu'un autre sur une matiere qui est au-dessus de la portée des hommes. Il n'avoit jamais vû d'Apparitions des Dieux, ni des Héros, ni des Archontes; à moins qu'on ne dise que ce sont de véritables Démons, qui apparoissent quelquefois aux hommes. Mais d'en faire le discernement, comme le prétend faire Jamblique, c'est une pure illusion.

Les Grecs & les Romains ont reconnu comme les Hébreux & les Chrétiens deux sortes de Génies, les uns bons & bien-faisans, les autres mauvais & portant au mal. Les Anciens croyoient même que chacun de nous recevoit des Dieux en naissant un bon & un mauvais Génie : le bon nous portoit au bien, & le mauvais au mal : le premier nous procuroit du bon-heur & des prospérités; & le second nous engageoit dans de mauvaises rencontres, nous inspiroit le déréglement, & nous jettoit dans les derniers malheurs.

Ils assignoient des Génies non-seulement à chaque personne, mais aussi à chaque maison, à chaque ville, à chaque Province, Horat. lib. I. Epist. 7. v. 94.

*Quod te per Genium, dextramque
Deosque Penates,
Obsecro & obtestor.*
Et Stac. lib. 5. Syl. 1. v. 73.
*-- Dum cunctis supplex advolveris
aris,
Et mitem Genium Domini præsentis
adoras.*

Ces Génies étoient censés de bons Génies, des Génies benins (*a*), & dignes du culte de ceux qui les invoquent. On les représentoit quelquefois sous la figure d'un serpent, quelquefois sous la forme d'un enfant ou d'un jeune homme. On leur offroit des fleurs, de l'encens, des gâteaux, du vin: *funde merum Genio* (*b*). On juroit par le nom des Génies (*c*); *villicus jurat per Genium meum, se omnia fecisse.* C'étoit un grand crime de se parjurer après avoir juré par le Génie de l'Empereur, dit Tertullien (*d*): *Citiùs apud vos per omnes Deos, quàm per unicum Genium Cæsaris perjuratur.* L'on voit assez souvent dans les médailles l'inscription, *Genium populi Romani*; & quand on abordoit dans un pays, on

(*a*) Antiquité expli- | (*c*) Senec. Epist. 12.
quée, T. 1. | (*d*) Tertull. Apolog.
(*b*) Perseus, Satyr. 11. | c. 23.
v. 30.

ne manquoit pas d'en saluer & d'en adorer le *Génie*, & de lui offrir des Sacrifices. Ils en usoient de même, lorsqu'ils quittoient une Province; ils en baisoient la terre avec respect (*a*).

Troja, vale, rapimur, clamant; dans
   oscula terræ
Troades.

Enfin il n'y avoit ni Royaume, ni Province, ni Ville, ni Maison, ni Porte, ni Edifices publics & particuliers, qui n'eussent leur Génie (*b*).

Quamquam cur Genium Romæ mihi
   fingitis unum ?
Cùm portis, domibus, thermis, stabulis soleatis
Assignare suos Genios ?

Nous avons vû ci-devant ce que Jamblique nous apprend des Apparitions des Dieux, des Génies, des bons & des mauvais Anges, des Héros, & des Archontes qui président au gouvernement de ce monde.

Homere le plus ancien des Ecrivains Grecs, & le plus célébre Théologien du Paganisme, rapporte plusieurs Appari-

---

(*a*) Ovid. Métamorph. lib. 13. v. 421. | (*b*) Prudent. contra Symmach.

tions, tant des Dieux que des Héros, & des hommes décedés : dans l'Odyssée (*a*) il représente Ulysse qui va consulter le Devin Tirésias ; & ce Devin ayant préparé une fosse pleine de sang pour évoquer les Manes, Ulysse tire son épée pour les empêcher de venir boire ce sang, dont elles sont altérées, & dont on ne vouloit pas qu'elles goûtassent, avant que d'avoir répondu à ce qu'on demandoit d'elles. Ils croyoient aussi que les ames n'étoient point en repos, & qu'elles rodoient autour de leurs cadavres, tandis que leurs corps n'étoient pas inhumés.

Après même qu'ils étoient enterrés, on leur offroit à manger, sur-tout du miel, comme si sortant du tombeau, elles venoient goûter de ce qui leur étoit offert (*b*). Ils étoient persuadés que les Démons aimoient la fumée des sacrifices, la mélodie, le sang des victimes, le commerce des femmes ; qu'ils étoient attachés pour un tems à certains lieux, & à certains édifices qu'ils infestoient : ils croyoient que les ames séparées du corps grossier & terrestre, conservoient

---

(*a*) Odyss. xj. sub fin. vid. Horat. lib. 1. Satyr. 8. &c.

(*b*) Virgil. Æneid. l. 6. de Palinuro & Miseno.

August. Serm. 15. de SS. & quæst. 5. in Deut. l. 5. c. 43. vide Spénier. de leg. Hebræor. Ritual.

après la mort un corps plus subtil & plus délié, ayant la forme de celui qu'elles avoient quitté ; que ces corps étoient lumineux, & semblables aux astres ; qu'elles conservoient de l'inclination pour les choses qu'elles avoient aimées pendant leur vie ; que souvent elles apparoissoient autour de leurs tombeaux.

Pour ramener tout ceci à la matiere que nous traitons ici, c'est-à-dire aux Apparitions des bons Anges, nous pouvons dire, que de même que l'on rapporte aux Apparitions des bons Anges les Esprits tutélaires des Royaumes, des Provinces, des Peuples, & de chacun de nous en particulier ; par exemple, le Prince du Royaume des *Perses*, ou l'Ange de cette nation, qui résista à l'Archange Gabriel pendant vingt & un jours, comme il est dit dans Daniel (*a*) ; l'Ange de la Macédoine, qui apparut à S. Paul (*b*), & dont nous avons parlé ci-devant ; l'Archange S. Michel, qui est considéré comme le chef du peuple de Dieu & des armées d'Israel (*c*), & les Anges Gardiens députés de Dieu pour nous conduire & nous garder tous

---

(*a*) Dan. x. 13.
(*b*) Act. xvj. 9.
(*c*) Josué, v. 13. Dan.
x. 19. 21. xij. 1. Jud. v.
6. Apoc. xij. 7.

les jours de notre vie : ainsi nous pouvons dire que les Grecs & les Romains Gentils croyoient que certaines especes d'Esprits, qu'ils croyoient bons & bienfaisans, protégeoient les Royaumes, les Provinces, les Villes, & les Maisons particulieres.

Ils leur rendoient un culte superstitieux & idolâtre, comme à des Divinités domestiques : ils les invoquoient, leur offroient des especes de sacrifices & d'offrandes d'encens, de gâteaux, de miel, de vin, &c. mais non des sacrifices sanglans. (a) *Forsitan quis quærat, quid causæ sit, ut merum fundendum sit Genio, non hostiam faciendam putaverint.... Scilicet ut die natali munus annale Genio solverent, manum à cæde ac sanguine abstinerent.*

Les Platoniciens enseignoient, que les hommes charnels & voluptueux ne pouvoient voir leurs Génies, parce que leur esprit n'étoit pas assez épuré, ni assez dégagé des choses sensibles : mais les hommes sages, modérés, tempérans, qui s'appliquoient aux choses sérieuses & sublimes, les voyoient ; comme Socrate, qui avoit son Génie familier qu'il con-

_____
(a) Censorin. de die natali, c. 3. Vide Tassin. de anno sæcul.

fultoit, qu'il écoutoit, qu'il voyoit au-moins des yeux de l'esprit.

Si les Oracles de la Grece & des autres pays sont mis au nombre des Apparitions du mauvais Esprit, l'on peut aussi y rappeller les bons Esprits qui ont annoncé les choses futures, & ont assisté les Prophetes & les hommes inspirés tant de l'Ancien que du Nouveau Testament. L'Ange Gabriel fut envoyé à Daniel (a) pour l'instruire sur la vision des quatre grandes Monarchies, & sur l'accomplissement des septante semaines qui devoient mettre fin à la captivité. Le Prophete Zacharie dit expressément que *l'Ange qui paroit en lui* (b), lui révéla ce qu'il avoit à dire; & il le répete en cinq ou six endroits. S. Jean dans l'Apocalypse (c) dit de même, que Dieu lui envoya son Ange pour lui inspirer ce qu'il avoit à dire aux Eglises. Ailleurs (d) il fait encore mention de l'Ange qui lui parloit, & qui prit en sa présence les dimensions de la Jérusalem céleste. Et S. Paul aux Hébreux (e) : si ce qui a été prédit par les Anges doit passer pour cer-

(a) Dan. viij. 16. ix. 21.
(b) Zach. 1. 10. 13. 14. 19. ij. 3. 4. iv. 1. 4. 5. v. 5. 10.
(c) Apoc. j. 1.
(d) Apoc. x. 8. 9. & xj. 1. 2. 3. &c.
(e) Heb. ij. 2.

tain; *si enim qui per Angelos dictus est sermo, factus est firmus, &c.*

De tout ce que nous venons de dire il résulte, que les Apparitions des bons Anges sont non-seulement possibles, mais aussi très-réelles ; qu'ils ont souvent apparu, & sous diverses formes ; que les Hébreux, les Chrétiens, les Mahométans, les Grecs, les Romains les ont crûes ; que lorsqu'ils n'ont pas apparu sensiblement, ils ont donné des preuves de leur présence en plusieurs manieres différentes. Nous examinerons ailleurs de quelle façon on peut expliquer la maniere des Apparitions, tant des bons que des mauvais Anges, & des Ames séparées du corps.

CHAPITRE VI.

Des Apparitions des mauvais Anges prouvées par l'Ecriture : sous quelle forme ont-ils apparu ?

LES livres de l'Ancien & du Nouveau Testament & les Histoires sacrées & profanes sont remplies d'Apparitions des mauvais Esprits. La premiere, la plus fameuse & la plus fatale Apparition de Satan, est celle de ce mauvais Esprit à Eve la premiere femme (a) sous la figure du serpent, qui servit d'organe à cet Esprit séducteur pour la tromper & l'induire au péché. Depuis ce tems-là il a toujours affecté de paroître sous cette forme plûtôt que sous une autre: aussi dans l'Ecriture il est assez souvent nommé *l'ancien serpent* (b); & il est dit, que le dragon infernal combattit contre la femme, qui figuroit l'Eglise; que l'Archange Saint Michel le vainquit, & le précipita du haut du Ciel. Il a souvent apparu aux serviteurs de Dieu sous la figure d'un dragon, & il s'est fait adorer par les Infideles sous cette forme en un grand nombre d'endroits: à Babylone, par exemple, on adoroit un dragon vivant (c), à qui Daniel donna la mort, en lui faisant avaller une boule composée d'ingrédiens mortels. Le serpent étoit consacré à Apollon Dieu de la Médecine & des Oracles. Les Payens avoient une sorte de divination par le moyen des serpens, qu'ils nommoient *Ophiomanteia*.

Les Egyptiens, les Grecs & les Ro-

(a) Genes. iij. v. 2 3. (b) Dan. xiv. 25. 26.
(c) Apoc. xij. 9. xxix.

mains adoroient les serpens, & les regardoient comme quelque chose de divin (a). On fit venir à Rome le serpent d'Epidaure, à qui l'on rendit des honneurs divins. Les Egyptiens tenoient les viperes pour des Divinités (b). Les Israélites adorerent le serpent d'airain, que Moïse avoit élevé dans le désert (c), & qui fut dans la suite mis en pieces par le S. Roi Ezéchias. S. Augustin (d) assure que les Manichéens tenoient le serpent pour le Christ, & disoient, que cet animal avoit ouvert les yeux à Adam & à Eve par le mauvais conseil qu'il leur donna. On voit presque toujours la figure du serpent dans les figures magiques (e) d'*Abraxas & d'Abrachadabra*, qui étoient en vénération parmi les anciens hérétiques Basilidiens, qui de même que les Manichéens reconnoissoient deux principes de toutes choses, l'un bon, l'autre mauvais. *Abraxa* en Hébreu signifie *ce mauvais principe*, ou le pere du mal, *ab-ra-achad-ab-ra, le pere du mal, le seul pere du mal*, ou le seul mauvais principe.

(a) Sap. xj. 16.
(b) Ælian. Hist. animal.
(c) Num. xxj. 4. Reg. xviij. 4.
(d) Aug. Tom. viij. p. 28. 284.
(e) Ab-racha pater mali, ou pater malus.

S. Augustin (*a*) remarque, que nul animal n'a été plus sujet à éprouver les effets des enchantemens & de la magie, que le serpent, comme pour le punir d'avoir séduit la premiere femme par son imposture.

Pour l'ordinaire toutefois le Démon a pris la forme humaine pour tenter les hommes : c'est ainsi qu'il apparut à Jesus-Christ dans le désert (*b*) ; qu'il le tenta, & lui dit de changer les pierres en pain pour se rassasier ; qu'il le transporta au haut du Temple, & lui fit voir tous les Royaumes du monde, dont il lui promit la jouissance. L'Ange qui lutta contre Jacob à Mahanaïm (*c*) au retour de son voyage de Mésopotamie, étoit un mauvais Ange, selon quelques Anciens : d'autres, comme Severe Sulpice (*d*) & quelques Rabins, ont crû que c'étoit l'Ange d'Esaü qui étoit venu pour combattre Jacob ; mais la plûpart croyent que c'étoit un bon Ange : & comment Jacob auroit-il voulu lui demander sa bénédiction, s'il l'eût crû un mauvais Ange ? Mais de quelque maniere qu'on

---

(*a*) August. de Genes. ad lit. l. 2. c. 18.
(*b*) Matth. iv. 9. 10. &c.
(*c*) Genes. xxxij. 24. 25.
(*d*) Sever. Sulpit. Hist. Sac.

le prenne, il n'est pas douteux que le Démon n'ait apparu sous la forme humaine.

On raconte plusieurs Histoires anciennes & modernes, qui nous apprennent que le Démon a apparu à ceux qu'il a voulu séduire, ou qui ont été assez malheureux pour l'invoquer, & pour faire pacte avec lui, sous la figure d'un homme d'une taille au-dessus de l'ordinaire, vêtu de noir, d'un abord disgracieux, faisant mille belles promesses à ceux à qui il se manifestoit, mais promesses toujours trompeuses, & jamais suivies d'un effet réel : je veux même croire qu'elles voyoient ce qui ne subsistoit que dans leur idée troublée & dérangée.

On voit à Molsheim (a) dans la Chapelle de S. Ignace en l'Eglise des PP. Jésuites une Inscription célebre, qui contient l'Histoire d'un jeune Gentilhomme Allemand, nommé *Michel Louis*, de la famille de *Boubenhoren*, qui ayant été envoyé assez jeune par ses parens à la Cour du Duc de Lorraine pour apprendre la langue Françoise, perdit au jeu de Cartes tout son argent. Réduit au dé-

(a) Petite Ville de l'Electorat de Cologne, sur une riviere de même nom.

désespoir, il résolut de se livrer au Démon, si ce mauvais Esprit vouloit ou pouvoit lui donner de bon argent : car il se doutoit qu'il ne lui en fourniroit que de faux & de mauvais. Comme il étoit occupé de cette pensée, tout d'un coup il vit paroître devant lui comme un jeune homme de son âge, bien fait, bien couvert, qui lui ayant demandé le sujet de son inquiétude, lui présenta sa main pleine d'argent, & lui dit d'éprouver s'il étoit bon. Il lui dit de le venir retrouver le lendemain.

Michel retourne trouver ses Compagnons qui jouoient encore, regagne tout l'argent qu'il avoit perdu, & gagne tout celui de ses Compagnons. Puis il revient trouver son Démon, qui lui demanda pour récompense trois gouttes de son sang qu'il reçut dans une coquille de gland ; puis offrant une plume à Michel, il lui dit d'écrire ce qu'il lui dicteroit. Il lui dicta quelque termes inconnus qu'il fit écrire sur deux billets différens (a), dont l'un demeura au pouvoir du Démon, & l'autre fut mis dans le bras de Michel

(a) Il y avoit en tout dix lettres, la plûpart Grecques, mais qui ne formoient aucun sens. On les voyoit à Molsheim dans le tableau qui représente ce miracle.

au même endroit d'où le Démon avoit tiré du sang. Et le Démon lui dit : je m'engage de vous servir pendant sept ans, après lesquels vous m'appartiendrez sans réserve.

Le jeune homme y consentit, quoiqu'avec horreur, & le Démon ne manquoit pas de lui apparoître jour & nuit sous diverses formes, & de lui inspirer diverses choses inconnues & curieuses, mais toujours tendantes au mal. Le terme fatal des sept années approchoit, & le jeune homme avoit alors environ vingt ans. Il revint chez son pere : le Démon auquel il s'étoit donné, lui inspira d'empoisonner son pere & sa mere, de mettre le feu à leur Château, & de se tuer soi-même. Il essaya de commettre tous ces crimes : Dieu ne permit pas qu'il y réussît, le fusil dont il vouloit se tuer ayant fait faute jusqu'à deux fois, & le venin n'ayant pas opéré sur ses pere & mere.

Inquiet de plus en plus, il découvrit à quelques Domestiques de son pere le malheureux état où il se trouvoit, & les pria de lui procurer quelques secours. En ce même tems le Démon le saisit, & lui tourna tout le corps en arriere, & peu s'en fallut qu'il ne lui rompît les os. Sa mere qui étoit de l'héréſie de Suenfeld & qui y avoit engagé ſon fils, ne trouvant dans ſa Secte aucun ſecours contre le Démon qui le poſſédoit, ou l'obſédoit, fut contrainte de le mettre entre les mains de quelques Religieux. Mais il s'en retira bientôt & s'enfuit à l'Iſlade, d'où il fut ramené à Molsheim par ſon frere, Chanoine de Wirſbourg, qui le remit entre les mains des P. P. de la Société. Ce fut alors que le Démon fit de plus violens efforts contre lui, lui apparoiſſant ſous la forme d'animaux féroces. Un jour entr'autres le Démon ſous la forme d'un homme ſauvage & tout velu jetta par terre une cédule ou pacte différent du vrai qu'il avoit extorqué du jeune homme, pour tâcher ſous cette fauſſe apparence de le tirer des mains de ceux qui le gardoient, & pour l'empêcher de faire ſa confeſſion générale. Enfin on prit jour au 20 Octobre 1603. pour ſe trouver en la Chapelle de S. Ignace, & y faire rapporter la véritable cédule contenant le pacte fait avec le Démon. Le jeune homme y fit profeſſion de la Foi Catholique & Orthodoxe, renonça au Démon, & reçut la Sainte Euchariſtie. Alors jettant des cris horribles, il dit qu'il voyoit comme deux boucs d'une grandeur démesurée, qui ayant les pieds de devant enhaut, tenoient entre leurs ongles chacun de leur côté l'une des cédules ou pactes. Mais dès qu'on eut commencé les Exorcismes, & invoqué le nom de S. Ignace, les deux boucs s'enfuirent, & il sortit du bras ou de la main gauche du jeune homme, presque sans douleur & sans laisser de cicatrice, le pacte qui tomba aux pieds de l'Exorciste.

Il ne manquoit plus que le second pacte qui étoit resté au pouvoir du Démon. On recommença les Exorcismes, on invoqua S. Ignace, & on promit de dire une Messe en l'honneur du Saint: en même tems parut une grande Cigogne difforme, malfaite, qui laissa tomber de son bec cette seconde cédule, & on la trouva sur l'Autel.

Le Pape Paul V. fit informer de la vérité de tous ces faits par les Commissaires Députés, sçavoir M. Adam Suffragant de Strasbourg, & George Abbé d'Altorf, & un grand nombre d'autres témoins qui furent interrogés juridiquement, & qui assurerent que la délivrance de ce jeune homme étoit dûe principalement après Dieu à l'intercession de S. Ignace.

La même Histoire est rapportée un peu plus au long dans un Livre intitulé : *De Vitâ & Instituto Sancti Ignatii Societatis fundatoris Libri quinque, ex Italico R. P. Danielis Bartoli S. J. Romæ edito, Latinè reducti à P. Ludovico Janin ex eâdem Societate. Lugduni sumptibus Laurentii Anisson, an.* M. D C L X V. *cum Privilegio.*

Mélanchton reconnoît (*a*) qu'il a vû plusieurs Spectres, & a discouru & conversé plusieurs fois avec eux ; & Jérôme Cardan assure, que son pere Fassius Cardanus voyoit les Démons quand il vouloit, apparemment en forme humaine.

Les mauvais Esprits apparoissent aussi quelquefois sous la figure d'un lion, ou d'un chien, ou d'un chat, ou de quelqu'autre animal, comme d'un taureau, d'un cheval, ou d'un corbeau : car les prétendus Sorciers & Sorcieres racontent, qu'au Sabbat on le voit de plusieurs formes différentes, d'hommes, d'animaux, d'oiseaux; soit qu'il prenne la forme de ces animaux, ou qu'il se serve des animaux mêmes comme d'instrumens pour tromper ou pour nuire ; ou qu'il affecte sim-

(*a*) Lib. de animâ.

plement les sens & l'imagination de ceux qu'il a fascinés, & qui se sont donnés à lui: car dans toutes les Apparitions du Démon, on doit toujours être en garde, & se défier de ses ruses & de sa malice. S. Pierre (a) nous dit que Satan est toujours autour de nous comme un lion rugissant, qui cherche à nous dévorer; & S. Paul en plus d'un endroit (b) nous avertit de nous défier des pieges du Diable, & de nous tenir en garde contre lui.

Sulpice Severe (c) dans la vie de Saint Martin rapporte quelques exemples de personnes trompées par des Apparitions du Démon, qui se transformoit en Ange de lumiere. Un jeune homme de très-grande condition nommé *Clarus*, & qui fut dans la suite élevé à l'Ordre de Prêtrise, s'étant donné à Dieu dans un Monastere, s'imagina d'avoir commerce avec les Anges; & comme on ne vouloit pas l'en croire, il dit que la nuit suivante Dieu lui donneroit un habit blanc, avec lequel il paroîtroit au milieu d'eux. En effet sur le minuit tout le Monastere fut comme agité de grands tremblemens, la

---

(a) I. Pet. iij. 8.
(b) Ephés. vj. 880. I, Tim. iij. 7.
(c) Sulpit. Sever. vit. S. Martin. c. 8 §.

cellule du jeune homme parut toute brillante de lumière, & on ouit comme le bruit de plusieurs personnes qui alloient, qui venoient, & qui parloient.

Après cela étant sorti de sa cellule, il montra aux Freres la tunique dont il étoit couvert : c'étoit une étoffe d'une blancheur admirable, brillante comme la pourpre, & d'une finesse si extraordinaire, qu'on n'avoit rien vû de semblable, & que personne ne pouvoit dire de quelle matiere elle étoit tissue.

On passa le reste de la nuit à chanter des Pseaumes en action de graces : le matin on le voulut mener à S. Martin ; il résista tant qu'il put, disant qu'on lui avoit expressément défendu de paroître en sa présence. Comme on le pressoit d'y venir, cette tunique disparut aux yeux des assistans ; ce qui fit juger que tout cela n'étoit qu'une illusion du Démon.

Un autre Solitaire se laissa persuader qu'il étoit Elie, & un autre qu'il étoit S. Jean l'Evangéliste. Un jour le Démon voulut séduire S. Martin lui-même, s'étant apparu à lui sous un habit royal, portant en tête un riche diadême orné d'or & de pierreries, ayant la chaussure dorée, & tout l'appareil d'un grand Prince. Adressant la parole à Martin, il lui dit :

reconnois-moi, Martin; je suis J. C. qui voulant descendre en terre, ai résolu premierement de me manifester à toi. S. Martin se tut d'abord craignant quelque surprise; & le fantôme lui ayant répeté qu'il étoit le Christ, Martin répondit: Monseigneur Jesus n'a pas dit qu'il viendroit vêtu de la pourpre, & orné de diadème; je ne le reconnoîtrai pas, à moins qu'il ne paroisse en la forme dans laquelle il a souffert la mort, & à moins que je ne le voie avec les stigmates de sa Croix & de sa Passion.

A ces mots le Démon disparut; & Sulpice Severe assure, qu'il tient de la bouche même de S. Martin ce qu'il en raconte en cet endroit. Il dit un peu auparavant, que Satan se montroit quelquefois à lui sous la forme de Jupiter, ou de Mercure, ou de Vénus, ou de Minerve, & on l'entendoit quelquefois qui faisoit de grands reproches à Martin, de ce qu'il avoit converti & régénéré par le Baptême tant de grands pécheurs. Mais le Saint le méprisoit, le chassoit par le signe de la Croix, & lui répliquoit, que le Baptême & la Pénitence effacent tous les péchés dans ceux qui se convertissent sincérement.

Tout cela prouve, d'un côté la malice,

les fraudes, l'envie du Démon contre les Saints; & de l'autre sa foiblesse, & l'inutilité de ses efforts contre les vrais serviteurs de Dieu, & qu'il n'est que trop vrai qu'il apparoît souvent sous une forme sensible.

On voit dans les Histoires des Saints, qu'il s'est quelquefois caché sous la forme d'une femme, pour tenter des Solitaires, & les engager dans le désordre; quelquefois sous la figure d'un Voyageur, d'un Prêtre, d'un Religieux, d'un *Ange de lumiere* (*a*), pour séduire les ames simples, & les induire dans l'erreur : car tout lui est bon, pourvû qu'il exerce sa malice & sa haine contre les hommes.

Lorsque Satan parut devant le Seigneur au milieu des Saints Anges, & qu'il lui demanda la permission de tenter Job (*b*), & d'éprouver sa patience dans ce que le Saint homme avoit de plus cher, il s'y présenta sans doute dans son état naturel comme un simple Esprit, mais rempli de rage contre les Saints, & dans toute la difformité de son péché & de sa révolte.

Mais lorsqu'il dit dans les Livres des Rois qu'il *sera un Esprit de mensonge dans*

(*a*) II. Corinth. xj. 14.
(*b*) Job. I. 6. 7. 8.

la bouche des faux Prophetes (a) ; & que Dieu lui permet d'exécuter sa mauvaise volonté : *decipies & prævalebis ; egredere & fac ita* ; on ne doit pas s'imaginer qu'il se soit fait voir corporellement aux yeux des faux Prophetes du Roi Achab : il leur inspira seulement le mensonge, ils le crurent, & le persuaderent au Roi.

On peut mettre parmi les Apparitions de Satan les mortalités, les guerres, les tempêtes, les calamités publiques & particulieres que Dieu envoie aux Nations, aux Provinces, aux Villes, aux familles, à qui le Tout-puissant fait ressentir les effets terribles de sa colere & de sa juste vengeance. Ainsi l'Ange exterminateur fait mourir les premiers nés des Egyptiens (b). Le même Ange frappe de mort les Habitans des Villes criminelles de Sodome & de Gomorre (c). Il en use de même envers Onan, qui commettoit une action abominable (d). *Le méchant ne cherche que la division & les querelles*, dit le Sage ; *& l'Ange cruel sera envoyé contre lui* (e). Et le Psalmiste parlant des plaies dont le Seigneur frappa l'Egypte, dit qu'il envoya contre ce pays

(a) 3. Reg. xxij. 22. (d) Genes. xxxviij.
(b) Exod. xj. 6. (e) Prov. xvij. 11.
(c) Genes. xviij. 13. 14.

Tome I. C

des Anges malfaisans (*a*) : *immiſſiones per Angelos malos.*

Lorsque David eut fait faire par un esprit de vanité le dénombrement de son peuple, Dieu lui fit voir un Ange placé sur Jérusalem, disposé à la frapper & à la perdre (*b*). Je ne décide pas si c'étoit un bon ou un mauvais Ange, puisqu'il est certain que quelquefois le Seigneur emploie les bons Anges pour exercer sa vengeance contre les méchans. Mais on croit que ce fut le Démon qui mit à mort cent quatre-vingt-cinq mille hommes de l'armée de Sennacherib (*c*). Et dans l'Apocalypse (*d*) ce sont de même des Anges malfaisans, qui répandent sur la terre des phioles remplies du vin de la colere de Dieu, & y causent tous les fleaux énoncés dans ce saint livre.

Nous mettons au nombre des Apparitions & des opérations de Satan les faux Christs, les faux Prophetes, les Oracles des Payens, les Magiciens, les Sorciers & Sorcieres, ceux qui sont inspirés par l'esprit de Python, les obsessions & possessions des Démons ; ceux qui se mêlent de prédire l'avenir, & dont les prédictions sont quelquefois suivies de l'effet ;

(*a*) Psal. lxxvij. 49. (*c*) IV. Reg. xix. 35.
(*b*) II. Reg. xxiv. 16. (*d*) Apoc. viij. 7. 8.

ceux qui font des pactes avec le Démon pour découvrir des tréfors, & pour s'enrichir ; ceux qui ufent de maléfices pour faire une diligence extraordinaire ; les Démons incubes & fuccubes, les évocations par la voie de la Magie, les enchantemens, les dévouemens à la mort; les fupercheries des Prêtres Idolâtres, qui feignoient que leurs Dieux bûvoient & mangeoient, & recherchoient le commerce des femmes. Tout cela ne peut être que l'ouvrage de Satan, & doit être mis au rang de ce que l'Ecriture appelle *les profondeurs de Satan* (a). Nous en dirons quelque chofe dans la fuite de ce Traité.

CHAPITRE VII.

De la Magie.

Bien des gens regardent tout ce qu'on dit de la Magie, des Magiciens, des Sortiléges, des Maléfices, comme des fables, des illufions, & des effets de l'imagination de certains efprits foibles, qui fottement prévenus de l'exceffif pouvoir du Dé-

(a) Apoc. ij. 24.

mon, lui attribuent mille choses qui sont purement naturelles, mais dont les raisons physiques leur sont inconnues, ou qui sont les effets de la subtilité de certains charlatans, qui font métier d'en imposer aux simples. On appuie ces sentimens de l'autorité des principaux Parlemens du Royaume, qui ne reconnoissent ni Magiciens, ni Sorciers, & qui ne punissent jamais ceux qui sont accusés de Magie ou de Sorcellerie, à moins qu'ils ne soient convaincus de quelques autres crimes. Qu'enfin plus on punit, & plus on recherche les Magiciens & les Sorciers, plus il s'en trouve dans un pays; & qu'au contraire on a l'expérience, que dans les lieux où on ne les croit point, il ne s'en trouve point, & que le moyen le plus efficace pour déraciner cette fantaisie, c'est de la mépriser, & de la négliger.

On dit que les Magiciens eux-mêmes & les Sorciers, lorsqu'ils tombent entre les mains des Juges & des Inquisiteurs, sont souvent les premiers à soutenir, que la Magie & la Sorcellerie ne sont que des imaginations, & des effets de la prévention & des erreurs populaires. Sur ce pied-là Satan se détruiroit lui-même, & renverseroit son Empire, s'il décrioit ainsi la Magie dont il est l'auteur & le soutien. Si ce sont les Magiciens qui de leur chef, & indépendamment du Démon, font cette déclaration, ils se trahissent de gayeté de cœur, & ne font pas leur cause meilleure, puisque les Juges nonobstant leur désaveu, les poursuivent, & les punissent toujours sans miséricorde, bien persuadés que ce n'est que la crainte du supplice & l'espérance de l'impunité qui les font parler.

Mais ne seroit-ce pas plutôt une ruse du malin Esprit (*a*), qui s'efforce de rendre douteuse la réalité de la Magie, pour mettre à couvert des supplices ceux qui en sont accusés, & pour en imposer aux Juges, & leur faire croire que les Magiciens ne sont que des insensés ou des hypocondriaques, plus dignes de compassion que de châtiment. Il faut donc toujours revenir à l'examen du fond de la question, & prouver que la Magie n'est pas une chimere, ni un être de raison, puisqu'on ne peut faire aucun fond, ni tirer aucun argument certain pour ou contre la réalité de la Magie, ni de l'opinion des prétendus Esprits forts, qui la nient, parce qu'ils le jugent à propos, & que les preuves du contraire ne leur paroissent pas démonstratives ; ni de la

(*a*) Vide Bodin, Préface.

déclaration du Démon, des Magiciens ou des Sorciers, qui soutiennent que la Magie & la Sorcellerie ne sont que des effets d'une imagination troublée, ou d'un esprit sottement & vainement prévenu; que ces déclarations ne sont produites que par la crainte des supplices de la part de ceux qui les font, ou par une souplesse du malin Esprit, qui veut couvrir son jeu, & jetter de la poudre aux yeux des Juges & des témoins, en leur faisant croire que ce qu'ils regardent avec tant d'horreur, ce qu'ils poursuivent avec tant de vivacité, n'est rien moins qu'un crime punissable.

Il faut donc prouver la réalité de la Magie par l'Ecriture sainte, par l'autorité de l'Eglise, & par le témoignage des Ecrivains les plus sérieux & les plus sensés; & enfin montrer qu'il n'est pas vrai que les Parlemens les plus fameux ne reconnoissent ni Sorciers ni Magiciens.

Les Téraphins que Rachel Epouse de Jacob enleva furtivement de la maison de son Pere Laban (a), étoient sans doute des figures superstitieuses, à qui la famille de Laban rendoit un culte semblable à peu près à celui que les Romains rendoient à leurs Dieux domestiques Pe-

---

(a) Genes. xxxj. 19.

nates & *Lares*, & qu'ils consultoient sur l'avenir. Josué (*a*) dit bien clairement que Tharé Pere d'Abraham a adoré des Dieux étrangers dans la Mésopotamie. Et dans les Prophetes Osée (*b*) & Zacharie, les Septante traduisent *Téraphims* par des *Oracles*. Zacharie & Ezéchiel (*c*) montrent que les Chaldéens & les Hébreux consultoient ces *Téraphims* pour connoître l'avenir.

D'autres croyent que c'étoient des Talismans ou préservatifs. Tout le monde convient que c'étoient des figures superstitieuses, que l'on consultoit pour sçavoir des choses inconnues & futures.

Le Patriarche Joseph parlant à ses propres freres suivant l'idée qu'on avoit de lui dans l'Egypte, leur dit (*d*) : ne sçavez-vous point qu'il n'y a pas dans tout le pays un homme qui m'égale dans l'art de deviner, & de prédire les choses futures ? Et l'Officier du même Joseph ayant trouvé dans le sac de Benjamin la coupe de Joseph qu'il y avoit cachée exprès, leur dit (*e*) ; c'est la coupe dont

---

(*a*) Josué xxiv. 2. 3. 4.
(*b*) Osée ij. 4. &c. Zach. v. 2.
(*c*) Zach. x. 2. Ezech. xxj. 21.
(*d*) Genes. xliv. 15.
(*e*) Genes. xliv. 5.

mon Maître se sert pour découvrir les choses secretes.

Les Magiciens de Pharaon imiterent par le secret de leur art les vrais miracles de Moïse ; mais n'ayant pû comme lui produire des moucherons, ils furent contraints d'avouer que le doigt de Dieu étoit dans ce que Moïse avoit fait jusqu'alors (*a*).

Après la sortie des Hébreux de l'Egypte, Dieu défend expressément à son peuple toutes sortes de Magie & de Divination (*b*) : il condamne à mort les Magiciens, & ceux qui usent de sortiléges ; *Maleficos non patieris vivere* (*c*).

Le Devin Balaam étant invité par le Roi Balac pour venir dévouer les Hébreux, Dieu lui mit dans la bouche des bénédictions au lieu de malédictions (*d*) ; & ce mauvais Prophete parmi les bénédictions qu'il donne à Israel, dit qu'il n'y a parmi eux ni augure, ni divination, ni magie : *non est augurium in Jacob, nec divinatio in Israel.*

Du tems des Juges l'Idole de Michas étoit consultée comme une espece d'Ora-

---

(*a*) Exod. vij. 10. 11. 12.
(*b*) Exod. viij. 19.
(*c*) Exod. xxij. 18.
(*d*) Num. xxij. xxiij. 23.

cle (*a*). Gédéon fit dans sa maison & dans sa ville un Ephod accompagné d'une figure superstitieuse, qui fut pour sa maison & pour tout le peuple un sujet de scandale & de chûte (*b*).

Les Israélites alloient quelquefois consulter Belzebub Dieu d'Accaron (*c*) pour sçavoir s'ils releveroient de leurs maladies. L'Histoire de l'évocation de Samuel par la Magicienne d'Endor (*d*) est connue. Je sçais qu'on forme sur cette Histoire des difficultés : je n'en concluerai ici autre chose, sinon que cette femme passoit pour Magicienne, que Saul la tenoit pour telle, & que ce Prince avoit exterminé les Magiciens de ses Etats, du moins il ne permettoit pas qu'ils y exerçassent leur art.

Manassé Roi de Juda (*e*) est blâmé pour avoir introduit l'Idolâtrie dans son royaume, & en particulier d'y avoir souffert les Devins, les Aruspices, & ceux qui se mêlent de prédire l'avenir : *observavit auguria, & fecit Pythones, & Aruspices multiplicavit*. Le Roi Joas au contraire détruisit toutes ces superstitions (*f*).

Le Prophete Isaïe qui vivoit dans ce même tems, dit qu'on voudra persuader

---

(*a*) Judic. xvij. 1. 2.
(*b*) Judic. viij. 27.
(*c*) IV. Reg. 1. 2. 3.
(*d*) I. Reg. xxviij. 7. & seq.
(*e*) IV. Reg. xxj. 16.
(*f*) IV. Reg. xxij. 24.

aux Juifs captifs à Babylone de s'adresser comme les autres Nations aux Devins & aux Magiciens ; mais qu'ils doivent rejetter ces pernicieux conseils, & laisser ces abominations aux Gentils qui ne connoissent pas le Seigneur. Daniel (*a*) parle des Magiciens des Chaldéens, & de ceux qui se mêloient parmi eux d'interpréter les songes, & de prédire l'avenir.

Dans le Nouveau Testament, les Juifs accusent Jesus-Christ de ne chasser les Démons qu'au nom de Belzébud Prince des Démons (*b*) ; mais il les réfute, en disant qu'étant venu pour détruire l'Empire de Belzébud, il n'étoit pas croyable que Belzébud fît des prodiges pour renverser son propre Empire. S. Luc parle de Simon le Magicien, qui avoit pendant long-tems séduit les habitans de Samarie (*c*) ; & d'un certain Bar-Jesus de Paphos, qui faisoit profession de Magie, & se vantoit de prédire l'avenir (*d*). S. Paul fit brûler à Ephese un grand nombre de livres de Magie (*e*). Enfin le Psalmiste (*f*) & l'Auteur de l'Ecclésiastique (*g*)

(*a*) Dan. ıı. iv. 4. v. 2. 2.
(*b*) Matth. x. 2⟨5⟩. xij. 24. 2⟨7⟩.
(*c*) Luc. xj. 15. 18. 19.

(*d*) Act. viij. 11.
(*e*) Act. xix. 19.
(*f*) Psalm. lvij.
(*g*) Eccl. xij. 13.

parlent des charmes avec lesquels on enchantoit les serpens.

Dans les Actes des Apôtres (a) la jeune fille de la ville de Philippes qui étoit inspirée par l'esprit de Python, rendoit hautement & plusieurs jours de suite témoignage à Paul & à Silas, disant *qu'ils étoient serviteurs du Très-Haut, & qu'ils annonçoient aux hommes la voie du salut.* Etoit-ce le Démon qui lui faisoit tenir ces discours, pour détruire le fruit de la prédication des Apôtres, en faisant croire aux peuples qu'ils agissoient de concert avec les mauvais Esprits ? Ou étoit-ce l'Esprit de Dieu qui mettoit ces paroles dans la bouche de cette fille, comme il mit dans la bouche de Balaam des Prophéties sur la venue du Messie ? Il y a lieu de croire qu'elle parloit par l'inspiration du mauvais Esprit, puisque S. Paul lui imposa silence, & chassa l'esprit de Python qui la possédoit, & qui lui inspiroit les prédictions qu'elle faisoit, & la connoissance des choses inconnues. De quelque maniere qu'on l'explique, il s'enfuivra toujours que la Magie n'est pas une chimere, que cette fille étoit remplie d'un mauvais Esprit, & qu'elle prédisoit & révéloit les choses cachées & futures,

(a) Act. xvj. 16. 17.

ce qui produisoit un gain considérable à ses Maîtres. Car ceux qui la consultoient n'auroient pas sans doute été assez sots de lui payer ces prédictions, s'ils n'avoient eu l'expérience de leur vérité par le succès & l'évenement.

De tous ces témoignages réunis il résulte que la Magie, les Enchantemens, la Sorcellerie, la Divination, l'Interprétation des songes, les Augures, les Oracles, ou les figures magiques qui annoncent l'avenir, sont choses très-réelles, puisque Dieu les condamne si sévérement, & qu'il veut qu'on punisse de mort ceux qui les exercent.

CHAPITRE VIII.

Objections contre la réalité de la Magie.

ON ne manquera pas de me dire que tous ces témoignages de l'Ecriture ne prouvent pas la réalité de la Magie, de la Sorcellerie, des Divinations, & le reste ; mais seulement que les Hébreux & les Egyptiens, je veux dire le commun du peuple parmi eux, croyoit qu'il y avoit des gens qui avoient commerce avec la Divinité, ou avec les bons & les mauvais Anges, pour prédire l'avenir, expliquer les songes, pour dévouer leurs ennemis aux derniers malheurs, causer des maladies, exciter des tempêtes, susciter les ames des morts; s'il y avoit de la réalité, elle n'étoit pas dans les choses, mais dans leurs imaginations & leurs préventions.

Moïse & Joseph passoient pour de grands Magiciens parmi les Egyptiens. Rachel croyoit apparemment que les Téraphims de son pere Laban étoient capables de l'instruire des choses cachées & futures. Les Israélites pouvoient consulter l'Idole de Michas, & Beelzebub Dieu d'Accaron; mais les gens sensés & éclairés de ce tems-là, comme ceux d'aujourd'hui, regardoient tout cela comme des jeux & des fourberies des prétendus Magiciens, qui trouvoient leur compte à entretenir le peuple dans ces préjugés.

Moïse n'a pas laissé d'ordonner très sagement la peine de mort contre ces sortes de gens, qui abusoient de la simplicité des ignorans pour s'enrichir à leurs dépens, & qui détournoient les peuples du culte du vrai Dieu, pour les entretenir dans des pratiques superstitieuses & contraires à la vraie Religion. Or il est du bon ordre, & de l'intérêt de la République & de la vraie piété, de réprimer les abus qui y sont contraires, & de punir du dernier supplice ceux qui détournent les peuples du vrai & légitime culte de Dieu, pour les porter au culte du Démon ; à mettre leur confiance dans la créature, au préjudice des droits du Créateur ; à leur inspirer de vaines frayeurs de ce qui n'est point à craindre, & à les entretenir dans des erreurs très-dangereuses. Si parmi une infinité de fausses prédictions, ou de vaines interprétations des songes, il s'en trouve quelques-unes de vraies, ou c'est le hazard qui les a produites, ou c'est l'ouvrage du Démon, à qui Dieu permet assez souvent de tromper ceux qui ont la sotise & l'impiété de s'adresser à lui, & de mettre en lui leur confiance ; ce que le sage Législateur animé de l'Esprit saint a dû réprimer par les peines les plus rigoureuses.

Les Histoires & l'expérience font voir que ceux qui usent de l'art magique, de sortiléges, de maléfices, n'emploient leur art, leur secret & leur pouvoir que pour séduire, pour induire au crime & au désordre ; ainsi on ne peut les rechercher avec trop de soin, ni les punir avec trop de sévérité.

On peut ajouter, que souvent on prend pour Magie noire & diabolique ce qui n'est que Magie naturelle ou subtilité de la part de ceux qui font des choses qui paroissent au-dessus des forces de la nature. Combien d'effets merveilleux ne raconte-t'on pas de la baguette divinatoire, de la poudre de sympathie, des Phosphores, des secrets de Mathématiques ? Combien de fripponneries ne connoît-on pas de la part des Prêtres des Idoles & de ceux de Babylone, qui faisoient accroire au peuple que le Dieu Bel bûvoit & mangeoit ; qu'un grand Dragon vivant étoit une Divinité ; que le Dieu Anubis demandoit le commerce de certaines femmes, dont les Prêtres abusoient ; que le bœuf Apis rendoit des Oracles ; que le serpent d'Alexandre d'Abonotiche connoissoit les maladies, & donnoit des remedes aux malades, sans ouvrir le billet qui contenoit le détail de leurs maux? Nous pourrons parler de tout cela plus au long ci-après.

Enfin les Parlemens les plus judicieux & les plus célebres ne veulent point reconnoître de Magiciens ni de Sorciers ; du moins ils ne les condamnent point à mort, à moins qu'ils ne soient convaincus d'autres crimes, comme de vol, de maléfices, de poison, de séduction en matiere grave & criminelle ; par exemple, dans l'affaire de Gofredi Prêtre de Marseille, qui fut condamné par le Parlement d'Aix à être tenaillé & brûlé vif. Les chefs de cette Compagnie, dans le compte qu'ils rendent à M. le Chancellier de l'Arrêt par eux rendu, témoignent que ce Curé étoit à la vérité accusé de Sortilége ; mais qu'il avoit été condamné au feu, comme atteint & convaincu d'inceste spirituel avec Madeleine de la Palu sa pénitente. De tout ceci on conclut qu'il n'y a rien de réel dans ce qu'on appelle Magie.

CHAPITRE IX.

Réponse aux Objections.

JE réponds qu'à la vérité il y a souvent beaucoup d'illusion, de prévention & d'imagination dans tout ce qu'on appelle Magie & Sortilége ; que quelquefois le Démon s'en mêle par ses prestiges pour tromper les simples ; mais que le plus souvent, sans que le mauvais Esprit soit autrement de la partie, des hommes méchans, corrompus, intéressés, subtils & trompeurs, abusent de la simplicité des hommes & des femmes, pour leur persuader qu'ils ont des secrets surnaturels pour interpréter les songes & prédire les choses futures, guérir des maladies, découvrir les secrets inconnus aux hommes ; je n'aurai nulle peine à convenir de tout cela. Toutes les Histoires sont remplies de faits qui démontrent ce qu'on vient d'avancer. On impute au Démon mille choses auxquelles il n'a aucune part : on lui fait honneur de prédictions, de révélations, de secrets, de découvertes, qui ne sont nullement l'effet de sa puissance, ni de sa pénétration, de même qu'on l'accuse d'avoir causé des maux, des tempêtes, des maladies, qui sont de purs effets de causes naturelles, mais inconnues.

Toujours est-il vrai que réellement il y a plusieurs personnes qui sont persuadées de la puissance du Démon, de son influence sur une infinité de choses & d'effets qu'on lui attribue ; qu'on l'a consulté pour connoître l'avenir, pour découvrir des choses secretes ; qu'on s'est adressé à lui pour réussir dans ses projets, pour avoir de l'argent, de la faveur, pour jouir de ses plaisirs criminels. Tout cela est très-réel. La Magie n'est donc pas une simple chimere, puisqu'il y a tant de gens infatués de la force des charmes, & convaincus de commerce avec le Démon, pour produire une infinité d'effets qui passent pour surnaturels. Or c'est la folie, la vaine crédulité, la prévention de ces sortes de gens que la Loi de Dieu interdit, que Moïse condamne à la mort, que l'Eglise Chrétienne punit par ses censures, que les Juges séculiers répriment avec la derniere rigueur. S'il n'y avoit en tout cela que maladie d'imagination, foiblesse de cerveau, préjugé populaire, les traiteroit-on avec tant de sévérité ? Fait-on mourir les hypocondriaques, les maniaques, les malades imaginaires ? On en a compassion, & on travaille à les guérir. Aussi dans ces circonstances, c'est l'impiété, c'est la superstition, c'est le crime de ceux & celles qui consultent ou qui croyent consulter le Démon, qui mettent en lui leur confiance, contre qui les loix sévissent & ordonnent des châtimens.

Quand on pourroit nier & contester la réalité des Augures, des Devins, des Magiciens, & regarder toutes ces sortes de gens comme des séducteurs, qui abusent de la simplicité de ceux qui s'adressent à eux, pourroit-on nier la réalité des Magiciens de Pharaon, celle de Simon le Magicien, de Bar-Jesus, de la Pythonisse, des Actes des Apôtres? Les premiers ne firent-ils pas devant Pharaon un grand nombre de miracles? Simon le Magicien ne s'éleva-t'il pas en l'air par l'opération du Démon? S. Paul n'imposa-t'il pas silence au Démon, qui parloit dans la Pythonisse de la ville de Philippes en Macédoine (a)? Dira-t'on qu'il y avoit collusion entre S. Paul & la Pythonisse? Rien de tout cela ne peut raisonnablement se soutenir.

Un Auteur nouveau qui s'est caché sous ces deux lettres M. D. a fait imprimer à Paris en 1732. un petit volume, intitulé: *Traité sur la Magie, le Sortilége, les possessions, obsessions & maléfices, où l'on en démontre la vérité & la réalité.* Il montre qu'il est de foi qu'il y a des Magiciens: il le prouve par l'Ecriture de l'Ancien & du Nouveau Testament, & par l'autorité des anciens Peres, dont les passages sont rapportés dans l'ouvrage du P. Delrio, intitulé: *Disquisitiones magicæ.* Il le prouve par les Rituels de tous les Diocèses, & par les examens qui se trouvent dans les Heures

(a) Act. xvj. 10.

imprimées, où l'on suppose qu'il y a des Sorciers & des Magiciens.

Les loix civiles des Empereurs, tant Payens que Chrétiens, celles des Rois de France anciennes & modernes, les Jurisconsultes, les Médecins, les Historiens sacrés & profanes concourent à soutenir la même vérité. On remarque dans toutes sortes d'Ecrivains une infinité d'Histoires de Magie, de Maléfices, de Sorcelleries. Les Parlemens de France, & les Tribunaux de Justice parmi les autres Nations ont reconnu les Magiciens, les pernicieux effets de leur art, & ont condamné leurs personnes aux peines les plus rigoureuses.

Il rapporte au long (*a*) les remontrances faites au Roi Louis XIV. en 1670. par le Parlement de Rouen, pour prouver à ce Monarque que ce n'est pas seulement le Parlement de Rouen, mais aussi tous les autres Parlemens du Royaume, qui suivent la même Jurisprudence sur le fait de la Magie & du Sortilége; qu'ils en connoissent, & qu'ils les condamnent. Cet Auteur cite plusieurs faits & plusieurs jugemens rendus sur cette matiere dans les Parlemens de Paris, d'Aix, de Toulouse, de Rennes, de Dijon, &c. &

(*a*) Pag. 31. & seq.

c'est sur ces remontrances que le même Roi en 1682. donna sa Déclaration touchant la punition de divers crimes, & en particulier *des Sortiléges, Devins, Magiciens, & crimes semblables.*

Il cite aussi le Traité de la Police de M. de la Marre Commissaire au Châtelet de Paris, qui s'étend au long sur la Magie, & en prouve la réalité, l'origine, le progrès, les effets. Seroit-il possible que les Auteurs sacrés, les loix divines & humaines, les plus grands hommes de l'Antiquité, que les Jurisconsultes, les Historiens les plus éclairés, les Evêques dans les Conciles, l'Eglise dans ses décisions, dans ses pratiques & dans ses prieres, auroient conspiré à nous tromper, & à condamner la Magie, les Sortiléges, la Sorcellerie & les crimes de même nature à la mort, & aux plus rigoureux supplices, si tout cela n'étoit qu'illusion, & l'effet d'une imagination gâtée & prévenue?

Le P. le Brun (*a*) de l'Oratoire, qui a si bien écrit sur les superstitions, prouve solidement que le Parlement de Paris reconnoît qu'il y a des Sorciers, & qu'il les punit sévérement lorsqu'ils sont con-

(*a*) Le Brun, Hist. critique des pratiques superstit. Tom. II. pag 299. & seq.

vaincus. Il le prouve par un Arrêt rendu en 1601. contre quelques habitans de Champagne accusés de Sortilége. L'Arrêt veut, qu'ils soient envoyés à la Conciergerie par les Juges subalternes, sous peine de privation de leur Charge : il suppose qu'ils doivent être rigoureusement châtiés ; mais il veut qu'on observe une procédure exacte & réguliere pour les découvrir & les punir.

M. Servin, Avocat Général & Conseiller d'Etat, prouve au long par l'Ancien & le Nouveau Testament, par la Tradition, les Loix & les Histoires, qu'il y a des Devins, des Enchanteurs & des Sorciers, & réfute ceux qui prétendent soutenir le contraire. Il montre que les Magiciens & ceux qui usent de Sortiléges, doivent être punis & jugés exécrables ; mais il ajoute qu'il ne faut punir qu'après des preuves certaines & évidentes ; & c'est ce que le Parlement de Paris observe, de peur de punir des insensés pour des coupables, & de prendre des illusions pour des réalités.

Le Parlement laisse à l'Eglise de frapper d'Excommunication ceux & celles qui ont recours aux Sortiléges, & qui croyent aller la nuit à des assemblées nocturnes, pour y rendre leurs hommages au

Démon. Les Capitulaires des Rois (a) recommandent aux Pasteurs d'instruire & de désabuser les Fidéles sur le sujet de ce qu'on appelle Sabbat; toutefois ils n'ordonnent point de peines corporelles contre ces sortes de gens, mais seulement qu'on les désabuse, & qu'on empêche qu'ils n'en séduisent d'autres.

Le Parlement en demeure là, tandis que la chose ne va pas plus loin qu'à la simple séduction; mais lorsqu'elle va à nuire aux autres, les Rois ont souvent ordonné aux Juges de punir ces sortes de personnes de peines pécuniaires & de bannissement. Les Ordonnances de Charles VIII. en 1490. & de Charles IX. dans les Etats d'Orléans en 1560. sont formelles sur ce point; & elles se trouvent renouvellées par le Roi Louis XIV. en 1682. Au troisiéme article ces Ordonnances portent, que *s'il se trouvoit des personnes assez méchantes pour ajouter à la superstition l'impiété & le Sacrilége, ceux qui en seront convaincus seront punis de mort.*

Lors donc qu'il est évident que quelque personne a porté préjudice au prochain par des maléfices, le Parlement

___
(a) Capitular. R. xiij. de Sortilegiis & Sorciariis, 2, col. 365.

les punit rigoureusement jusqu'à la peine de mort, conformément aux anciens Capitulaires du Royaume (a), & aux nouvelles Ordonnances. Bodin qui écrivoit en 1680. a ramassé un grand nombre d'Arrêts, ausquels on peut ajouter ceux que le R. P. le Brun rapporte rendus depuis ce tems en 1585. 1591. 1593. 1602. 1604. 1609. 1611. 1617. 1684. 1687. 1691.

Il rapporte après cela un exemple remarquable d'un nommé Hocque, qui fut condamné aux Galeres le 2 Septembre 1687. par Sentence de la haute Justice de Passy, pour avoir usé de maléfices envers les animaux, & en avoir fait mourir un grand nombre en Champagne. Hocque mourut subitement, misérablement, & en homme désesperé, après avoir découvert dans le vin au nommé Béatrix le secret dont il se servoit pour faire mourir le bétail : il n'ignoroit pas que le Démon lui causeroit la mort, en haine de la découverte qu'il avoit faite de ce Sortilége.

Quelques complices de ce malheureux furent condamnés aux Galeres par divers Arrêts : d'autres furent condamnés à être pendus & brûlés par Sentence du Bailli de Passy le 26 Octobre 1691, laquelle

(a) Capitular. en 872. x. 2. col. 230.

Sentence

Sentence fut confirmée par Arrêt du Parlement de Paris le 18 Décembre 1691. De tout cela il résulte, que le Parlement de Paris reconnoît que les Sortiléges par lesquels on nuit au prochain doivent être rigoureusement punis; que le Démon a un pouvoir très-étendu, qu'il ne met que trop souvent en exercice envers les hommes & les animaux; & qu'il l'exerceroit encore plus souvent, & avec plus d'étendue & de fureur, s'il n'étoit borné & arrêté par la puissance de Dieu & par celle des bons Anges, qui mettent des bornes à sa malice. S. Paul nous avertit (a) *de nous revêtir des armes de Dieu pour pouvoir résister aux embûches du Diable: car*, ajoute-t'il, *nous n'avons pas à combattre contre la chair & le sang, mais contre les Princes & les Puissances, contre les mauvais Esprits qui gouvernent ce monde ténébreux, contre les Esprits de malice qui regnent dans les airs.*

(a) Ephes. vj. 12.

CHAPITRE X.

Examen du fait de Hocque, Magicien.

MOnsieur de S. André, Conseiller Médecin ordinaire du Roi, dans sa sixiéme lettre (*a*) contre la Magie, soutient que dans le fait de Hocque dont on a parlé, il n'y a ni Magie, ni Sorcellerie, ni opération du Démon ; que les gogues ou drogues venimeuses que Hocque mettoit dans les écuries, & faisoit par leur moyen mourir le bétail qui s'y trouvoit, n'étoient autre chose qu'une composition empoisonnée, qui par son odeur & par l'écoulement de ses parties insensibles empoisonnoit les animaux, & les faisoit mourir : il n'y avoit qu'à lever ces drogues pour garantir le bétail, ou éloigner le bétail de l'étable où étoit le poison. La difficulté étoit de découvrir où ces gogues étoient cachées, les Bergers auteurs du mal prenant toutes sortes de précautions pour les cacher, sçachant qu'il y alloit de leur vie si on les découvroit.

(*a*) M. de S. André, lettre 6, au sujet de la Magie, &c.

Il remarque de plus que ces gogues n'ont plus d'effet après un certain tems, à moins qu'on ne les renouvelle, ou qu'on ne les arrose de quelque chose pour les ranimer, & les faire fermenter de nouveau. Si le Diable avoit part à ce maléfice, la gogue auroit toujours la même vertu, & il ne seroit pas nécessaire de la renouveller, & de la rafraîchir pour lui rendre sa premiere efficacité.

Dans tout ceci M. de S. André suppose, que si le Démon a le pouvoir d'ôter la vie aux animaux, ou de leur causer des maladies mortelles, il le peut indépendamment des causes secondes; ce qui ne lui sera pas facilement accordé par ceux qui tiennent que Dieu seul peut donner la vie & la mort par une puissance absolue, & indépendamment de toutes causes secondes & de tout agent naturel. Le Démon a pû découvrir à Hocque la composition de cette gogue mortelle & empoisonnée : il a pû lui en apprendre les dangereux effets, après quoi le venin agit naturellement ; il se renouvelle, il reprend sa premiere force, lorsqu'on l'arrose. Il n'agit qu'à une certaine distance, & suivant la portée des corpuscules qui en exhalent. Tous ces effets n'ont rien de surnaturel, ni qu'on doive attribuer au Démon; mais il est assez croyable qu'il a inspiré à Hocque le pernicieux dessein d'user d'une drogue dangereuse que ce malheureux sçavoit composer, ou dont le malin Esprit lui a découvert la composition.

M. de S. André continue, & dit que la mort de Hocque n'a rien qu'on doive attribuer au Démon; c'est, dit-il, un effet purement naturel, qui ne peut avoir d'autres causes que les esprits venimeux qui sont sortis de la gogue dans le tems qu'elle a été levée, & qui ont été emportés vers le malfaiteur par ceux qui étoient sortis de son corps, lorsqu'il la préparoit, & qu'il la mettoit en terre, lesquels y étoient restés, & s'y étoient conservés de sorte qu'il ne s'en étoit fait aucune dissipation.

Ces esprits sortis du corps de Hocque se trouvant alors en liberté, sont retournés vers le lieu de leur origine, & ont entraîné avec eux les parties les plus malignes & les plus corrosives de la charge (ou gogue) qui ont agi sur le corps de ce Berger, comme elles faisoient sur ceux des animaux qui la flairoient. Il confirme ce qu'il vient de dire par l'exemple de la poudre de sympathie, qui agit sur le corps de celui qui est blessé par l'immersion des petites parties du sang, ou du pus du blessé sur lequel on l'applique, lesquelles entraînent avec elles les esprits des drogues dont elle est composée, & les portent à la plaie.

Mais plus je réfléchis sur ce prétendu écoulement des esprits venimeux émanés de la gogue cachée à Pacy en Brie, à six lieuës de Paris, qu'on suppose venir en droiture vers Hocque enfermé à la Tournelle, emportés par les esprits animaux sortis du corps de ce malfaiteur dans le tems qu'il préparoit cette gogue, & qu'il la mettoit en terre, si longtems auparavant la découverte de cette dangereuse composition : plus je réfléchis sur la possibilité de ces écoulemens, moins je puis me les persuader ; je voudrois des preuves de ce systême, & non pas des exemples à des effets très-douteux & très-incertains de la poudre de sympathie, qui ne peut pas avoir lieu dans le cas dont il s'agit. C'est prouver l'obscur par l'obscur, & l'incertain par l'incertain ; & quand on admettroit en général quelques effets de la poudre de sympathie, ils ne pourroient être appliqués ici : la distance des lieux & du tems est trop longue ; & quelle sympathie se peut rencontrer entre la gogue de ce

Berger & sa personne, pour qu'elle puisse revenir à lui emprisonné à Paris, & la gogue découverte à Pacy.

Le Factum composé & imprimé sur cet évenement porte, que les fumées du vin qu'avoit bû Hocque étant passées, & ayant fait réflexion à ce que Beatrix lui avoit fait faire, il commença à se tourmenter, fit des hurlemens, & se plaignit d'une maniere étrange, disant que Beatrix l'avoit surpris, qu'il seroit cause de sa mort, & qu'il falloit qu'il mourût à l'instant que Bras de fer, autre Berger auquel Beatrix avoit engagé Hocque d'écrire de lever la gogue qu'il avoit mise sur la terre de Pacy, leveroit la charge. Il se jetta sur Beatrix, qu'il vouloit étrangler, & excita même les autres forçats qui étoient en prison avec lui, & condamnés aux Galeres, à se jetter sur lui, par la pitié qu'ils avoient du désespoir de Hocque, qui dans le tems que la charge fut levée, étoit mort en un instant dans des convulsions étranges, & en se tourmentant comme un possédé.

M. de S. André veut encore expliquer tout ceci, en supposant que l'imagination de Hocque frappée de l'idée de sa mort, qu'il s'étoit persuadé devoir arriver dans le tems qu'on leveroit la gogue, a eu beaucoup de part à ses souffrances & à la mort. Combien a-t'on vû de gens frappés de l'idée d'une mort prochaine, mourir dans le tems qu'ils s'étoient figuré, qu'elle devoit arriver ? Le désespoir où étoit Hocque, & les transports dont il étoit agité, avoient troublé la masse de son sang, altéré ses humeurs, déreglé le mouvement des esprits, & les avoit rendus beaucoup plus susceptibles de l'action des vapeurs qui étoient sorti de la gogue.

M. de S. André ajoute, que si le Diable avoit eu quelque part à ces sortes de maléfices, ce ne pouvoit être qu'en conséquence de quelque pacte exprès ou tacite, que dès que la gogue seroit levée, celui qui l'auroit mise mourroit incontinent. Or quelle apparence que la personne qui auroit fait ce pacte avec le Diable, y eût employé une pareille stipulation, qui l'auroit exposée à une mort cruelle & inévitable ?

1°. On peut répondre que la frayeur peut causer la mort ; mais qu'il n'est pas possible qu'elle la produise à point nommé, & que celui qui tombe dans un excès de douleur puisse dire qu'il mourra dans un certain moment : le moment de la mort n'est pas au pouvoir de l'homme dans de pareilles circonstances.

2°. Qu'un homme aussi corrompu que Hocque, qui à propos de rien, & pour satisfaire sa mauvaise volonté, fait périr une infinité d'animaux, & cause de très-grands dommages à des personnes innocentes, est capable des derniers excès, peut se livrer au mauvais Esprit par des pactes implicites ou explicites, & s'engager sous peine de perdre la vie, à ne pas lever la charge qu'il avoit mise sur un village. Il croyoit ne rien risquer par cette stipulation, puisqu'il étoit maître de la lever ou de la laisser, & qu'il n'étoit pas probable qu'il dût jamais de gayeté de cœur s'exposer ainsi à une mort certaine. Que le Démon ait eu part à cette vertu de la gogue, la chose est fort vraisemblable, vû les circonstances de ses opérations, & celles de la mort & du désespoir de Hocque. Cette mort est la juste peine de ses crimes, & de sa confiance à l'Ange exterminateur auquel il s'étoit livré.

Il est vrai qu'il s'est trouvé des imposteurs, des esprits foibles, des imaginations échauffées, des ignorans, des superstitieux, qui ont pris pour Magie noire & pour opération du Démon ce qui étoit tout naturel, & l'effet d'une subtilité de Philosophie & de Mathématiques, ou même une illusion des sens, ou un secret qui en imposoit aux yeux & aux sens. Mais conclure de là qu'il n'est point de Magie, & que tout ce qu'on en dit est pure prévention, ignorance & superstition, c'est conclure le général du particulier, & nier le vrai & le certain, parce qu'il est malaisé de distinguer le vrai du faux, & qu'on ne veut pas se donner la peine d'en approfondir les causes. Il est beaucoup plus facile de nier tout, que d'entrer dans un sérieux examen des faits & des circonstances.

CHAPITRE XI.

Magie des Egyptiens & des Chaldéens.

TOute l'Antiquité payenne parle de Magie, de Magiciens, d'opérations magiques, de livres superstitieux, curieux, diaboliques. Les Historiens, les Poëtes, les Orateurs sont pleins de choses qui regardent cette matiere : les uns les croyent, les autres les nient ; d'autres s'en moquent, d'autres demeurent dans l'incertitude & dans le doute. Sont-ce les mauvais Esprits, ou des hommes trompeurs, des imposteurs, des charlatans, qui par les subtilités de leur art font accroire aux ignorans que certains effets naturels sont produits par une cause surnaturelle? C'est sur quoi on n'est pas d'accord. Mais en général le nom de *Magie* & de *Magiciens* se prend aujourd'hui dans un sens odieux, pour un art qui produit des effets merveilleux, & qui paroissent au-dessus du cours ordinaire de la nature; & cela par l'opération du mauvais Esprit.

L'Auteur du fameux livre d'Enoch, qui a eu si grande vogue, & a été cité par quelques Anciens (*a*) comme Ecriture inspirée, dit que l'onziéme des veillans, ou de ces Anges qui furent épris de l'amour des femmes, fut le nommé Pharmace ou Pharmaque; qu'il enseigna aux hommes d'avant le déluge les enchantemens, les maléfices, les arts magiques, & les remedes contre les enchantemens. S. Clément d'Aléxandrie dans ses Recognitions veut que Cham fils de Noë ait reçu du Ciel cet art, & qu'il l'ait enseigné à Mizraim son fils, pere des Egyptiens.

Dans l'Ecriture le nom de *Mage*, *Magus*, ne se prend jamais en bonne part pour signifier des Philosophes qui

(*a*) Apud Syncell.

étudioient l'Astronomie, & qui étoient versés dans les choses divines & surnaturelles, sinon en parlant des Mages qui vinrent adorer J. C. à Béthleem (a). Par tout ailleurs l'Ecriture condamne & déteste la Magie & les Magiciens (b): elle ordonne de les mettre à mort; elle défend séverement aux Hébreux de les consulter; elle parle avec détestation de *Simon* & *d'Elymas*, Magiciens connus dans les Actes des Apôtres (c); & des Magiciens de Pharaon, qui contrefirent par leurs prestiges les vrais miracles de Moïse. Il y a beaucoup d'apparence que les Israëlites avoient pris dans l'Egypte où ils étoient, l'habitude de consulter ces sortes de gens, puisque Moïse leur défend en tant d'endroits, & avec tant de sévérité de les écouter, & de prendre confiance en leurs prédictions.

Le Chevalier Marsham montre fort bien que l'Ecole de Magie parmi les Egyptiens est la plus ancienne qui soit connue dans le monde; que c'est de là qu'elle s'est répandue parmi les Chaldéens, les Babyloniens, les Grecs & les Perses. S. Paul nous apprend, que *Jannès*

___
(a) Matth. iij. 1. 7. 36. (c) Act. viij. 9. Act. xiij. 8.
(b) Levit. xix. 31. xx. 6.

& *Mambrès*, fameux Magiciens du tems de Pharaon, résisterent à Moïse. Pline remarque, qu'anciennement il n'y avoit aucune science plus renommée, ni plus en honneur que la Magie : *summam litterarum claritatem gloriamque ex eâ scientiâ antiquitùs & penè semper petitam.*

Porphyre (*a*) dit que le Roi Darius fils d'Hystaspe avoit une si haute idée de l'art de Magie, qu'il fit graver sur le Mausolée de son Pere Hystaspe, *qu'il avoit été le chef & le Maître des Mages de Perse.*

L'ambassade que Balac Roi des Moabites députa vers Balaam fils de Beor, qui demeuroit dans les montagnes d'Orient vers la Perse & la Chaldée (*b*), *in montibus Orientis,* pour le prier de venir maudire & dévouer les Israëlites, qui menaçoient d'envahir son pays, fait voir l'antiquité de la Magie, & des superstitions magiques dans ces pays-là ; car dira-t'on que ces malédictions & ces dévouemens étoient l'effet de l'inspiration du bon Esprit, ou l'ouvrage des bons Anges ? J'avoue que Balaam fut inspiré de Dieu dans les bénédictions qu'il donna

---

(*a*) Porphyr. de abstinent. l. 4. . 16. Vid. & Ammian. Marcell. l. 23.

(*b*) Num. xxij. 5. a 3.

au peuple du Seigneur, & dans la prédiction qu'il fit de la venue du Messie ; mais on doit aussi reconnoître l'extrême corruption de son cœur, son avarice, & de quoi il étoit capable, si Dieu lui eût permis de suivre sa mauvaise inclination, & l'inspiration du mauvais Esprit.

Diodore de Sicile (a) sur la tradition des Egyptiens, dit que les Chaldéens qui demeuroient à Babylone & dans la Babylonie, étoient une espece de Colonie des Egyptiens, & que c'est de ces derniers que les Sages ou les Mages de Babylone ont appris l'Astrologie qui les a rendus si célebres.

Nous voyons dans Ezéchiel (b) le Roi de Babylone marchant contre ses ennemis à la tête de son armée, s'arrêter sur un chemin fourchu, & mêler les fleches, pour sçavoir par l'art magique & par le mouvement de ces fleches quel chemin il doit prendre : *Stetit Rex Babylonis in bivio, in capite duarum viarum, divinationem quærens, commiscens sagittas : interrogavit idola.* Dans les Anciens cette maniere de consulter le Démon par les baguettes est connue : les Grecs la nomment *Rhabdomanteia.*

(a) Diodor. Sicil. lib. 1. pag. 50. (b) Ezech. xxj. 21.

Le Prophete Daniel (*a*) en plus d'un endroit parle des Magiciens de Babylone. Le Roi Nabuchodonosor ayant eu un songe qui l'effraya, fit venir les Mages, ou les Magiciens, les Devins, les Aruspices & les Chaldéens, pour lui interpréter le songe qu'il avoit eu : (*b*) *præcepit ut convocarentur Arioli, & Magi, & Malefici & Chaldæi, ut indicarent Regi somnia sua.*

Le Roi Balthasar convoqua de même les Magiciens, les Chaldéens & les Aruspices du pays pour lui expliquer ces paroles qu'il vit écrites sur la muraille : *Mane, Thecel, Phares.* Tout cela montre l'habitude où étoient les Babyloniens d'exercer la Magie, de consulter les Magiciens, & que cet art pernicieux étoit en honneur parmi eux. On voit dans le même Prophete les supercheries, dont se servoient les Prêtres pour tromper les peuples, & pour leur faire croire que leurs Dieux étoient vivans, bûvoient & mangeoient, parloient, & leur révéloient les choses inconnues.

J'ai déja dit un mot des Mages qui vinrent adorer Jesus-Christ ; on ne doute pas qu'ils n'ayent été de la Chaldée, ou des pays voisins, mais différens de ceux

---

(*a*) Dan. ij. 2, 3. (*b*) Dan. iv. 3.

dont on vient de parler, par leur piété & leur étude de la vraie Religion.

On lit dans les Voyageurs que la superstition, la Magie, les Fascinations sont encore très-communes dans l'Orient, tant parmi les adorateurs du feu descendus des anciens Chaldéens, que parmi les Perses sectateurs de Mahomet. Saint Chrisostome (a) avoit envoyé en Perse un S. Evêque nommé Maruthas, pour prendre soin des Chrétiens qui étoient en ce pays-là : le Roi Isdegerde ayant reconnu son mérite, lui témoigna beaucoup de considération. Les Mages qui adorent & qui entretiennent le feu perpétuel, qui est regardé par les Perses comme la principale de leurs Divinités, en conçurent de la jalousie, & firent cacher sous terre un homme apostat, qui sçachant que le Roi devoit venir rendre ses adorations au feu, firent crier cet homme du fond de son caveau, qu'il falloit chasser le Roi, parce qu'il tenoit pour ami des Dieux le Prêtre des Chrétiens. Le Roi en fut effrayé, & voulut renvoyer Maruthas ; mais celui-ci lui découvrit l'imposture des Prêtres : il fit fouiller à l'endroit où l'homme s'étoit

(a) Chrisost. Ep. 13. Pallad. pag. 191. 196. Socrat. lib. 7. c. 8.

fait entendre, & l'on y trouva l'auteur de la voix.

Cet exemple & ceux des Prêtres Babyloniens dont parle Daniel, & de quelques autres, qui pour contenter leur passion déréglée faisoient entendre que leur Dieu demandoit la compagnie de certaines femmes, est une preuve que pour l'ordinaire ce qu'on prend pour des effets de la Magie noire, n'est que la production de la friponnerie des Prêtres, des Magiciens, des Devins, & de toutes ces sortes de gens qui abusent de la simplicité & de la crédulité du peuple : je ne nie pas que le Démon s'en mêle quelquefois, mais plus rarement que l'on ne s'imagine.

CHAPITRE XII.

Magie chez les Grecs & les Romains.

LEs Grecs se sont toujours vantés d'avoir reçu l'art magique des Perses ou des Bactriens : ils veulent que Zoroastre le leur ait communiqué ; mais quand il s'agit de fixer le tems auquel Zoroastre a vêcu, & qu'il leur a appris ces pernicieux secrets, ils s'écartent infiniment & de la vérité (*a*), & même du vraisemblable ; les uns plaçant Zoroastre 600 ans avant l'expédition de Xercès dans la Grece, qui arriva l'an du Monde 3523. avant Jesus-Christ 477. d'autres 500 ans avant la guerre de Troyes, d'autres cinq mille ans avant cette fameuse guerre, d'autres six mille ans avant ce grand évenement : d'autres croyent que Zoroastre est le même que Cham fils de Noë (*b*) : d'autres enfin soutiennent qu'il y a eu plusieurs Zoroastres. Ce qui paroît indubitable, est que le culte de plusieurs Dieux, la Magie, la Superstition, les Oracles sont venus des Egyptiens & des Chaldéens ou des Perses aux Grecs, & des Grecs aux Latins.

Dès le tems d'Homere (*c*) la Magie étoit toute commune parmi les Grecs. Ce Poëte parle de la guérison des plaies, & du sang arrêté par les secrets de la Magie & des Enchantemens. S. Paul étant à Ephese, y fit brûler des livres de Magie & de secrets curieux pour la somme de cinquante mille deniers (*d*). Nous avons déja dit un mot de Simon le

---

(*a*) Marsham, Canon. Cronol. sæcul. 9. page 339.
(*b*) Clemens Alexand.
Récognit. lib. 4. Gregor. Turon. Hist. Franc. lib. 1.
(*c*) Homer. Iliad. 4.
(*d*) Act. xix. 19.

Magicien, & du Magicien Elymas connu dans les Actes des Apôtres (*a*). Pindare (*b*) dit que le Centaure Chiron guérissoit plusieurs enchantemens. Quand on dit qu'Orphée tira de l'Enfer sa femme Euridice, qui étoit morte de la morsure d'un serpent, cela veut dire simplement, qu'il la guérit par la force de ses charmes (*c*). Les Poëtes ont employé des vers magiques pour se faire aimer, & ils les ont enseignés aux autres pour le même effet; on les peut voir dans Théocrite, dans Catulle, dans Virgile. Théophraste assure, qu'il y a des vers magiques qui guérissent la Sciatique. Caton en rapporte quelques-uns contre les luxations (*d*). Varron reconnoît qu'il y en a contre la goutte.

Les livres sacrés rendent témoignage que les Enchanteurs ont le secret d'endormir les serpens & de les charmer, ensorte qu'ils ne peuvent plus ni mordre, ni causer aucun mal (*e*). Le Crocodile, cet animal si terrible, craint jusqu'à l'odeur & la voix des Tentyriens (*f*). Job parlant du Léviathan que nous croyons

---

(*a*) Act. xiij. 8.
(*b*) Pind. od. iv.
(*c*) Plin. l. 28.
(*d*) Cato, de rerustic. c. 160.

(*e*) Psalm. lvij. Jerem. vij. 17. Eccles. x. 11.
(*f*) Plin. lib. 8. c. 30.

être le Crocodile, dit : l'Enchanteur le fera-t'il crever (a) ? Et l'Ecclésiastique (b) : *qui aura pitié de l'Enchanteur, qui aura été mordu du Serpent ?*
Virgile, Eclogue viij.

Frigidus in pratis cantando rumpitur Anguis.
Et Ovid. (c)
Vipereas rumpo verbis & carmine fauces.

Tout le monde sçait ce qu'on raconte des Marses peuples d'Italie, & des Psylles, qui avoient le secret d'enchanter les Serpens. On diroit, dit S. Augustin (d), que ces animaux entendent le langage des Marses, tant ils sont obéissans à leurs ordres : on les voit sortir de leurs cavernes aussi-tôt que le Marse a parlé. Tout cela ne se peut faire, dit le même Pere, que par la vertu du malin Esprit, à qui Dieu permet d'exercer cet empire sur les bêtes venimeuses, sur-tout sur le serpent, comme pour le punir de ce qu'il fit contre la premiere femme. En effet on remarque que nul animal n'est plus exposé aux charmes & aux effets de l'art magique que le serpent.

(a) Job. xl. 25.
(b) Eccli. xij. 13.
(c) Ovid. Métamorph. fab. 3.
(d) Aug. de Genes. ad litt. lxj. c. 28.

Les loix des douze Tables défendent de charmer les moiſſons de ſon voiſin: *qui fruges excantâſſet.* Verrius Flaccus cite des Auteurs, qui aſſûrent que les Romains lorſqu'ils vouloient aſſiéger une Ville, employoient leurs Prêtres à évoquer la Divinité qui préſidoit à cette Ville, en lui promettant de lui bâtir dans Rome un Temple, ou ſemblable à celui qu'elle occupoit dans la Ville aſſiégée, ou un peu plus grand, & qu'on lui rendroit le culte convenable. Pline dit que la mémoire de ces évocations ſe conſerve parmi les Prêtres: *durat in Pontificum diſciplinâ id ſacrum* (a).

Si tout ce qu'on vient de raconter, & ce qu'on en lit dans les Anciens & dans les Modernes a quelque réalité, & produit les effets qu'on lui attribue, on ne peut douter qu'il n'y ait quelque choſe de ſurnaturel, & que le Démon n'y ait beaucoup de part.

L'Abbé Trithéme parle d'une Sorciere, qui par le moyen de certains breuvages changea un jeune Bourguignon en bête.

Tout le monde ſçait la fable de Circé, qui changea en pourceaux les ſoldats ou les compagnons d'Ulyſſe. On connoît

(a) Plin. lib. 28.

aussi la fable de l'âne d'or d'Apulée, qui contient le récit d'un homme métamorphosé en âne. Je ne donne tout cela que pour ce qu'il est, c'est-à-dire pour des fictions poëtiques.

Mais il est très-croyable que ces fictions ne sont pas sans quelque fondement, comme tant d'autres fables, qui renferment non-seulement un sens caché & moral, mais qui ont aussi rapport à quelqu'évenement réel historique ; par exemple, ce qu'on dit de la Toison d'or enlevée par Jason ; du cheval de bois qui servit à surprendre la Ville de Troyes ; des douze travaux d'Hercule ; des Métamorphoses rapportées dans Ovide. Cela, tout fabuleux qu'il paroît dans les Poëtes, a pourtant sa vérité dans l'Histoire. Ainsi les Historiens & les Poëtes payens ont travesti & défiguré les Histoires de l'Ancien Testament, & ont attribué à Bacchus, à Jupiter, à Saturne, à Apollon, à Hercule, ce qui est raconté de Noë, de Moïse, d'Aaron, de Samson, de Jonas, &c.

Origenes (a) écrivant contre Celse, suppose la réalité de la Magie, & dit que les Mages qui vinrent adorer J. C. à Bethléem, voulant faire leurs opéra-

(a) Orig. contra Celsum, pag. 364.

tions accoutumées, & n'y pouvant réuſ-
ſir, une puiſſance ſupérieure en empê-
chant l'effet, & réduiſant le Démon au
ſilence, en voulurent chercher la cauſe :
ils virent en même tems dans le Ciel un
ſigne tout divin, & ils en conclurent que
c'étoit l'être dont avoit parlé Balaam, &
que le nouveau Roi dont il avoit prédit
la naiſſance étoit né en Judée ; & ſur le
champ ils prirent la réſolution de l'aller
chercher. Origenes croit que les Magiciens ſuivant les regles de leur art, pré-
diſent ſouvent l'avenir, & que leurs prédictions ſont ſuivies de l'évenement, à
moins que la puiſſance de Dieu ou des
Anges n'empêche l'effet de leurs conjurations, & ne les réduiſent au ſilence.

CHAPITRE XIII.

Exemples qui prouvent la réalité de la Magie.

SAint Auguſtin (*a*) remarque, que
non-ſeulement les Poëtes, mais les
Hiſtoriens mêmes racontent que Diomedes, dont les Grecs ont fait une Di-

(*a*) Aug. de Civit. lib. xviij. c. 16. 17. 18.

vinité, n'eut pas le bonheur de retourner dans sa patrie avec les autres Princes qui avoient été au Siége de Troyes; que ses compagnons furent changés en oiseaux, & que ces oiseaux ont leur demeure aux environs du temple de Diomedes, qui est situé près le Mont Gargan en Poüille; que ces oiseaux caressent les Grecs qui viennent visiter ce Temple, mais poursuivent à coup de bec les étrangers qui y arrivent.

Varron le plus sçavant des Romains, pour rendre ceci plus croyable, raconte ce que tout le monde sçait de Circé, qui changea en bête les compagnons d'Ulysse, & ce qu'on dit des Arcadiens, qui après avoir tiré au sort passoient à la nage un certain lac, après quoi ils étoient métamorphosés en loups, & couroient les Forêts comme les autres loups. Si pendant le tems de leur transmutation ils n'avoient point mangé de chair humaine, au bout de neuf ans ils repassoient le même lac, & reprenoient leur premiere forme.

Le même Varron raconte d'un certain Démenote, qu'ayant goûté de la chair d'un enfant que les Arcadiens avoient immolé à leur Dieu Lycée, il avoit aussitôt été changé en loup; & dix ans après avoit repris sa premiere forme, avoit paru aux jeux Olympiques, & y avoit remporté le prix du pugillat. S. Augustin témoigne que de son tems plusieurs croyoient que ces changemens se faisoient encore, & quelques-uns même assuroient les avoir expérimentés dans leurs personnes. Il ajoute qu'étant en Italie, on racontoit que certaines femmes donnoient du fromage aux étrangers qui logeoient chez elles, lesquels étoient aussi-tôt changés en bêtes de somme sans perdre la raison, & portoient les charges qu'on mettoit sur eux; après quoi ils retournoient en leur premier état. Il dit de plus, qu'un certain Præstantius racontoit que son pere ayant mangé de cette sorte de fromage magique, demeura couché dans son lit sans qu'on pût l'éveiller; qu'après quelques jours s'étant éveillé, il dit qu'il avoit été changé en cheval, & qu'il avoit porté des vivres à l'armée; & on trouva que la chose étoit vraie, quoiqu'il lui parût que ce n'étoit qu'un songe.

S. Augustin raisonnant sur tout cela, dit que ces choses sont, ou fausses, ou si extraordinaires, qu'on peut n'y pas ajouter foi; qu'on ne peut douter que Dieu par sa Toute-puissance ne puisse faire

faire tout ce qu'il juge à propos ; mais que le Démon qui est d'une nature spirituelle, ne peut rien sans la permission de Dieu, dont les jugemens sont toujours justes ; que le Démon ne peut ni changer la nature ni de l'esprit, ni du corps de l'homme, pour le transformer en bête ; mais seulement agir sur la fantaisie ou l'imagination de l'homme, & lui persuader qu'il est ce qu'il n'est pas, ou qu'il paroisse aux autres différent de ce qu'il est ; ou qu'il demeure profondément endormi, & qu'il croye porter pendant cet assoupissement des fardeaux que le Démon porte pour lui ; ou qu'il fascine les yeux de ceux qui croyent les voir porter par des animaux, ou par des hommes métamorphosés en animaux.

S'il n'est question que d'un changement de fantaisie ou d'imagination, comme il arrive dans la maladie qu'on nomme Lycanthropie, où un homme se croit changé en loup, ou en un autre animal, comme Nabuchodonosor qui se crut changé en bœuf (*a*), & qui agit pendant sept ans comme s'il eût été réellement métamorphosé en cet animal ; il n'y auroit eu en cela rien de plus merveilleux que ce que nous voyons tous les

(*a*) Dan. iv. 23. 29, 30.

jours dans les hypocondriaques, qui se persuadent qu'ils sont Rois, Généraux d'armée, Papes, Cardinaux; qu'ils sont de neige, de verre, d'argile, &c. comme celui qui étant seul au Théatre, y croyoit voir des Acteurs & des représentations admirables (a); ou celui qui s'imaginoit que tous les vaisseaux qui arrivoient au port de Pyrée (b) près d'Athenes lui appartenoient; ou enfin ce que nous voyons tous les jours en songe, & qui nous paroît très-certain pendant le sommeil. Dans tout cela il est inutile de recourir au Démon, ni à la Magie, ni à la fascination, ni aux prestiges; rien de tout cela n'est au-dessus de l'ordre naturel.

Mais que par le moyen de certains breuvages, de certaines herbes, de certaines nourritures, une personne renverse l'imagination, & persuade à un autre qu'il est loup, qu'il est cheval, qu'il est âne; cela paroît plus difficile à expliquer, quoique l'on sçache que les plantes, les herbes, les médicamens ont un grand pouvoir sur le corps de l'homme, & sont capables d'altérer le cerveau, la constitution, l'imagination. On n'en a que trop d'exemples.

(a) Aristot. de mirabil. Horat. Epist. lib.
(b) Athenæ. Dipnosoph.

DES ESPRITS.

Un autre fait qui, s'il est vrai, mérite beaucoup de considération, est celui d'Apollonius de Thiane, qui étant à Ephese pendant qu'une grande peste désoloit la Ville, promit aux Ephésiens de faire cesser la peste le jour même qu'il leur parloit, & qui étoit celui de sa seconde arrivée dans leur Ville. Il les assembla au Théatre, & leur ordonna de lapider un pauvre vieillard couvert de haillons, qui demandoit l'aumône : frappez, dit-il, cet ennemi des Dieux, accablez-le de pierres. Ils ne pouvoient s'y résoudre, ce misérable leur faisant pitié, & leur demandant grace d'une maniere fort touchante ; mais Apollonius les pressa tant, qu'enfin ils le lapiderent, & amasserent sur lui un grand monceau de pierres.

Un peu après il leur dit d'ôter ces pierres, & qu'ils verroient quel animal ils avoient tué. Ils n'y trouverent qu'un gros chien, & ne douterent pas que ce vieillard ne fût un fantôme, qui avoit fasciné leurs yeux ; ce qui causoit la peste dans leur Ville.

On voit ici cinq choses très-remarquables. 1°. Le Démon qui cause la peste dans Ephese. 2°. Ce même Démon, qui au lieu d'un chien réel, fait paroître un homme. 3°. La fascination des sens des Ephésiens, qui croyent voir un homme au lieu d'un chien, 4°. La preuve de la Magie d'Apollonius, qui découvre la cause de cette peste. 5°. Et qui la fait cesser à point nommé.

Æneas Sylvius Picolomini, qui fut depuis Pape sous le nom de Pie II. écrit dans son Histoire de Boheme, qu'une femme prédit à un soldat du Roi Wradislas, que l'armée de ce Prince seroit taillée en pieces par le Duc de Boheme; que si le soldat vouloit éviter la mort, il falloit qu'il tuât la premiere personne qu'il rencontreroit en chemin, qu'il lui coupât les oreilles & les mît dans sa poche; qu'avec l'épée dont il l'auroit percée, il traçât sur terre une croix entre les jambes de son cheval, qu'il la baisât, & que montant sur son cheval, il prît la fuite. Le jeune homme exécuta tout cela. Wradislas livra la bataille, la perdit & fut tué : le jeune soldat se sauva ; mais entrant dans sa maison, il trouva que c'étoit sa femme qu'il avoit tuée & percée de son épée, & à qui il avoit coupé les oreilles.

Cette femme étoit donc étrangement déguisée & métamorphosée, puisque son mari ne la reconnut pas, & qu'elle ne se fit point connoître à lui dans une circonstance aussi périleuse, où il y alloit de sa vie. Ces deux femmes étoient donc apparemment Magiciennes, & celle qui fit la prédiction, & celle sur qui elle fut exécutée. Dieu permit dans cette occasion trois grands maux: la premiere Magicienne conseille le meurtre d'une innocente; le jeune homme commet le meurtre sur sa propre femme sans la connoître; & celle-ci meurt dans un état de damnation, puisque par les secrets de la Magie elle s'étoit rendue méconnoissable.

Une Bouchere de la Ville de Jenes, dans le Duché de Veinmar en Thuringe (a) ayant refusé de donner une tête de veau à une vieille femme, qui n'en offroit presque rien, cette vieille se retira, grondant & murmurant entre ses dents. Peu de tems après la Bouchere sentit de grandes douleurs de tête. Comme la cause de cette maladie étoit inconnue aux plus habiles Médecins, ils ne purent y apporter aucun remede. Cette femme rendoit de tems en tems par l'oreille gauche de la cervelle, que l'on prit d'abord pour sa propre cervelle. Mais comme elle soupçonnoit cette vieille de lui avoir donné

(a) Friderici Hoffman, de Diaboli potentiâ in corpora, pag. 382.

un sort à l'occasion de la tête de veau; on examina la chose de plus près, & on reconnut que c'étoit de la cervelle de veau; & l'on se fortifia dans cette pensée, en voyant des osselets de la tête de veau, qui sortoient avec la cervelle. Ce mal dura assez longtems, & enfin la femme du Boucher guérit parfaitement. Ceci arriva en 1685. M. Hoffman, qui rapporte cette Histoire dans sa Dissertation *du pouvoir du Démon sur les corps*, imprimée en 1736. dit que la femme étoit peut-être encore en vie.

On amena un jour à S. Macaire l'Egyptien une honnête femme, qui avoit été métamorphosée en cavalle par l'art pernicieux d'un Magicien. Son Mari & tous ceux qui la virent crurent qu'elle étoit réellement changée en jument. Cette femme demeura trois jours & trois nuits sans prendre aucune nourriture, ni propre à l'homme, ni propre à un cheval. On la fit voir aux Prêtres du lieu, qui ne pûrent y apporter aucun remede.

On la mena à la cellule de S. Macaire, à qui Dieu avoit révélé qu'elle devoit venir. Ses Disciples vouloient la renvoyer, croyant que c'étoit une cavalle. Ils avertirent le Saint de son arrivée, & du sujet de son voyage. Il leur dit : vous êtes de vrais animaux, qui croyez voir ce qui n'est point; cette femme n'est point changée, mais vos yeux sont fascinés. En même tems il répandit de l'eau bénite sur la tête de cette femme, & tous les assistans la virent dans son premier état. Il lui fit donner à manger, & la renvoya saine & sauve avec son mari. En la renvoyant, il lui dit: ne vous éloignez point de l'Eglise; car ceci vous est arrivé, pour avoir été cinq semaines sans vous approcher des Sacremens de notre Sauveur.

S. Hilarion (a) guérit à peu près de même par la vertu de l'eau bénite une jeune fille, qu'un Magicien avoit rendue amoureuse d'un jeune homme jusqu'à la fureur. Le Démon qui la possédoit, crioit à S. Hilarion: tu me fais souffrir les plus cruels tourmens; je ne puis sortir que le jeune homme qui m'a fait entrer ne me délie: car je suis enchaîné sous le sueil de la porte par une lame de cuivre chargée de caractéres magiques, & par la filasse qui l'envelope. Alors S. Hilarion lui dit: vraiment ton pouvoir est bien grand, de te laisser ainsi lier par un morceau de cuivre & un peu de fil; en même tems sans permettre

(a) Hieronym. vit. S. Hilarion.

qu'on allât tirer ces choses de dessous le sueil de la porte, il chassa le Démon, & guérit la fille.

S. Jérôme raconte au même endroit, qu'un nommé Italicus bourgeois de Gaze, & Chrétien de Religion, qui nourrissoit des chevaux pour les jeux du Cirque, avoit un antagoniste Payen, qui par les secrets de la Magie empêchoit & retardoit les chevaux d'Italicus dans leur course, & donnoit aux siens une célérité extraordinaire. Italicus vint trouver Saint Hilarion, & lui raconta le sujet de son inquiétude. Le Saint lui dit en riant : ne vaudroit-il pas mieux donner aux pauvres le prix de vos chevaux, que de les employer à de pareils exercices. Je n'en suis pas maître, dit Italicus : c'est une fonction publique, dont je m'acquite malgré moi ; & comme Chrétien, il ne m'est pas permis d'user de maléfices contre d'autres maléfices.

Les Freres qui étoient présens intercéderent pour lui, & S. Hilarion lui donnant le vase de terre dans lequel il bûvoit, le remplit d'eau, & lui dit d'en arroser ses chevaux. Italicus en arrosa non-seulement ses chevaux, mais aussi toute son écurie & son chariot, & le lendemain les chevaux & le chariot de son rival demeurerent bien loin derriere les siens; ce qui fit crier en plein Théâtre: Marnas est vaincu; Jesus-Christ est victorieux. Cette victoire d'Italicus produisit la conversion de plusieurs personnes de Gaze.

Dira-t'on que tout cela n'est que l'effet de l'imagination, de la prévention, de la supercherie d'un habile charlatan? Comment persuader à cinquante personnes, qu'une femme qui est présente à leurs yeux, est changée en jument, supposé qu'elle ait conservé sa figure de femme? Comment le soldat rapporté dans Æneas Sylvius ne reconnut-il pas sa femme, à qui il coupa l'oreille, & qu'il perça de son épée? Comment Apollonius de Thyane persuada-t'il aux Ephésiens de tuer un homme, qui réellement n'étoit qu'un chien? Comment connut-il que ce chien, ou cet homme, étoit la cause de la peste qui affligeoit la ville d'Ephese? Il est donc très-croyable, que le mauvais Esprit agit souvent sur les corps, sur l'air, sur la terre, sur les animaux, & y produit des effets qui paroissent au-dessus des forces de l'homme.

On dit qu'en Laponie on tient école de Magie; que les peres y envoient leurs enfans, persuadés que la Magie leur est nécessaire pour éviter les embûches de leurs ennemis, qui sont eux-mêmes grands Magiciens. Ils font passer les Démons familiers dont ils se servent, en héritage à leurs enfans, afin de s'en servir pour surmonter les Démons des autres familles, qui leur sont contraires. Ils se servent souvent d'un certain tambour pour leurs opérations magiques : par exemple, s'ils ont envie de sçavoir ce qui se passe en pays étrangers, un d'entr'eux bat ce tambour, mettant dessus à l'endroit où l'image du soleil est représentée, quantité d'anneaux de laiton attachés ensemble avec une chaine du même métal ; il frappe sur le tambour avec un marteau fourchu fait d'un os de telle sorte, que ces anneaux se remuent : il chante en même tems d'une voix distincte une chanson, que les Lapons nomment *Jouk* ; & tous ceux de leur Nation qui sont présens, hommes & femmes, ajoutent chacun la leur, exprimant de tems en tems le nom du lieu, dont ils désirent apprendre quelque nouvelle.

Le Lapon ayant frappé quelque tems sur le tambour, le met sur sa tête d'une certaine façon, & tombe aussi-tôt par terre immobile, & sans donner aucune marque de vie. Tous les hommes & toutes les femmes continuent de chanter toujours, jusqu'à ce qu'il soit revenu à lui : s'ils cessent de chanter, l'homme meurt ; ce qui lui arrive aussi, si quelqu'un essaye de l'éveiller, en le touchant de la main ou du pied. On éloigne même de lui les mouches, qui par leur bourdonnement pourroient l'éveiller & le faire revenir.

Quand il est revenu à lui, il répond aux questions qu'on lui fait sur le lieu où il a été envoyé. Quelquefois il ne se réveille qu'au bout de 24 heures, quelquefois plutôt, & quelquefois plus tard, selon la distance du lieu où il est allé. Et pour assurance de ce qu'il dit, & du chemin qu'il a fait, il rapporte du pays où il a été envoyé la marque qu'on lui a demandée, un couteau, un anneau, des souliers ou quelqu'autre chose. On peut voir sur tout cela Jean Scheffer, *Laponia*, imprimé à Francfort in-4°. an. 1673. chapitre xj. intitulé *de Sacris Magicis & Magia Laponia*, pag. 119. & suiv.

Les mêmes Lapons se servent aussi de ce tambour pour sçavoir la cause d'une maladie, ou pour faire perdre la vie ou la force à leurs ennemis. De plus il y a parmi eux certains Magiciens, qui tiennent dans une espece de gibeciere de cuir des mouches magiques, qu'ils lâchent de tems en tems contre leurs ennemis, ou contre leur bétail, ou simplement pour exciter des tempêtes, & faire lever des vents orageux. Ils ont aussi une sorte de dard qu'ils lancent en l'air, & qui donne la mort à tout ce qu'il rencontre. Ils se servent encore d'une espece de Pelotte nommée *Tyre*, presque ronde, qu'ils envoient de même contre leurs ennemis pour les faire périr ; & si par malheur cette Pelotte rencontre en chemin quelqu'autre personne, ou quelque animal, elle ne manque pas de lui donner la mort.

Qui se persuadera que les Lapons qui vendent les vents, excitent les tempêtes, racontent ce qui se passe en des lieux éloignés, où ils vont, disent-ils, en esprit, & en rapportent des choses qu'ils y ont trouvées ? Qui se persuadera que tout cela se fasse sans le secours de la Magie ? On a voulu dire que dans le fait d'Apollonius de Thyane, on fit secrettement évader l'homme tortu & difforme, & qu'on mit en sa place un chien qui fut lapidé, ou qu'après avoir lapidé cet homme, on lui substitua subtilement un chien mort. Tout cela demanderoit bien de la préparation, & seroit bien difficile à exécuter à la vûe de tout un peuple

Il vaudroit peut-être autant nier le fait, qui en effet paroît très-fabuleux, que de recourir à des pareilles explications.

CHAPITRE XIV.

Effets de la Magie, selon les Poëtes.

SI l'on vouloit croire ce que disent les Poëtes des effets de la Magie, & ce que les Magiciens se vantent de faire par leurs charmes, rien ne seroit plus merveilleux que leur art, & l'on ne pourroit n'y pas reconnoître une très-grande puissance du Démon. Pline (*a*) raconte, qu'Appion évoqua l'Ame d'Homere, pour sçavoir de lui quelle étoit sa patrie & ses parens. Philostrate dit (*b*) qu'Apollonius de Thyane étant venu au tombeau d'Achile, évoqua ses manes, & les pria de lui faire apparoître la figure de ce Héros; qu'après le tremblement du tombeau, il vit paroître d'abord un jeune homme de cinq coudées, ou de sept pieds & demi de haut ; qu'ensuite le fantôme parut grand de douze coudées, & d'une beauté

(*a*) Plin. l. 3. c. 2.
(*b*) Philostrat. vit. Appollon.

singuliere. Apollonius lui fit quelques questions assez frivoles, & voyant que le jeune homme badinoit d'une maniere indécente, il comprit qu'il étoit possédé d'un Démon; il le guérit, & chassa le Démon. Mais tout cela est fabuleux.

Lactance (a) réfutant les Philosophes Démocrite, Epicure, & Dicéarque, qui nioient l'immortalité de l'Ame, dit qu'ils n'oseroient soutenir leur sentiment devant un Magicien, qui par la force de son art & de ses charmes a le secret de faire sortir les Ames de l'Enfer, de les faire paroître, parler & prédire l'avenir, & donner des marques certaines de leur présence.

S. Augustin (b) toujours circonspect dans ses décisions, n'ose décider, si les Magiciens ont le pouvoir d'évoquer les Ames des Saints par la force de leurs enchantemens. Mais Tertulien (c) plus hardi, soutient que nul art magique n'a le pouvoir de faire sortir les Ames des Saints du lieu de leur repos; que tout ce que peuvent faire les Nécromanciens, est de faire paroître quelques fantômes avec un corps emprunté, qui fascine les

---

(a) Lactant. l. 6. divin. instit. c. 13.
(b) Aug. ad Simplic.
(c) Tertull. de anima c. 57.

yeux, & fait prendre aux assistans pour vrai ce qui n'est qu'apparence. Dans le même endroit il cite Héraclius, qui dis que les Nasamones, peuples d'Afrique, passent la nuit auprès des tombeaux de leurs proches pour en recevoir des Oracles; & que les Celtes, ou Gaulois, en usent de même auprès des Mausolées des grands hommes, au rapport de Nicandre.

Lucain dit (*a*), que les charmes des Magiciens font gronder les tonnerres dans les Cieux à l'insçû de Jupiter; qu'ils arrachent la Lune de sa sphere, & la précipitent sur la terre; qu'ils troublent le cours de la nature, allongent les nuits, & accourcissent les jours; que l'univers obéit à leur voix, & que le monde demeure dans l'engourdissement, lorsqu'ils parlent & qu'ils commandent.

Cessavére vices rerum, dilataque longâ
Hæsit nocte dies: legi non paruit æther;
Torpuit & præceps audito carmine mundus;
Et tonat ignaro cœlum Jove.

On étoit si persuadé que les Magiciens avoient le pouvoir de faire descendre la Lune du haut du Ciel, & on croyoit

(*a*) Lucan. Pharsal. l. 6. v. 450. & sequent.

tellement qu'elle étoit évoquée par l'art magique, lorsqu'elle tombe en éclipse, que l'on faisoit alors grand bruit, en frappant sur des vases de cuivre, pour empêcher que la voix des Enchanteurs ne passât jusqu'à elle (a).

Cantat, & è curru tentat deducere Lunam,
Et faceret, si non æra repulsa sonent.

Ces opinions populaires & les fictions poëtiques ne méritent aucune créance; mais elles montrent qu'elle est la force du préjugé. On assure (b), qu'encore aujourd'hui les Perses croyent donner du secours à la Lune dans son éclipse, en frappant fortement sur des vases d'airain, & faisant grand bruit.

Ovide (c) attribue aux enchantemens de la Magie les évocations des puissances infernales, & leur renvoi dans l'Enfer, les orages, les tempêtes, le retour du beau tems.

Obscurum verborum ambage novorum
Ter novies carmen magico demurmurat
ore ;

(a) Tibull. l. 1. Eleg. 8. v. 21.
(b) Pietro della Valle, voyage.
(c) Ovid. Metamorph. 14.

Jam ciet infernas magico stridore catervas,
Jam jubet aspersum lacte referre pedem.
Cùm libet, hæc tristi depellit nubila cœlo;
Cùm libet, æstivo provocat orbe nives.

Ils lui attribuoient le pouvoir de changer les hommes en animaux par le moyen de certaines herbes, dont la vertu leur étoit connue (a).

Naïs nam ut cantu, nimiùmque potentibus herbis
Verterit in tacitos juvenilia corpora pisces.

Virgile (b) parle des serpens endormis & enchantés par les Magiciens.

Vipereo generi & graviter spirantibus hydris
Spargere qui somnos cantuque manuque solebat.

Et Tibulle (c) dit qu'il a vû la Magicienne faire descendre les astres du Ciel, & détourner les foudres prêts à tomber

---

(a) Vide Metamorph. 4.
(b) Virgil. Æneid. L. 7.
(c) Tibull. l. 1.

sur la terre; qu'elle a ouvert la terre, & fait sortir les morts de leurs tombeaux.

Comme la matiere est susceptible des ornemens de la Poësie, les Poëtes à l'envi se sont étudiés à en orner leurs ouvrages. Ce n'est pas qu'ils fussent persuadés de la vérité de ce qu'ils disoient: ils s'en moc-quoient les premiers dans l'occasion, de même que les plus sensés & les plus sages du paganisme. Mais ni les Princes, ni les Prêtres, ne se mettoient guere en peine de désabuser le peuple, ni de détruire ses préjugés sur tout cela. La Religion payenne les souffroit, les autorisoit, & une partie de ses pratiques étoit fondée sur de pareilles superstitions.

CHAPITRE XV.

Des Oracles des Payens.

S'Il étoit bien prouvé que les Oracles de l'Antiquité payenne fussent l'ouvrage du mauvais Esprit, on ne pourroit donner de preuves plus réelles & plus sensibles de l'Apparition du Démon parmi les hommes, que ces Oracles si vantés, qui se rendoient presque dans tous les pays du monde parmi les peuples qui paſſoient pour les plus ſages & les plus éclairés, comme les Egyptiens, les Chaldéens, les Perſes, les Syriens, les Hébreux même, les Grecs, les Romains. Il n'y a pas juſqu'aux peuples barbares qui n'euſſent leurs Oracles.

La Religion payenne n'avoit rien dont elle ſe fît plus d'honneur, & dont elle ſe vantât avec plus de complaiſance. Dans toutes les grandes entrepriſes on recouroit à l'Oracle; par-là ſe décidoient les plus importantes affaires de Ville à Ville, de Province à Province. La maniere de rendre les Oracles n'étoit pas la même par-tout. On dit (*a*) que le Taureau Apis, dont le culte étoit ſi ancien dans l'Egypte, rendoit ſes Oracles en recevant ſa nourriture de la main de celui qui le conſultoit. S'il la reçoit, dit-on, on en tire un bon augure: s'il la refuſe, c'eſt un mauvais préſage. Lorſque cet animal paroît en public, il eſt accompagné par une troupe d'enfans, qui chantent des hymnes en ſon honneur; enſuite ces enfans ſont remplis d'un enthouſiaſme ſacré, & commencent à prédire l'avenir. Si le Taureau entre tranquillement dans

---

(*a*) Plin. l. 8. c. 48.

sa loge, c'est un signe heureux (*a*): s'il en sort, c'est le contraire. Tel étoit l'aveuglement des Egyptiens.

Il y avoit encore d'autres Oracles en Egypte (*b*); comme ceux de Mercure, d'Apollon, d'Hercule, de Diane, de Minerve, de Jupiter Ammon, &c. qui fut consulté par Alexandre le Grand. Mais Hérodote remarque que de son tems ils n'avoient point de Prêtres ni de Prêtresses qui rendissent des Oracles. C'étoient certains présages, qu'ils tiroient ou des mouvemens des statues des Dieux, ou de la premiere voix qu'ils entendoient après les avoir consultés. Pausanias (*c*) dit que celui qui consulte, dit à l'oreille de Mercure ce qu'il demande, puis il se bouche les oreilles, sort du temple, & les premieres paroles qu'il entend du premier qu'il rencontre, sont tenues pour la réponse du Dieu.

Les Grecs reconnoissent qu'ils ont reçû des Egyptiens & les noms des Dieux & leurs plus anciens Oracles; entr'autres celui de Dodone, qui étoit déja en vogue du tems d'Homere (*d*), & qui venoit de

(*a*) Herodot. l. 9.
(*b*) Vide Joan. Marsham, Sæc. 4. p. 62. 63.
(*c*) Pausan. lib. 7. pag. 646.
(*d*) Homer. Iliad. 12. v. 235.

l'Oracle de Jupiter de Thebes : car les Prêtres Egyptiens racontoient que deux Prêtresses de ce Dieu avoient été enlevées par des marchands Phéniciens, qui les avoient vendues, l'une en Libye & l'autre en Grece (a); & qu'elles avoient établi des Oracles chacune dans le lieu où elles avoient fixé leur demeure. Ceux de Dodone racontoient que deux colombes noires s'étoient envolées de Thebes d'Egypte; que celle qui s'étoit arrêtée à Dodone, s'étoit perchée sur un hêtre, & avoit déclaré d'une voix intelligible que les Dieux vouloient qu'on établît en cet endroit un Oracle de Jupiter; que l'autre s'étant envolée en Libye, y avoit formé l'Oracle de Jupiter Ammon. Voilà certainement des origines bien frivoles & bien fabuleuses. L'Oracle de Delphes est plus récent & plus fameux. Phémonoé en fut la premiere Prêtresse, & commença du tems d'Acrisius, 27 ans avant Orphée, Musée & Linus. On la dit inventrice du vers Héxametre (b).

Mais je crois remarquer des vestiges d'Oracles en Egypte dès le tems du Patriarche Joseph, & du tems de Moïse. Les Hébreux avoient demeuré pendant

(a) Herodot. l. 2. c. 52. 56.
(b) Clemens Alexand. Stromat. lib. 1. Pausanias, Phoca. c. 217.

215 ans en Egypte, & s'y étant extraordinairement multipliés, avoient commencé à former un peuple séparé, & une espece de République. Ils avoient pris goût aux cérémonies, aux superstitions, aux coutumes, à l'Idolâtrie des Egyptiens. Joseph passoit pour le plus habile Devin, & pour le plus grand interprete des songes qui fût en Egypte. On croyoit qu'il tiroit des Oracles par l'inspection de la liqueur qu'il avoit mise dans sa coupe. Moïse pour guérir les Hébreux de leur penchant à l'Idolâtrie & aux superstitions Egyptiennes, leur prescrivit des Loix & des Cérémonies propres à son dessein, les unes diamétralement opposées à celles des Egyptiens, les autres y ayant quelque rapport de ressemblance, mais différentes par leur objet & par les circonstances.

Par exemple, les Egyptiens étoient accoutumés à consulter les Devins, les Oracles, les Magiciens, les Interpretes des songes, les Augures. Moïse (a) défend tout cela aux Hébreux sous des peines rigoureuses; mais afin qu'ils n'eussent pas lieu de se plaindre que leur religion ne leur fournissoit point les mêmes moyens de découvrir l'avenir & les choses ca-

(a) Exod. xxviij. 30.

chées, Dieu par une condescendance admirable leur accorda *l'Urim & Thummim*, ou la doctrine & la vérité, dont le Grand Prêtre étoit revêtu sur son Rational dans les principales Cérémonies de Religion, & par le moyen desquels il rendoit des Oracles, & découvroit la volonté du Très-Haut. Lorsque l'Arche d'Alliance & le Tabernacle furent construits, le Seigneur consulté par Moïse (a) leur rendoit ses réponses du milieu des deux Chérubins, qui étoient placés sur le propitiatoire au-dessus de l'Arche d'Alliance. Tout cela insinue que dès le tems du Patriarche Joseph, il y avoit des Oracles & des Devins dans l'Egypte, & que les Hébreux les consultoient.

Dieu promit à son peuple de susciter du milieu d'eux un Prophete (b) qui leur découvriroit ses volontés. En effet on vit presque dans tous les tems parmi eux des Prophetes inspirés de Dieu ; & les vrais Prophetes leur reprochoient vivement leur impiété, lorsqu'au lieu de venir aux Prophetes du Seigneur, ils alloient consulter des Oracles étrangers (c), & des Divinités sans pouvoir & sans réalité.

Nous avons parlé ci-devant des Thé-

(a) Exod. xxv. 22. Num. vij. 13.
(b) Deut. xviij. 18.
(c) IV. Reg. 1. 2. 3. 16. &c.

raphims de Laban, des Idoles, ou des prétendus Oracles de Michas & de Gédéon. Le Roi Saül qui apparemment par le conseil de Samuel avoit exterminé les Devins & les Magiciens du pays d'Israel, voulut dans sa derniere guerre consulter le Seigneur, qui ne voulut pas lui répondre : il s'adressa ensuite à une Magicienne qui lui promit de lui évoquer Samuel. Elle le fit, ou feignit de le faire : car la chose souffre des difficultés, dans lesquelles nous n'entrons pas ici.

Le même Saül ayant consulté le Seigneur dans une autre occasion, sçavoir s'il devoit poursuivre les Philistins qu'il venoit de défaire, Dieu refusa aussi de lui répondre (a), parce que Jonathas son fils avoit goûté un peu de miel, ne sçachant pas la défense que le Roi avoit faite à son armée de goûter quoique ce fût avant la défaite entiere des ennemis.

Le silence du Seigneur dans certaines occasions, & le refus qu'il faisoit quelquefois de répondre lorsqu'il étoit consulté, sont une preuve évidente que pour l'ordinaire il répondoit, & qu'on étoit assuré d'être instruit de sa part, à moins qu'on n'y mit obstacle par quelque action qui lui déplût.

(a) I. Reg. xiv. 37.

CHAP.

CHAPITRE XV.

La certitude de l'évenement prédit n'est pas toujours une preuve que la prédiction vienne de Dieu.

Moïse avoit bien prévû qu'un peuple aussi indocile & aussi superstitieux que les Israélites, ne se contenteroit pas des moyens raisonnables, pieux & surnaturels qu'il leur avoit procurés pour découvrir l'avenir, en leur donnant des Prophetes & l'Oracle du grand Prêtre. Il sçavoit qu'il s'éleveroit parmi eux de faux Prophetes & des séducteurs, qui s'efforceroient par leurs prestiges & par les secrets de la Magie de les induire à erreur; d'où vient qu'il leur dit (*a*): *S'il s'eleve parmi vous un Prophete, ou quelqu'un qui se vante d'avoir eu un songe, & qu'il prédise un miracle, ou une chose qui surpasse la connoissance ou le pouvoir ordinaire d'un homme, & que ce qu'il aura prédit arrive, & qu'après cela il vous dise: allons, servons les Dieux étrangers qui vous sont inconnus; vous ne l'écoute-*

(*a*) Deut. xiij. 8.
Tome I.

rez point, parce que le Seigneur votre Dieu veut vous éprouver, pour voir si vous l'aimez de tout votre cœur & de toute votre ame.

Certes rien n'est plus capable de nous induire à erreur, que de voir arriver ce qui a été prédit par quelqu'un. *Annoncez-nous les choses futures*, dit Isaïe (a), *& nous croirons que vous êtes des Dieux; qu'ils viennent, & qu'ils annoncent ce qui doit arriver, & ce qui a été fait au tems passé, & nous y croirons,* &c. *Idoneum testimonium Divinitatis*, dit Tertullien (b), *veritas Divinationis*. Et S. Jérome (c) : *Confitentur Magi, confitentur Arioli, & omnis scientia sæcularis litteraturæ, præscientiam futurorum non esse hominum, sed Dei.*

Cependant nous venons de voir que Moïse reconnoît qu'un faux Prophete peut prédire des choses qui arriveront; & le Sauveur dans l'Evangile nous avertit qu'à la fin du monde il s'élevera plusieurs faux Prophetes qui séduiront plusieurs personnes (d) ; qu'ils feront des signes & des prodiges capables d'induire à erreur même, s'il étoit possible, les Elûs. Ce

---

(a) Isai. xlj. 22. 23.   (c) Hieronym. in Dan.
(b) Tertull. Apolog.   (d) Matth. xxiv. 24.
c. 80.

n'est donc pas précisément, ni le succès de l'évenement qui décide en faveur du faux Prophete, ni le défaut d'exécution des prédictions faites par de vrais Prophetes, qui prouve qu'ils ne sont pas envoyés de Dieu. Jonas fut envoyé pour prédire la ruine de Ninive (a), qui n'arriva pas ; & tant d'autres menaces des Prophetes n'ont pas été suivies de l'exécution, parce que Dieu touché du repentir des pécheurs a révoqué ou commué sa premiere sentence. La pénitence des Ninivites les garantit du dernier malheur. Isaïe avoit clairement prédit au Roi Ezéchias (b), qu'il ne releveroit pas de sa maladie : *dispone domui tuæ, quia moriéris tu, & non vives.* Cependant Dieu touché de la priere de ce Prince révoqua sa sentence de mort, & avant que le Prophete fût sorti de la Cour du Roi (c), Dieu lui ordonna de retourner, & de lui dire qu'il lui ajoûteroit encore quinze années de vie.

Moïse donne pour marque d'un vrai Prophete, lorsqu'il nous conduit à Dieu & à son culte ; & pour marque d'un faux Prophete, lorsqu'il nous éloigne du Seigneur, & nous porte à la superstition &

(a) Jonas 1. 8. (c) Isaïe xxxviij. 3.
(b) IV. Reg. xx. 8.

F ij

à l'Idolâtrie. Balaam étoit un vrai Prophete inspiré de Dieu, qui a prédit des choses qui ont été suivies de l'évenement; mais il étoit très-corrompu dans ses mœurs, & esclave de son intérêt. Il fit ce qu'il put pour mériter que le Roi de Moab lui donnât la récompense promise, & pour pouvoir maudire & dévouer Israël (a). Dieu ne le lui permit pas; il lui mit dans la bouche des bénédictions au lieu de malédictions; il n'induisit pas les Israélites à abandonner le Seigneur; il engagea les Moabites à séduire le peuple de Dieu, & à le faire tomber dans la fornication & dans le culte des Idoles du pays, & par ce moyen à irriter Dieu contr'eux, & à leur attirer les effets de sa vengeance. Aussi Moïse fit pendre tous les chefs du peuple qui avoient consenti au crime, & fit périr les Madianites, qui y avoient engagé les Hébreux. Enfin Balaam qui étoit la premiere cause du mal, fut aussi puni de mort (b).

Dans toutes les prédictions des Devins ou des Oracles, lorsqu'elles sont suivies de l'effet, on ne peut guere disconvenir que le mauvais Esprit n'intervienne, & ne découvre l'avenir à ceux qui le con-

---

(a) Num. xxij. & xxiij. & xxiv. (b) Num. xxxj, 8.

sultent. S. Augustin dans son livre *de Divinatione Dæmonum* (a), ou des prédictions faites par le mauvais Esprit, lorsqu'elles sont suivies de l'effet, suppose que les Démons sont d'une nature aërienne, & beaucoup plus subtile que les corps ordinaires; ensorte qu'ils surpassent sans comparaison & la légereté des hommes & des animaux les plus vîtes, & le vol des oiseaux, ce qui fait qu'ils peuvent annoncer des choses qui se passent dans des lieux fort éloignés, & hors de la portée ordinaire des hommes. De plus comme ils ne sont pas comme nous sujets à la mort, ils ont acquis une expérience incomparablement plus grande que ne peut être celle des hommes les plus expérimentés, & les plus attentifs à ce qui arrive dans le monde. Par ce moyen ils peuvent prédire plusieurs choses à venir, annoncer plusieurs choses éloignées, & faire plusieurs choses merveilleuses; ce qui a souvent porté les mortels à leur rendre des honneurs divins, comme les croyant d'une nature beaucoup plus excellente que la leur.

Mais lorsqu'on réfléchit sérieusement sur ce que les Démons prédisent, on re-

(a) Aug. de Divinat. Dæmon. c. 3. pag. 507, 508. & seq.

marque, que souvent ils n'annoncent que ce qu'ils doivent faire eux-mêmes (a). Car Dieu leur permet quelquefois de causer des maladies, de corrompre l'air, d'y produire des qualités propres à infecter les hommes, de porter les méchans à persécuter les gens de bien. Ils opérent ces choses d'une maniere cachée, par des ressorts inconnus aux mortels, & proportionnés à la subtilité de leur nature. Ils peuvent annoncer ce qu'ils ont prévû devoir arriver par certains signes naturels inconnus aux hommes, à peu près comme un Médecin prévoit par le secret de son art & par son expérience les suites & les symptômes d'une maladie, que nul autre n'auroit pû prévoir. Ainsi le Démon qui connoît nos tempéramens, & les secrettes dispositions de nos humeurs, peut prédire nos maladies qui en sont des suites. Il peut aussi découvrir nos pensées & nos désirs secrets (b) par certains mouvemens extérieurs, par certaines paroles lâchées au hazard, dont il sçait faire profit pour découvrir nos dispositions intérieures, d'où il infere que l'on fera ou que l'on entreprendra certaines choses,

---

(a) Idem, c. 5.
(b) S. Aug. dans ses retract. l. 2. c. 30. avoue qu'il a avancé ceci trop légerement,

qui sont les suites de ces pensées & de ces dispositions.

Mais il s'en faut bien que ses prédictions soient comparables à celles que Dieu nous révele par ses Anges ou par ses Prophetes : celles-ci sont toujours certaines & infaillibles, parce qu'elles ont Dieu, qui est la vérité, pour principe ; au lieu que les prédictions des Démons sont souvent trompeuses, parce que les dispositions sur lesquelles elles sont fondées, peuvent être changées & dérangées, lorsqu'ils s'y attendent le moins, par des circonstances imprévûes & inopinées, ou par l'autorité des Puissances supérieures, qui renversent les premiers projets, ou par une disposition particuliere de la providence, qui met des bornes à la puissance du Prince des ténebres. Quelquefois aussi les Démons trompent exprès les hommes, qui ont eu la foiblesse de mettre en eux leur confiance ; mais pour l'ordinaire ils en rejettent la faute sur ceux qui de leur chef se sont mêlés d'interpréter leurs discours & leurs prédictions.

C'est ce que dit S. Augustin ; & quoique nous ne convenions pas tout-à-fait du principe avec lui, & que nous tenions les Ames, les Anges & les Démons dégagés de toute matiere, toutefois nous pouvons appliquer son raisonnement aux mauvais Esprits, même dans la supposition qu'ils sont immatériels, & convenir que quelquefois ils peuvent prédire l'avenir, & que leurs prédictions peuvent être suivies de l'effet; mais ce n'est point une preuve qu'ils soient envoyés de Dieu, ni inspirés de son Esprit. Quand même ils feroient des miracles, il faut leur dire anathême, dès qu'ils nous détournent du culte du vrai Dieu, ou qu'ils nous portent au désordre.

CHAPITRE XVI.

Raisons qui peuvent persuader que la plûpart des anciens Oracles n'étoient que des supercheries des Prêtres & des Prêtresses, qui feignoient d'être inspirés de Dieu.

S'Il est vrai, comme l'ont crû plusieurs anciens & plusieurs nouveaux, que les Oracles de l'Antiquité payenne n'étoient qu'illusions & prestiges de la part des Prêtres & Prêtresses, qui se disoient possédés de l'esprit de Python, & remplis de l'inspiration d'Apollon, qui leur découvroit intérieurement les choses cachées, passées, présentes & futures, je ne dois pas les mettre ici au rang des Apparitions des mauvais Esprits. Le Démon n'y aura d'autre part que celle qu'il a dans les crimes des hommes, & dans cette multitude de péchés que la cupidité, l'ambition, l'intérêt, l'amour propre produisent dans le monde; le Démon toujours attentif à nous séduire, & à nous jetter dans le désordre & dans l'erreur, employant toutes nos passions à nous entraîner dans ses piéges.

Si ce qu'il a prédit est suivi de l'exécution, soit par hazard, ou parce qu'il a prévû certaines circonstances inconnues aux hommes, il s'en attribue la gloire, & s'en sert pour attirer notre confiance, & pour concilier du crédit à ses prédictions; si la chose est douteuse, & qu'il en ignore l'issue, le Démon, le Prêtre ou la Prêtresse rendront un Oracle équivoque, afin qu'à tout évenement ils paroissent avoir dit vrai.

Les anciens Législateurs de la Grece, les plus habiles Politiques, les Généraux d'armées se servoient habilement de la prévention des peuples en faveur des Oracles, pour leur persuader que ce qu'ils avoient concerté étoit approuvé des

F v

Dieux, & annoncé par l'Oracle. Ces choses & ces entreprises étoient souvent suivies d'un heureux succès, non parce que l'Oracle l'avoit prédit ou ordonné, mais parce que l'entreprise étoit bien concertée & bien conduite, & que les soldats, par exemple, persuadés que Dieu étoit de la partie, combattoient avec une valeur plus extraordinaire.

Quelquefois on gagnoit la Prêtresse à force de présens, & on la disposoit par-là à donner des réponses favorables. Démosthene haranguant à Athenes contre Philippe Roi de Macédoine, disoit que la Prêtresse de Delphes *philippisoit*, & ne rendoit que des Oracles conformes aux inclinations, aux avantatages & aux intérêts de ce Prince.

Porphyre, le plus grand ennemi du nom Chrétien (*a*), ne fait pas difficulté d'avouer que les Oracles étoient dictés par l'esprit de mensonge, & que les Démons sont les vrais auteurs des enchantemens, des philtres & des maléfices; qu'ils fascinent les yeux par les spectres & les fantômes qu'ils font paroître; qu'ils ont l'ambition de passer pour des Dieux; que leurs corps aëriens & spirituels se

(*a*) Porphyr. apud Euseb. de præpar. Evang. lib. 4. c. 5. 6.

nourrissent de l'odeur & de la fumée du sang & de la graisse des animaux qu'on leur immole ; que la fonction de rendre des Oracles pleins de mensonges, d'équivoques & de tromperies, leur est tombée en partage. A la tête de ces Démons, il met *Hecate* & *Sérapis*. Jamblique autre Auteur payen en parle de même, & avec autant de mépris.

Les anciens Peres qui étoient voisins du tems où les Oracles subsistoient, dont plusieurs avoient quitté le Paganisme pour embrasser le Christianisme, & qui par conséquent connoissoient mieux les Oracles que nous ne les pouvons connoître, en parloient comme de choses inventées, gouvernées & soutenues par les Démons. Les Payens les plus sensés n'en parloient pas autrement ; mais aussi reconnoissoient-ils, que souvent la malice, la supercherie, la souplesse, l'intérêt des Prêtres étoient de la partie, & qu'ils abusoient de la simplicité, de la crédulité & de la prévention du peuple.

Plutarque dit (*a*) qu'un Gouverneur de Cilicie ayant envoyé consulter l'Oracle de Mopsus, qui se rendoit à Malle dans le même pays, celui qui portoit le billet s'endormit dans le temple, où il

(*a*) Plutarch. de defectu Oracul. pag. 434.

vit en songe un homme fort bien fait, qui lui dit simplement *noir*. Il porte au Gouverneur cette réponse, dont il ignoroit le mystere. Ceux qui l'entendirent, s'en mocquerent, ne sçachant pas ce que portoit le billet. Mais ce Gouverneur l'ayant ouvert, leur montra ces mots qu'il y avoit écrits : *T'immolerai-je un bœuf blanc ou noir ?* & que l'Oracle avoit répondu à sa demande sans ouvrir le billet.

Mais qui répondra qu'on n'a pas joué dans cette circonstance le porteur du billet, comme faisoit Alexandre d'Abonotiche, ville de Paphlagonie dans l'Asie mineure ? Cet homme avoit eu le secret de persuader au peuple de son pays, qu'il avoit avec lui le Dieu Esculape sous la forme d'un serpent apprivoisé, qui rendoit des Oracles, & répondoit aux consultations qu'on lui faisoit sur diverses maladies, sans ouvrir les billets qu'on mettoit sur l'autel du temple de cette prétendue Divinité ; après quoi, sans les ouvrir, on trouvoit le lendemain matin la réponse au bas par écrit. Toute la finesse consistoit, en ce qu'Alexandre d'Abonotiche levoit subtilement le cachet avec une aiguille chaude, puis le remettoit de même, après avoir écrit la réponse en style obscur & énigmatique, à la maniere des autres Oracles.

D'autrefois il employoit le mastic, qui étant encore mol, prenoit l'empreinte du cachet; puis étant durci, il y remettoit un autre cachet avec la même empreinte. Il recevoit environ dix sols par billet, & ce jeu dura toute sa vie, qui fut longue: car il mourut âgé de soixante-dix ans d'un coup de foudre, sur la fin du deuxiéme siécle de l'Eglise. On peut voir tout cela plus au long dans le livre de Lucien intitulé: *Pseudomanes, ou le faux Devin*. Le Prêtre de l'Oracle de Mopsus aura pû par le même secret ouvrir le billet du Gouverneur qui le consultoit, & se montrant pendant la nuit au messager, lui déclarer la réponse dont on a parlé.

Macrobe (a) raconte, que l'Empereur Trajan, pour éprouver l'Oracle d'Héliopolis en Phénicie, lui envoya une lettre bien cachetée, où il n'y avoit rien d'écrit: l'Oracle ordonna qu'on lui en envoyât une autre aussi sans écriture. Les Prêtres de l'Oracle en furent fort surpris, n'en sçachant pas la raison. Une autre fois le même Empereur envoya consulter le même Oracle, pour sçavoir s'il

(a) Macrob. Saturnal. lib. 26 c. 23.

reviendroit de son expédition contre les Parthes: l'Oracle ordonna qu'on lui envoyât des branches d'une vigne noueuse qui étoit consacrée dans son temple. Ni l'Empereur, ni personne ne put deviner ce que cela vouloit dire; mais son corps, ou plutôt ses os ayant été rapportés à Rome après sa mort arrivée dans ce voyage, on jugea que l'Oracle avoit voulu prédire sa mort, & désigner ses os décharnés, qui ont assez de rapport à des branches de vigne.

Il étoit aisé de l'expliquer tout autrement, s'il étoit retourné victorieux, la vigne étant la mere du vin qui réjouit le cœur de l'homme, & qui est agréable aux Dieux & aux hommes; & si cette expédition étoit infructueuse, le bois de la vigne qui est inutile à toutes sortes d'ouvrages, & qui n'est bon qu'à brûler, pouvant encore signifier l'inutilité de ce voyage. On convient que l'artifice, la malice, la supercherie des Prêtres payens ont eu beaucoup de part aux Oracles; mais s'ensuit-il que le Démon ne s'en soit jamais mêlé?

On doit avouer qu'à mesure que la lumiere de l'Evangile s'est répandue dans le monde, le régne du Démon, l'ignorance, la corruption des mœurs, le crime y ont diminué. Les Prêtres qui se mêloient de prédire les choses cachées par l'inspiration du mauvais Esprit, ou qui séduisoient les peuples par leurs prestiges & leurs supercheries, ont été obligés de reconnoître que les Chrétiens leur imposoient silence, ou par l'empire qu'ils exerçoient sur le Démon, ou en découvrant la malice & les fourberies des Prêtres, que la superstition, la timidité & la vaine crédulité du peuple n'osoient approfondir, par un respect mal entendu qu'il avoit pour ce mystere d'iniquité.

Si quelqu'un vouloit nier aujourd'hui qu'il y eût autrefois des Oracles rendus par l'inspiration du Démon, on pourroit le convaincre par ce qui se pratique encore aujourd'hui dans la Laponie, & par ce que racontent les Missionnaires (a), que dans les Indes le Démon découvre les choses cachées & futures, non par l'organe des Idoles, mais par la bouche des Prêtres qui se trouvent présens lorsqu'on interroge les statues ou le Démon. Et on remarque que le Démon y devient muet & impuissant, à mesure que la lumiere de l'Evangile se répand parmi ces Nations.

On peut donc attribuer le silence des

(a) Lettres édifiantes, x.

Oracles, 1°. à une cause surnaturelle, qui est le pouvoir de Jesus-Christ, & la publication de l'Evangile ; 2°. à ce que les hommes sont devenus moins superstitieux, & plus hardis à rechercher les causes de ces prétendues révélations; 3°. A ce qu'ils sont devenus moins crédules, comme le dit Cicéron (*a*); 4°. Parce que les Princes ont imposé silence aux Oracles, de peur qu'ils n'inspirassent aux peuples des sentimens de révolte. C'est pourquoi Lucain dit que les Princes craignoient de découvrir l'avenir (*b*):

Reges timent futura,
Et Superos vetant loqui.

Strabon (*c*) conjecture que les Romains les ont négligés, parce qu'ils avoient les livres Sibyllins, leurs Auspices & leurs Aruspices, qui leur tenoient lieu d'Oracles. M. Vandale montre qu'on vit encore quelque reste des Oracles sous les Empereurs Chrétiens. Ce n'est donc qu'à la longue que les Oracles ont été entiérement abolis ; & l'on peut hardiment soutenir que quelquefois le

---

(*a*) Cicero, de Divinit. lib. 5. pag. 112.
lib. 2. c. 57. (*c*) Strabo, lib. 17.
(*b*) Lucain, Pharsal.

mauvais Esprit a découvert l'avenir, & a inspiré les Ministres des faux Dieux par la permission du Tout-puissant, qui vouloit punir la confiance des Infideles en leurs Idoles. Ce seroit outrer les choses, que de soutenir que tout ce qu'on dit des Oracles n'est que l'ouvrage de la subtilité ou de la malice des Prêtres, qui abusoient toujours de la crédulité des hommes. Il faut lire sur cette matiere la sçavante réponse, que le P. Balthus a faite aux Traités de MM. Vandale & de Fontenelles.

CHAPITRE XVII.

Des Sorciers & Sorcieres.

L'Empire du Démon n'éclate en aucun endroit avec plus de pompe, que dans ce qu'on raconte du Sabbat, où il reçoit les hommages de ceux & de celles qui se sont donnés à lui. C'est là où les Sorciers & Sorcieres disent qu'il exerce sa plus grande autorité, & où il paroît sous une forme sensible, mais toujours hideux, difforme & terrible ; toujours pendant la nuit, dans des lieux écartés,

& dans un appareil plutôt lugubre que réjouissant, plutôt triste & morne que majestueux & brillant. Si l'on y rend ses adorations au Prince des ténebres, il s'y montre dans une posture honteuse, & sous une figure basse, méprisable & hideuse : si l'on y mange, les mets du festin sont sales, insipides, & dénués de solidité & de substance ; ils ne rassasient point, & ne flattent point le goût : si l'on y danse, on le fait sans ordre, sans art, sans bien-séance.

Vouloir donner une description du Sabbat, c'est vouloir décrire ce qui n'éxiste point, & n'a jamais subsisté que dans l'imagination creuse & séduite des Sorciers & Sorcieres : les peintures qu'on nous en fait, sont d'après les rêveries de ceux & de celles qui s'imaginent d'être transportés à travers les airs au Sabbat en corps & en ame.

On y est porté, dit-on, monté sur un balai, quelquefois sur les nuées, ou sur un bouc. Ni le lieu, ni le tems, ni le jour auquel on s'assemble ne sont point déterminés. C'est tantôt dans une forêt écartée, tantôt dans un désert, ordinairement la nuit du Mercredi au Jeudi, ou la nuit du Jeudi au Vendredi. Le plus solennel de tous est celui de la veille de

S. Jean Baptiste: on y distribue à chaque Sorcier la graisse dont il doit se frotter, quand il veut aller au Sabbat, & la poudre de maléfice, dont il doit se servir dans ses opérations magiques. Ils doivent tous comparoître dans cette assemblée générale, & celui qui y manque est sévèrement maltraité de paroles & d'effets. Pour les assemblées particulieres, le Démon a plus d'indulgence pour ceux qui ont quelques raisons de s'en absenter.

Quant à la graisse dont ils se frottent, il y a des Auteurs, entr'autres Jean-Baptiste Porta & Jean Vierius (a), qui se vantent d'en sçavoir la composition. Il y entre beaucoup de drogues narcotiques, qui font tomber ceux qui s'en servent dans un profond assoupissement, pendant lequel ils s'imaginent qu'ils sont emportés au Sabbat par la cheminée, au haut de laquelle ils trouvent un grand homme noir avec des cornes, qui les transporte au lieu où ils veulent, puis les en ramene par la même cheminée. Le récit que ces sortes de gens en font, & la description qu'ils donnent de leurs assemblées, n'est ni constante, ni uniforme.

Le Démon leur chef s'y fait voir, ou comme un bouc, ou comme un grand

(a) Joan. Vier. lib. 2. c. 7.

chien noir, ou comme un corbeau d'une grandeur démesurée; il est assis sur un trône élevé, & y reçoit les hommages des assistans en une partie du corps que l'honnêteté ne permet pas de nommer. Dans cette assemblée nocturne, on chante, on danse, on s'abandonne aux dissolutions les plus honteuses : on se met à table, on y fait bonne chere; toutefois on ne voit sur la table ni couteau, ni sel, ni huile : on ne trouve ni goût ni saveur dans les viandes, & on sort de table sans être rassasié.

On pourroit s'imaginer que l'attrait d'une meilleure fortune, & l'envie de s'enrichir y attirent les hommes & les femmes : le Démon ne manque pas de leur faire de magnifiques promesses, du moins les Sorciers le disent & le croyent ainsi, trompés sans doute par leur imagination; mais l'expérience fait voir que ces sortes de gens sont toujours gueux, méprisés & malheureux, & finissent ordinairement d'une maniere funeste & deshonorante.

Lorsqu'ils sont admis au Sabbat pour la premiere fois, le Démon inscrit leur nom & surnom sur son regître, qu'il leur fait signer; alors il leur fait renier Crême & Baptême, leur fait renoncer à J. C. & à son Eglise; & pour les caractériser & les faire connoître pour siens, il imprime sur l'une des parties de leur corps une certaine marque avec l'ongle du petit doigt de l'une de ses mains. Cette marque ou ce caractere ainsi imprimé rend insensible la partie où elle est mise. On prétend même qu'il leur imprime ce caractere en trois parties de leur corps différentes l'une de l'autre, & à trois reprises diverses. Le Démon n'imprime pas, dit-on, ces caracteres, avant que la personne ait atteint l'âge de vingt-cinq ans.

Mais rien de tout cela ne mérite la moindre attention. Il peut se trouver dans le corps d'un homme ou d'une femme quelque partie insensible, comme il s'en trouve en effet quelquefois, ou par maladie, ou par l'effet de quelque remède, ou de quelques drogues, ou même naturellement; mais cela ne prouve pas que le Démon s'en soit mêlé. Il y a même des accusés de Magie & de Sorcellerie, dans lesquels on n'a trouvé aucune partie ainsi caractérisée, ni insensible, quelque recherche qu'on en ait pû faire. D'autres ont déclaré, que le Diable ne leur a jamais fait aucune de ces impressions. On peut consulter sur cette matiere la seconde Lettre de M. de Saint André Médecin du Roi, où il développe fort bien ce que l'on dit de ces caracteres des Sorciers.

Le nom de Sabbat pris dans le sens que nous venons de voir, ne se remarque pas dans les Anciens : ni les Hébreux, ni les Egyptiens, ni les Grecs, ni les Latins ne l'ont pas connu. La chose même, je veux dire le *Sabbat* pris pour une assemblée nocturne de personnes qui se sont dévouées au Démon, ne se remarque pas dans l'Antiquité, quoiqu'on y parle assez souvent de Magiciens, de Sorciers & de Sorcieres ; c'est-à-dire de gens qui se vantoient d'exercer une espece d'empire sur le Diable, & par son moyen sur les animaux, sur l'air, sur les astres, sur la vie & la fortune des hommes.

Horace (a) s'est servi du mot *Coticia*, pour marquer les assemblées nocturnes des Magiciens : *Tu riseris Coticia* ; ce qu'il dérive de *Cotys* ou *Cotto* Déesse de l'impudicité, qui présidoit aux assemblées qui se faisoient la nuit, & où les Bacchantes se livroient à toutes sortes de plaisirs & de dissolutions ; mais cela est bien différent du Sabbat des Sorciers.

(a) Horat. Epodon, 17. v. 29.

D'autres dérivent ce terme de *Sabbatius*, qui est une épithete du Dieu Bacchus, dont les fêtes nocturnes se célébroient dans la débauche. Arnobe & Julius Firmicus Maternus enseignent que dans ces fêtes on glissoit un serpent d'or dans le sein de ceux qui y étoient initiés, & qu'on le retiroit par le bas; mais cette étymologie est tirée de trop loin: le peuple qui a donné le nom de *Sabbat* aux assemblées des Sorciers, a voulu apparemment comparer par dérision ces assemblées à celles des Juifs, & à ce qu'ils pratiquent dans leurs synagogues aux jours de Sabbat.

Le plus ancien monument où j'aye remarqué une mention bien expresse des assemblées nocturnes des Sorciers, est dans les Capitulaires (a), où il est dit, que des femmes séduites par les illusions du Démon disent qu'elles vont la nuit avec la Déesse Diane, & une infinité d'autres femmes portées par les airs sur différens animaux, font en peu d'heures beaucoup de chemin, & obéissent à Diane comme à leur Reine: *quædam sceleratæ mulieres Dæmonum illusionibus & phantasmatibus seductæ, credunt se & profi-*

(a) Baluz. Capitular. fragment. c. 13. Vide & Capitul. Herardi Episc. Turon.

tentur nocturnis horis cum Dianâ Paganorum Deâ & innumerâ multitudine mulierum equitare super quasdam bestias, & multa terrarum spatia intempestæ noctis silentio pertransire, ejusque jussionibus veluti Dominæ obedire. C'étoit donc la Déesse Diane ou la Lune, & non pas Lucifer, à qui elles rendoient hommage. Les Allemands nomment *Danses des Sorcieres* ce que nous appellons le Sabbat: ils disent que ces gens s'assemblent sur le mont *Bructere*.

Le fameux Agobard (a) Archevêque de Lyon, qui vivoit sous l'Empereur Louis le Débonnaire, a écrit un Traité contre certains superstitieux de son tems, qui croyoient que les tempêtes, la grêle & les tonnerres étoient causées par certains Sorciers qu'ils appelloient Tempêtiers *Tempestarios*, qui élevoient la pluie dans l'air, causoient les orages & les tonnerres, & amenoient la stérilité sur la terre. Ils nommoient ces pluies extraordinaires *aura levatitia*, comme pour marquer qu'elles étoient élevées par la force de la Magie. En ce pays-ci le peuple appelle encore ces pluies violentes *alvace*. Il y avoit même des personnes assez prévenues pour se vanter de con-

(a) Agobard, de grandine.

noître de ces *Tempêtiers*, qui avoient la puissance de conduire ces tempêtes où ils vouloient, & de les détourner quand ils vouloient. Agobard en interrogea quelques-uns; mais ils furent obligés de convenir qu'ils n'avoient pas été présens à ce qu'ils racontoient.

Agobard soutient que tout cela est l'ouvrage de Dieu seul; qu'à la vérité les Saints avec le secours de Dieu ont souvent opéré de pareils prodiges; mais que ni le Démon ni les Sorcieres ne peuvent rien faire de semblable. Il remarque qu'il y avoit parmi son peuple des personnes superstitieuses, qui étoient très-ponctuelles à payer ce qu'ils nommoient *Canonicum*, qui étoit une espece de tribut qu'ils offroient à ces *Tempêtiers*, pour les empêcher de leur nuire, pendant qu'ils refusoient la dîme aux Prêtres, & l'aumône à la veuve, à l'orphelin & aux autres indigens.

Il ajoute que depuis quelque tems il s'étoit trouvé des gens assez dépourvûs de sens, pour publier que Grimoalde Duc de Bénevent avoit envoyé en France des hommes chargés de certaines poudres qu'ils avoient répandues sur les champs, les montagnes, les prairies & les fontaines, & avoient fait mourir un très-grand nombre d'animaux. On en arrêta plusieurs, qui avouerent qu'ils étoient chargés de cette sorte de poudre; & quoiqu'on leur fit souffrir divers supplices, on ne put les obliger à se rétracter.

D'autres assuroient qu'il y avoit un certain pays nommé Mangonie, où il y avoit des vaisseaux qui étoient portés par les airs, & qui en enlevoient les fruits; que les Sorciers avoient fait tomber des arbres pour les porter en leur pays. Il dit de plus, qu'un jour on lui présenta trois hommes & une femme, que l'on disoit être tombés de ces vaisseaux qui voguoient dans l'air. On les tint quelques jours dans les liens, & enfin ayant comparu devant leurs Accusateurs, ceux-ci après plusieurs contestations furent obligés de reconnoître qu'ils ne sçavoient rien de certain sur leur enlevement, ni sur leur prétendue chûte du vaisseau porté dans l'air.

Charlemagne (*a*) dans ses Capitulaires, & les Auteurs de son tems parlent aussi de ces Sorciers Tempêtuaires, Enchanteurs, Caucolateurs, &c. & ordonnent qu'on les réprime, & qu'on les châtie sévérement.

(*c*) Vide Baluzii notas in Agobard. pag. 68, 69.

Le Pape Grégoire IX. (a) dans une Lettre adressée à l'Archevêque de Mayence, à l'Evêque d'Hildesheim, & au Docteur Conrad en 1234. rapporte ainsi les abominations dont on accusoit les Hérétiques *Stadingiens*. Quand ils reçoivent, dit-il, un Novice, & quand il entre la premiere fois dans leurs assemblées, il voit un crapaud d'une grandeur énorme, de la grandeur d'une oye, ou plus. Les uns le baisent à la bouche, les autres par derriere. Puis le Novice rencontre un homme pâle ayant les yeux très-noirs, & si maigre qu'il n'a que la peau & les os. Il le baise, & le sent froid comme une glace : après ce baiser il oublie facilement la Foi Catholique ; ensuite ils font ensemble un festin, après lequel un chat noir descend derriere une statue, qui se trouve ordinairement dans le lieu de l'assemblée.

Le Novice baise le premier ce chat par derriere, puis celui qui préside à l'assemblée, & les autres qui en sont dignes. Les imparfaits reçoivent seulement le baiser du maître : ils promettent obéissance, après quoi on éteint les lumieres, & ils commettent entr'eux toutes sortes d'impuretés ; ils reçoivent tous les ans à

(a) Fleury, Hist. Eccl. tom. xvij. p. 53. an. 1234.

Pâques le Corps du Seigneur, & le portent dans leur bouche jusques dans leurs maisons, puis le jettent dans le privé. Ils croyent en Lucifer, & disent que le Maître du Ciel l'a injustement & frauduleusement jetté dans les Enfers. Ils croyent aussi que Lucifer est le Créateur des choses célestes; qu'il rentrera dans sa gloire après avoir précipité son adversaire, & que par lui ils entreront dans la béatitude éternelle. La Lettre est du 13 Juin 1233.

CHAPITRE XIX.

Exemples de Sorciers & Sorcieres soi-disans transportés au Sabbat.

ON traite de fables tout ce qu'on dit des Sorcieres qui vont au Sabbat, & l'on a plusieurs exemples qui prouvent qu'elles ne bougent de leurs lits ni de leurs chambres. Il est vrai que quelques-unes se frottent d'une certaine graisse ou onguent qui les assoupit, & les rend insensibles; & pendant cet évanouissement elles s'imaginent aller au Sabbat, & y voir & entendre ce que tout le monde dit qu'on y voit & qu'on y entend.

On lit dans le livre intitulé : *Malleus Maleficorum*, ou *Marteau des Sorciers*, qu'une femme assuroit les Inquisiteurs entre les mains desquels elle étoit, qu'elle se rendoit réellement & corporellement où elle vouloit, encore qu'elle fût enfermée & étroitement gardée, & que le lieu où elle alloit fût fort éloigné.

Les Inquisiteurs lui ordonnerent d'aller en un certain endroit, de parler à certaines personnes, & de leur en rapporter des nouvelles ; elle promit d'obéir. On l'enferma dans une chambre sous la clef ; aussi-tôt elle se coucha étendue comme morte : on entra, on la remua ; elle demeura immobile, & sans aucun sentiment, ensorte que lui ayant approché du pied une chandelle allumée, on le lui brûla sans qu'elle le sentît. Peu après elle revint à elle, & rendit compte de la commission qu'on lui avoit donnée, disant qu'elle avoit eu grande peine à faire le chemin. On lui demanda ce qu'elle avoit au pied : elle dit qu'elle y avoit grand mal depuis son retour, & ne sçavoit d'où cela lui venoit.

Alors les Inquisiteurs lui déclarerent ce qui étoit arrivé ; qu'elle n'étoit point sortie de sa place, & que la douleur au pied qu'elle sentoit, lui venoit d'une chandelle qu'on lui avoit appliquée pendant son absence prétendue. La chose ayant été bien vérifiée, elle reconnut son égarement, demanda pardon, & protesta de n'y retomber jamais.

D'autres Historiens (a) racontent que par le moyen de certaines drogues dont les Sorciers & Sorcieres se frottent, ils sont réellement & corporellement transportés au Sabbat. Torquemade raconte d'après Paul Grillaud, qu'un mari ayant soupçonné sa femme d'être Sorciere, voulut sçavoir si elle alloit au Sabbat, & comment elle faisoit pour s'y transporter. Il l'observa de si près qu'il reconnut un jour que s'étant frottée de certaine graisse, elle prit la forme comme d'un oiseau, & s'envola sans qu'il la vit jusqu'au matin, qu'elle se trouva auprès de lui. Il la questionna beaucoup sans qu'elle voulût lui rien avouer: à la fin il lui dit ce qu'il avoit vû lui-même, & à force de coups de bâton il la contraignit de lui dire son secret, & de le mener avec elle au Sabbat.

Arrivé en ce lieu, il se mit à table avec les autres; mais comme tout ce qui

_____
(a) Alphons. à Castro, ex Petro Grillaud, Tract. de hæresib.

y étoit servi étoit fort insipide, il demanda du sel : on fut assez longtems sans en apporter ; enfin voyant une saliere, il dit : Dieu soit béni, voilà enfin du sel. Au même moment il oüit un très-grand bruit : toute l'assemblée disparut ; il se trouva seul & nud dans un champ entre des montagnes : il s'avança, & trouva des Bergers ; il apprit qu'il étoit à plus de trente-trois lieuës de sa demeure. Il y revint comme il put, & ayant raconté la chose aux Inquisiteurs, ils firent arrêter sa femme & plusieurs autres complices, qui furent châtiées comme elles le méritoient.

Le même Auteur raconte qu'une femme revenant du Sabbat portée dans les airs par le malin Esprit, ouit le matin la cloche pour *l'Angelus*. Aussi-tôt le Diable la quitta, & elle tomba dans une haye d'épines sur le bord d'une riviere : elle étoit nue, & avoit ses cheveux épars sur le sein & sur les épaules. Elle apperçut un jeune garçon, qui à force de prieres vint la prendre, & la conduisit au village prochain où étoit la maison de cette femme ; elle se fit beaucoup presser pour déclarer à ce jeune garçon la vérité de ce qui lui étoit arrivé : elle lui fit des présens, & le pria de n'en rien dire ;

mais la chose ne laissa pas de se répandre.

Si l'on pouvoit faire fond sur toutes ces Histoires, & sur une infinité d'autres semblables que l'on raconte, & dont les livres sont remplis, on pourroit croire que quelquefois les Sorciers sont emportés en corps au Sabbat ; mais en comparant ces Histoires avec d'autres qui prouvent qu'ils n'y vont qu'en esprit & en imagination, on peut avancer que tout ce qu'on raconte des Sorciers & Sorcieres qui vont ou qui croyent aller au Sabbat, n'est pour l'ordinaire qu'illusion de la part du Diable, & séduction de la part de ceux & celles qui s'imaginent voler & voyager, quoiqu'ils ne bougent de leurs places. L'esprit de malice & de mensonge se mêlant dans cette folle prévention, ils se confirment dans leurs égaremens, & ils en engagent d'autres dans leur impiété : car Satan a mille manieres de tromper les hommes, & de les entretenir dans leurs erreurs. La magie, les impiétés, les maléfices sont souvent l'effet des désordres de l'imagination. Il est rare que ces sortes de gens ne donnent dans tous les excès de l'impudicité, de l'irréligion, du vol, & de toutes les suites les plus outrées de la haine du prochain.

Quelques-uns ont crû que les Démons prenoient la forme des Sorciers & Sorcieres qu'on croyoit aller au Sabbat, & qu'ils entretenoient les simples dans cette folle persuasion, leur apparoissant quelquefois sous la forme de ces personnes réputées pour Sorcieres, pendant qu'elles mêmes reposoient tranquillement dans leurs lits. Mais cette créance enferme des difficultés aussi grandes, ou peut-être plus grandes que l'opinion que l'on veut combattre. Il est très-mal aisé de comprendre que le Démon prenne la forme des prétendus Sorciers ou Sorcieres, qu'il apparoisse sous cette forme, qu'il boive, qu'il mange, qu'il voyage ; tout cela pour faire croire aux simples que les Sorciers vont au Sabbat. Quel avantage revient-il au Démon de persuader cela aux Idiotes, ou de les entretenir dans cette erreur ?

Cependant on raconte (*a*) que Saint Germain Evêque d'Auxerre voyageant un jour, & passant dans un village de son Diocèse, après y avoir pris sa réfection, remarqua qu'on y préparoit un grand souper, & qu'on dressoit un nouveau service : il demanda si l'on attendoit quelque compagnie ; on lui dit que c'é-

(*a*) Bolland. 5. Jul. pag. 287.

toit pour ces bonnes femmes qui vont la nuit. S. Germain entendit bien ce qu'on vouloit dire, & résolut de veiller pour voir la suite de cette avanture.

Quelque tems après il vit arriver une multitude de Démons en forme d'hommes & de femmes, qui se mirent à table en sa présence. S. Germain leur défendit de se retirer : il appelle les gens de la maison, & leur demande s'ils connoissent ces gens-là ; ils répondent que ce sont tels & tels de leurs voisins & voisines : allez, leur dit-il, voir dans leurs maisons s'ils y sont ; on y va, & on les trouve endormis dans leurs lits. Le Saint conjure les Démons, & les oblige de déclarer que c'est ainsi qu'ils séduisent les mortels, & leur font accroire qu'il y a des Sorciers & Sorcieres qui vont la nuit au Sabbat ; ils obéirent, & disparurent tout confus.

Cette Histoire se lit dans d'anciens manuscrits, & se trouve dans Jacques de Voragine, dans Pierre de Noëls, dans S. Antonin, dans d'anciens Bréviaires d'Auxerre, tant imprimés que manuscrits. Je n'ai garde de garantir cette Histoire : je la crois absolument apocryphe ; mais elle prouve que ceux qui l'ont écrite & copiée, croyoient que ces voyages nocturnes de Sorciers & de Sorcieres au Sabbat étoient de pures illusions du Démon. En effet, il n'est guere possible d'expliquer tout ce qu'on dit des Sorciers & Sorcieres allant au Sabbat, sans recourir au ministere du Démon; à quoi il faut ajoûter une imagination dérangée, & un esprit séduit & follement prévenu, & si vous voulez, quelques drogues qui affectent le cerveau, troublent les humeurs, & produisent des rêves relatifs aux impressions qu'on a d'ailleurs.

On trouve dans Jean-Baptiste Porta (a), dans Cardan & ailleurs, la composition de ces onguens, dont on dit que les Sorcieres se frottent pour se transporter au Sabbat; mais ils ne produisent d'autres effets réels que de les assoupir, de leur troubler l'imagination, & de leur faire croire qu'elles font de grands voyages, pendant qu'elles demeurent profondément endormies dans leurs lits.

Les Peres du Concile de Paris de l'an 829. (b) reconnoissent que les Magiciens, les Sorciers & toutes ces sortes de gens,

___

(a) Joan. Bapt. Porta, l. 2. Magiæ naturalis. Hieron. Cardan, Joan. Vierus, de Lamiis, lib. 3. c. xvij.

(b) Concil. vj. Paris. anno 829. can. 2.

sont les ministres & les instrumens du Démon dans l'exercice de leur art diabolique ; qu'ils troublent l'esprit de certaines personnes par des breuvages propres à inspirer un amour impur ; qu'on est persuadé qu'ils peuvent troubler l'air, y exciter des tempêtes, envoyer la grêle, prédire l'avenir, perdre & gâter les fruits, ôter le lait des bestiaux des uns pour le donner à d'autres.

Les Evêques concluent qu'il faut user envers ces personnes de toute la rigueur des loix portées contr'elles par les Princes, avec d'autant plus de justice, qu'il est évident qu'ils se livrent au service du Démon : *manifestiùs ausu nefando & temerario servire Diabolo non metuunt.*

Spranger *in malleo maleficorum* raconte qu'en Suabe un Paysan avec sa petite fille âgée d'environ 8 ans étant allé visiter ses champs, se plaignoit de la sécheresse, en disant : hélas, quand Dieu nous donnera-t'il de la pluie ! La petite fille lui dit incontinent, qu'elle lui en feroit venir quand il voudroit. Il répondit : & qui t'a enseigné ce secret ? C'est ma mere, dit-elle, qui m'a fort défendu de le dire à personne. Et comment a-t'elle fait pour te donner ce pouvoir ? Elle m'a menée à un maître, qui vient à moi autant de fois que je l'appelle. Et as-tu vû ce maître ? Oui, dit-elle, j'ai souvent vû entrer des hommes chez ma mere, à l'un desquels elle m'a vouée. Après ce dialogue, le pere lui demanda comment elle feroit pour faire pleuvoir seulement sur son champ. Elle demanda seulement un peu d'eau ; il la mena à un ruisseau voisin, & la fille ayant nommé l'eau au nom de celui auquel sa mere l'avoit vouée, aussi-tôt on vit tomber sur le champ du Paysan une pluie abondante.

Le pere convaincu que sa femme étoit Sorciere, l'accusa devant les Juges, qui la condamnerent au feu. La fille fut baptisée & vouée à Dieu ; mais elle perdit alors le pouvoir de faire pleuvoir à sa volonté.

CHAPITRE XX.

Histoire de Louis Gaufredi & de Magdelaine de la Palud, avoués Sorciers & Sorcieres par eux-mêmes.

Voici un exemple insigne d'un homme & d'une femme, qui se sont déclarés Sorciers & Sorcieres. Louis Gaufredi, Curé de la Paroisse des Accouls à Marseille (*a*), fut accusé de Magie & arrêté au commencement de 1611. Christophe Gaufredi son Oncle, Curé des Pourrieres voisin de Beauversas, lui envoya six mois avant sa mort un petit cayer in-16. de six feuillets écrits : au bas de chaque feuillet il y avoit deux vers François; on voyoit dans l'ouvrage quantité de caracteres ou chiffres, qui renfermoient des mysteres de Magie. Louis Gaufredi fit d'abord assez peu de cas de ce livre, & le garda pendant cinq ans sans le lire.

Au bout de ce tems ayant lû les vers François, le Diable se présente à lui sous

___
(*a*) Causes Célebres, tom. 6. pag. 192.

une forme humaine nullement difforme, & lui dit qu'il étoit venu pour remplir tous ses desirs, s'il vouloit lui rapporter toutes ses bonnes œuvres. Gaufredi lui fit son billet; il demanda au Démon qu'il pût jouir d'une grande réputation de sagesse parmi les gens de probité, & qu'il pût inspirer de l'amour aux femmes & aux filles qu'il lui plairoit, en soufflant seulement sur elles.

Lucifer le lui promit par écrit, & bien-tôt Gaufredi vit le parfait accomplissement de ses desseins : il inspira de l'amour à une jeune Demoiselle nommée Magdelaine, fille d'un Gentilhomme nommé Madole de la Palud. Cette fille n'avoit encore que neuf ans, & Gaufredi sous prétexte de dévotion & de spiritualité lui ayant fait entendre, que comme son Pere spirituel il avoit droit de disposer d'elle, il l'engagea aussi à se donner au Démon, & quelques années après il l'obligea à donner une cédule signée de son propre sang au Diable pour se livrer de plus en plus à lui : on dit même qu'il lui fit faire depuis sept ou huit autres cédules.

Après cela il souffla sur elle, lui inspira un amour violent pour lui, & en abusa ; il lui donna un Diable familier qui la servoit, & qui la suivoit par-tout. Un jour il la transporta au Sabbat sur une haute montagne près Marseille ; elle y vit des gens de toutes Nations, & en particulier Gaufredi, qui y tenoit un rang fort distingué, & qui lui fit imprimer des caracteres à la tête & vis-à-vis, & en plusieurs autres parties du corps. Cette fille se fit ensuite Religieuse de Sainte Ursule, & passa pour possédée du Démon.

Gaufredi souffla encore sur plusieurs autres femmes, & leur inspira un amour déréglé, & cela pendant les six ans que dura son empire diabolique. Car à la fin on le reconnut pour insigne Magicien; & la Demoiselle de Mandole ayant été arrêtée par l'Inquisition, & interrogée par le P. Michaëlis Jacobin, avoua une bonne partie de ce que nous venons de dire, & découvrit pendant les Exorcismes plusieurs autres choses. Elle avoit alors dix-neuf ans.

Elle répondoit pertinemment en François à toutes les questions qu'on lui faisoit en Latin, & disoit plusieurs choses particulieres sur les ordres des Anges, & sur la chûte de Lucifer & ses complices, & nomma 24 Esprits malins dont elle étoit possédée.

Tout ceci fit connoître Gaufredi par le Parlement de Provence ; on l'arrêta, & on commença à procéder contre lui les 19. 20. & 21 de Février 1611. On ouit en particulier Magdelaine de la Palud, qui fit une Histoire complete de la Magie de Gaufredi, & des abominations qu'il avoit commises avec elle. Que depuis 14 ans il étoit Magicien & chef de Magiciens ; que si la Justice ne s'étoit pas saisie de lui, le Diable l'auroit porté en Enfer en corps & en ame.

Gaufredi s'étoit volontairement rendu en prison ; & dès le premier interrogatoire qu'il subit, il nia tout, & se donna pour homme de bien. Mais sur les informations faites contre lui, il fut reconnu qu'il avoit le cœur fort corrompu, & qu'il avoit séduit la Demoiselle de Mandole & d'autres femmes qu'il confessoit. Cette Demoiselle fut oüie juridiquement le 21 Février, & fit l'Histoire de sa séduction, de la Magie de Gaufredi, & du Sabbat où il l'avoit fait transporter plusieurs fois.

Quelque tems après ayant été confrontée avec Gaufredi, elle reconnut qu'il étoit homme de bien, & que tout ce qu'on avoit répandu contre lui étoit imagination, & rétracta tout ce qu'elle même avoit avoué. Gaufredi de son côté reconnut les privautés qu'il avoit eues avec elle, nia tout le reste, & soutint que c'étoit le Diable dont elle étoit possédée, qui lui suggéroit tout ce qu'elle disoit. Il avoua qu'ayant résolu de se convertir, Lucifer lui avoit apparu, & l'avoit menacé de plusieurs malheurs; qu'il en avoit effectivement éprouvé plusieurs; qu'il avoit brûlé le livre de Magie, dans lequel il avoit mis les cédules de la Demoiselle de la Palud, & les siennes qu'il avoit faites au Diable; mais que les ayant ensuite cherchées, il ne les trouva point, dont il fut fort étonné. Il parla au long du Sabbat, & dit qu'il y avoit près de la ville de Nice un Magicien, qui avoit toutes sortes d'habits à l'usage des Sorciers; qu'au Sabbat il y a une cloche du poids d'un quintal, de la largeur de 4 aulnes, dont le batant étoit une piéce de bois qui rendoit un son sourd & lugubre. Il raconta plusieurs horreurs, impiétés & abominations qui se commettoient au Sabbat. Il rapporta la cédule que Lucifer lui avoit faite, par laquelle il s'obligeoit de charmer les femmes qui seroient à son gré.

Les conclusions du Procureur Général furent après l'exposé des choses ci-devant rapportées : & attendu que ledit Gaufredi a été convaincu d'avoir dans plusieurs parties de son corps diverses marques, où ayant été piqué il n'en auroit ressenti aucune douleur, & sans qu'il en sortît du sang ; qu'il a eu plusieurs privautés avec Magdelaine de la Palud, tant en l'Eglise qu'en la maison d'icelle, tant de jour que de nuit, par lettres où il y avoit des caracteres amoureux invisibles à tout autre qu'à elle ; qu'il l'auroit connue charnellement, & l'auroie engagée à renoncer à Dieu & à son Eglise, & qu'elle a reçû sur son corps divers caracteres diaboliques ; que lui-même a avoué être Sorcier & Magicien ; qu'il a retenu un livre de Magie, & s'en est servi pour conjurer & invoquer le malin Esprit ; qu'il a été avec ladite Magdelaine au Sabbat, où il a fait une infinité d'actions scandaleuses, impies & abominables, comme d'avoir adoré Lucifer ;

Pour ces causes, ledit Procureur Général requiert, que ledit Gaufredi soit déclaré atteint & convaincu des cas à lui imposés, & pour réparation d'iceux, qu'il soit préalablement dégradé des Ordres Sacrés par le Seigneur Evêque de Marseille son Diocésain, & après condamné à faire amende honorable un jour d'audience, tête & pieds nuds, la hart au col, tenant un flambeau ardent entre ses mains, demander pardon à Dieu, au Roi & à la Justice, livré à l'Exécuteur de la haute Justice, mené, conduit & tenaillé en tous les lieux & carrefours de cette Ville d'Aix avec des tenailles ardentes en tous les lieux de son corps, & après en la place des Jacobins brûlé tout vif, puis ses cendres jettées au vent; & auparavant d'être exécuté, qu'il soit mis & appliqué à la question en la plus griéve gêne qui se pourra excogiter, afin de tirer de sa bouche le reste de ses complices. Délibéré le 18 Avril 1611. & l'Arrêt en conformité rendu le 29 Avril 1611.

Le même Gaufredi ayant été appliqué à la question ordinaire & extraordinaire, déclara qu'il n'avoit vû au Sabbat aucune personne de sa connoissance, sinon la Demoiselle de Mandole; qu'il y avoit vû aussi quelques Religieux de certains Ordres, qu'il ne nomma point, mais qu'il ne sçait point leurs noms; que le Diable faisoit aux Sorciers certaines onctions à la tête, qui effaçoient tout ce qui étoit en leur mémoire.

Malgré cet Arrêt du Parlement de Provence, bien des gens crurent que Gaufredi n'étoit Sorcier que d'imagination ; & l'Auteur dont nous avons tiré cette Histoire, dit qu'il y a quelques Parlemens, entr'autres le Parlement de Paris, qui ne punissent pas les Sorciers, dès qu'il n'y a point d'autres crimes mêlés à la Magie ; & qu'on a l'expérience qu'en ne punissant pas les Sorciers, mais les traitant simplement de fols, on a vû avec le tems qu'ils n'étoient plus Sorciers, parce qu'ils ne nourrissoient plus leur imagination de ces idées, au lieu que dans les pays où on brûle les Sorciers, on ne voit autre chose, parce qu'on se sottifie dans cette prévention ; c'est ce que dit l'Ecrivain.

Mais on n'en peut pas conclure, que Dieu ne permette pas quelquefois au Démon d'exercer sa puissance sur les hommes, & de les porter à des excès de malice & d'impiété, & de répandre dans leurs esprits des ténebres, & dans leurs cœurs une corruption qui les précipite dans un abîme de désordres & de malheurs. Le Démon tenta Job (*a*) par la permission de Dieu. L'Ange de Satan, & l'aiguillon de la chair fatiguoient Saint Paul (*b*) : il demanda d'en être délivré;

(*a*) Job. xxx. 13. 20.
(*b*) II. Cor. xi. 7. 8.

mais il lui fut dit que la grace de Dieu lui suffisoit pour résister à ses ennemis, & que la vertu s'affermissoit par les infirmités & par les épreuves. Satan s'empara du cœur de Judas, & le porta à livrer Jesus-Christ son Maître aux Juifs ses ennemis (*a*). Le Seigneur voulant précautionner ses Disciples contre les imposteurs qui devoient paroître après son Ascension, dit que par la permission de Dieu ces imposteurs feront des prodiges capables d'induire à erreur, s'il étoit possible, même les Elûs (*b*). Il leur dit ailleurs (*c*), que Satan a demandé à Dieu la permission de les cribler comme le froment; mais qu'il a prié pour eux, afin que leur foi ne soit point anéantie.

Le Démon peut donc par la permission de Dieu conduire les hommes aux excès que nous venons de voir dans la Demoiselle de la Palud & dans le Prêtre Louis Gaufredi, peut-être même jusqu'à les mener réellement à travers les airs dans des lieux inconnus, & à ce qu'on appelle le Sabbat; ou sans les y conduire réellement, frapper leur imagination, & séduire leurs sens de telle sorte qu'ils croyent aller, voir & entendre, lorsqu'ils

---

(*a*) Joan. xiij. 2. (*c*) Luc. xxj. 31.
(*b*) Matth. xxiv. 5.

ne bougent de leurs places, ne voient aucun objet, & n'entendent aucun son.

Remarquez que le Parlement d'Ai< ne décréta pas même cette fille, étant dans l'usage de n'imposer d'autres peines à celles qui se sont laissé séduire & deshonorer, que la honte dont elles demeurent chargées. A l'égard du Curé Gaufredi, dans le compte qu'ils rendent à M. le Chancellier de l'Arrêt par eux rendu, ils disent que ce Curé étoit à la vérité accusé de Sortilége; mais qu'il avoit été condamné au feu, comme atteint & convaincu d'inceste spirituel avec Magdelaine de la Palud sa pénitente.

CHAPITRE XXI.

Raisons qui prouvent la possibilité du transport des Sorciers & Sorcieres au Sabbat.

TOut ce qu'on vient de dire est plus propre à prouver que ce qu'on dit des Sorciers & Sorcieres qui vont au Sabbat n'est qu'illusion, & imagination dérangée de la part de ces personnes, & malice & tromperie de la part du Démon qui les séduit, & qui les engage à se donner à lui, & à renoncer à la vraie Religion sous l'appas de vaines promesses de les enrichir, & de les combler d'honneurs, de plaisirs & de prospérités; qu'à persuader la réalité du transport corporel de ces personnes à ce qu'on appelle Sabbat.

Voici quelques raisons & quelques exemples, qui semblent prouver au moins que le transport des Sorciers au Sabbat n'est pas impossible : car l'impossibilité de ce transport est une des plus fortes objections que l'on forme contre le sentiment qui le suppose.

Il est sans difficulté que Dieu peut permettre au Démon de séduire les hommes, & de les porter à des excès de déréglement, d'erreurs & d'impiétés; & qu'il peut aussi lui permettre de faire des choses, qui nous paroissent prodigieuses & même miraculeuses, soit que le Démon les fasse par une puissance naturelle, ou par un concours surnaturel de Dieu, qui emploie le mauvais Esprit pour punir sa créature, qui a bien voulu l'abandonner pour se livrer à son ennemi. Le Prophete Ezéchiel fut transporté à travers les airs de Chaldée où il étoit captif, en Judée dans le temple du Seigneur,

où

où il vit les abominations que commettoient les Israélites dans ce saint lieu; & delà il fut ramené en Chaldée par la même voie, apparemment par le ministere des Anges, ainsi que nous l'allons rapporter ci-après au Chapitre XXXIX.

Nous sçavons par l'Evangile, que le Démon enleva notre Sauveur jusqu'au haut du temple de Jérusalem (*a*). Nous sçavons aussi que le Prophete Habacuc (*b*) fut transporté de la Judée à Babylone, pour porter à manger à Daniel enfermé dans la fosse aux lions. S. Paul nous apprend qu'il a été enlevé jusqu'au troisiéme Ciel, & qu'il a oui des choses ineffables ; mais il avoue qu'il ne sçait si c'est en corps ou seulement en esprit: *sive in corpore, sive extra corpus, nescio; Deus scit.* Il ne doutoit donc pas qu'un homme ne pût être transporté en corps & en ame dans les airs. Le Diacre Saint Philippe fut transporté du chemin de Gaze à Azoth en très-peu de tems par l'esprit de Dieu (*c*). Nous apprenons de l'Histoire Ecclésiastique, que Simon le Magicien fut enlevé par le Démon dans les airs, d'où il fut précipité par les prieres

(*a*) Matth. iv. v.   (*c*) Act. viij. 39.
(*b*) Dan. xiv. 33. 34.

de l'Apôtre S. Pierre. Jean Diacre (a) Auteur de la vie de S. Grégoire le Grand, raconte qu'un nommé Farolde ayant introduit dans le Monastere de S. André à Rome des femmes de mauvaise vie, afin de s'y divertir avec elles, & de faire insulte aux Religieux, la nuit même Farolde étant sorti pour quelques nécessités, fut tout d'un coup saisi & enlevé en l'air par des Démons, qui le tinrent ainsi suspendu par les cheveux, sans qu'il pût ouvrir la bouche pour crier, jusqu'à l'heure des matines, que le Pape S. Grégoire Fondateur & Protecteur de ce Monastere lui apparut, lui reprocha la profanation qu'il faisoit de ce saint lieu, & lui prédit qu'il mourroit dans l'année; ce qui arriva.

„ Je tiens d'un Magistrat aussi inca-
„ pable de donner dans l'illusion, que
„ d'en imposer aux autres (a), que le 16
„ Octobre 1716, un Menuisier habitant
„ d'un village voisin de Bar en Alsace,
„ nommé Heiligenstein, fut trouvé à
„ cinq heures du matin sur le grenier
„ d'un Tonnelier de Bar. Ce Tonnelier
„ y étant monté pour y chercher les bois
„ de magasin dont il vouloit se servir

(a) Joan. Diacon. vit. Gregor. mag. | (b) Lettre de M. G. P. R. du 5. Octob. 1746.

» dans la journée, & ayant ouvert la
» porte qui étoit fermée au verrouil par
» dehors, y apperçut un homme couché
» tout de son long sur le ventre, & pro-
» fondément endormi : il le reconnut
» aisément, le connoissant d'ailleurs ; &
» lui ayant demandé ce qu'il faisoit là,
» le Menuisier lui dit avec la derniere sur-
» prise, qu'il ne sçavoit ni par qui, ni
» comment il avoit été conduit en cet
» endroit.

» Le Tonnelier ne se payant pas de
» ces raisons, lui dit qu'assurément il
» étoit venu pour le voler, & le fit me-
» ner chez le Bailli de Bar, qui l'ayant
» interrogé sur le fait dont on vient de
» parler, il lui raconta naïvement, que
» s'étant mis en chemin sur les quatre
» heures du matin pour venir de Heili-
» genstein à Bar, (ces deux lieux n'é-
» tant distans que d'un quart d'heure)
» il vit tout à coup dans une place cou-
» verte de verdure & de gazon un festin
» magnifique des mieux illuminés, où
» l'on se divertissoit à l'envi, tant par la
» somptuosité du repas, que par les danses
» qui s'y faisoient ; que deux femmes de sa
» connoissance & habitantes de Bar
» l'ayant convié à se mettre de la com-
» pagnie, il se mit à table, & profita de

» la bonne chere tout au plus pendant un
» quart d'heure ; après cela quelqu'un
» des conviés ayant crié, *citò citò*, il se
» trouva enlevé tout doucement dans le
» grenier du Tonnelier, sans sçavoir
» comment il y avoit été transporté.

» C'est ce qu'il déclara en présence du
» Bailli. La circonstance la plus singu-
» liere de cette Histoire, c'est qu'à peine
» le Menuisier eut-il déposé ce que nous
» venons de voir, que ces deux femmes
» de Bar qui l'avoient convié à leur fes-
» tin, se pendirent chacune chez elle. »

Les Magistrats supérieurs craignant de porter les choses à un point qui auroit impliqué la moitié des habitans de Bar, jugerent prudemment qu'il ne falloit pas informer d'avantage : ils traiterent le Menuisier de visionnaire ; & les deux femmes qui s'étoient pendues, furent jugées atteintes de folie : ainsi la chose fut étouffée, & on en demeura là.

Si c'étoit là ce qu'on appelle Sabbat, ni le Menuisier, ni les deux femmes, ni apparemment les autres conviés du festin, n'eurent pas besoin d'y venir montés sur le Démon : elles étoient trop près de leurs demeures pour recourir à des moyens surnaturels, afin de se faire transporter au lieu de leur assemblée. On ne nous apprend pas comment ces conviés se rendirent à ce festin, ni comment ils se retirerent chacun chez soi ; le lieu étoit si près de la Ville, qu'ils pouvoient aisément y aller & en revenir, sans avoir besoin d'un secours étranger.

Mais si le secret étoit nécessaire, & qu'ils craignissent d'être découverts, il est très-probable que le Démon les transporta chez eux par les airs avant qu'il fit bien jour, comme il transporta le Menuisier au grenier du Tonnelier. Quelque tournure qu'on donne à cet évenement, il est certainement malaisé de n'y pas reconnoître une opération manifeste du mauvais Esprit dans le transport du Menuisier à travers les airs, qui se trouve sans le sçavoir dans un grenier bien fermé. Les femmes qui se pendirent, montrerent assez qu'elles craignoient encore quelque chose de pis de la part de la Justice, si elles avoient été convaincues de Magie & de Sorcellerie. Et que n'avoient pas à craindre aussi leurs complices, qu'il auroit fallu déclarer ?

Guillaume de Neubrige en raconte une autre, qui a quelque rapport à celle-ci. Un Paysan ayant entendu la nuit passant auprès d'un tombeau un concert mélodieux de différentes voix, s'en approcha, & ayant trouvé la porte ouverte, y mit la tête, & vit au milieu d'une grande fête éclairée d'une infinité de flambeaux une table bien couverte, autour de laquelle étoient des hommes & des femmes qui se réjouissoient : un des Officiers qui servoient à table l'ayant apperçû, lui présenta une coupe remplie de liqueur : il la prit ; & ayant renversé la liqueur, il s'enfuit avec la coupe dans le premier Village où il s'arrêta. Si notre Menuisier en avoit usé de même, au lieu de s'amuser au festin des Sorciers de Bar, il se seroit épargné bien des inquiétudes.

Nous avons dans l'Histoire plusieurs exemples de personnes pleines de Religion & de piézé, qui dans la ferveur de leur oraison ont été enlevées en l'air, & y sont demeurées assez longtems. Nous avons connu un bon Religieux, qui s'éleve quelquefois de terre, & demeure suspendu sans le vouloir, sans y tâcher, & cela à l'occasion d'une image de dévotion qu'il voit, ou de quelque Oraison dévote qu'il entend, comme du *Gloria in excelsis Deo*. Je connois une Religieuse, à qui il est souvent arrivé malgré elle de se voir ainsi élevée en l'air à une certaine distance de la terre ; ce n'étoit ni par son choix, ni par l'envie de se distinguer, puisqu'elle en avoit une véritable confusion. Etoit-ce par le ministere des Anges, ou par l'artifice de l'Esprit séducteur, qui vouloit lui inspirer des sentimens de vanité ou d'orgueil ? Ou étoit-ce un effet naturel de l'amour divin, ou de la ferveur de la dévotion de ces personnes ?

Je ne remarque pas que les anciens Peres du désert qui étoient si spirituels, si fervens & si grands hommes d'oraison, éprouvassent de pareilles extases. Ces enlévemens en l'air sont plus communs parmi nos nouveaux Saints.

On peut voir la vie de S. Philippe de Neri au 26 Mai des Bollandistes, c. 20. n. 356. 357. où l'on raconte ses extases & ses élévations de la terre en l'air, quelquefois à la hauteur de plusieurs aulnes, & presque jusqu'au platfond de sa chambre, ce qui lui arrivoit malgré lui ; il s'efforçoit envain d'en dérober la connoissance aux assistans, de peur de s'attirer leur admiration, & d'en prendre quelque vaine complaisance. Les Ecrivains qui nous apprennent ces particularités, ne nous disent pas quelle en étoit la cause ; si ces ravissemens & ces élévations de terre étoient produites par la ferveur de l'Esprit Saint, ou par le ministere des bons Anges, ou par un miracle de la grace de Dieu, qui vouloit ainſi honorer ſes Serviteurs aux yeux des hommes. Dieu avoit de plus fait la grace au même S. Philippe de Neri de voir les Eſprits céleſtes, & même les Démons, & de découvrir l'état des Ames ſaintes par une lumiere ſurnaturelle.

S. Jean Columbin, Inſtituteur des Jéſuates, ſe ſervit pour l'établiſſement des filles de ſon Ordre de Sainte Catherine Columbine (a), qui étoit une fille d'une vertu extraordinaire. On raconte d'elle, que quelquefois elle demeuroit en extaſe & élevée en l'air à la hauteur de deux aulnes, immobile, ſans parole & ſans ſentiment.

On dit la même choſe de S. Ignace de Loyola (b), qui demeuroit ravi en Dieu, & élevé de terre à la hauteur de plus de deux pieds, ayant le corps tout brillant de lumiere: on l'a vû demeurer en extaſe ſans ſentiment, & preſque ſans reſpiration pendant huit jours entiers.

Le B. Robert de Palentin (c) s'élevoit auſſi quelquefois de terre à la hau-

---

(a) Acta S. J. Bolland. 3. Jul. pag. 96.
(b) Ibid. 31. Jul. pag. 633. pag. 663.
(c) Ibid. 18. Aug. pag. 503.

teur d'un pied & demi, au grand étonnement de ses disciples & des assistans. On voit de pareils ravissemens & élévations en l'air dans la vie du B. Bernard Ptolomei, Instituteur de la Congrégation de Notre-Dame du Mont Olivet (*a*), de S. Philippe Benite de l'Ordre des Servites, de S. Cajetan Fondateur des Théatins (*b*), & de S. Albert de Sicile Confesseur, qui pendant ses Oraisons s'élevoit de terre à la hauteur de trois coudées, & enfin de S. Dominique Fondateur des Freres Prêcheurs (*c*).

On raconte de Sainte Christine (*d*) Vierge à S. Tron, qu'étant tenue pour morte & portée à l'Eglise dans son cercueil, comme on faisoit pour elle les services accoutumés, tout d'un coup elle s'éleva, & se porta jusques sur les poutres de l'Eglise comme auroit pû faire un oiseau. Etant retournée avec ses Sœurs dans la maison, elle raconta qu'elle avoit été conduite en Purgatoire, delà en Enfer, & enfin en Paradis, où Dieu lui avoit fait l'option de demeurer ou de re-

(*a*) Ibid. 21. Aug. pag. 469. 481.
(*b*) Ibid. 7. Aug. pag. 265.
(*c*) Ibid. 4. Aug. pag.

(*d*) Vita S. Christinæ, 24. Julii. Bolland. pag. 652. & 653.

tourner au monde, afin d'y faire pénitence pour les Ames qu'elle avoit vûes en Purgatoire. Elle choisit ce dernier parti, & fut ramenée dans son corps par les Saints Anges. Depuis ce tems elle ne pouvoit souffrir l'odeur des corps humains, & s'élevoit sur les arbres & sur les plus hautes tours avec une incroyable légereté pour y vacquer à l'Oraison. Elle étoit si légere à la course, qu'elle surpassoit les chiens les plus vîtes. Ses parens firent inutilement ce qu'ils purent pour l'arrêter, jusqu'à la charger de chaînes; mais elle s'échapa toujours. On raconte de cette Sainte tant d'autres choses presque incroyables, que je n'ose les rapporter ici.

M. Nicole dans ses Lettres parle d'une Religieuse nommée Séraphine, qui dans ses extases s'élevoit de terre avec tant d'impétuosité, que cinq ou six de ses Sœurs avoient peine à la retenir.

Ce Docteur raisonnant sur ce fait (a), dit qu'il ne prouve rien du tout pour la Sœur Séraphine; mais que la chose bien vérifiée prouve Dieu & le Diable, c'est-à-dire toute la Religion; que le fait bien vérifié est d'une très-grande conséquence

---

(a) Nicole, T. 1. Lettres, p. 303. 305. Lettre XLV.

pour la Religion; que le monde est plein de certaines gens qui ne croyent que ce dont on ne peut douter; que la grande hérésie du monde n'est plus le Calvinisme & le Luthéranisme, mais l'Athéisme. Il y a de toutes sortes d'Athées, de bonne foi, de mauvaise foi, de déterminés, de vacillans, de tentés. On ne doit pas négliger ces sortes de gens: la grace de Dieu est toute puissante; on ne doit pas désesperer de les ramener par de bonnes raisons & des preuves solides & sans replique. Or si ces faits sont certains, il faut conclure qu'il y a un Dieu, ou des mauvais Anges qui imitent les œuvres de Dieu, & operent par eux-mêmes ou par leurs suppôts des œuvres capables d'induire à erreur même les Elûs.

Un des plus anciens exemples que je remarque de personnes soulevées en l'air, sans que personne les touche, est celui de S. Dumstan Archevêque de Cantorbery, mort en 988. qui peu de tems avant sa mort (a), comme il remontoit dans son appartement accompagné de plusieurs personnes, fut vû élevé de terre. Comme tous les assistans s'en étonnoient, il en prit occasion de leur parler de sa mort prochaine.

(a) Vita Sancti Dunstani, 11. 42.

Trithême (a) parlant de Sainte Elisabeth, Abbesse de Schonau dans le Diocèse de Treves, dit que quelquefois elle étoit ravie en extase de telle sorte qu'elle demeuroit sans mouvement & sans respiration pendant un assez longtems. Durant ces intervalles elle apprenoit par révélation, & par le commerce qu'elle avoit avec les Esprits bienheureux, des choses admirables; & quand elle revenoit à elle-même, elle tenoit des discours tout divins, tantôt en Allemand, qui étoit sa langue naturelle, & tantôt en Latin, quoiqu'elle n'eût aucune connoissance de cette langue. Trithême ne doutoit point de sa sincérité & de la vérité de ses discours. Elle mourut en 1165.

Le B. Richard Abbé de S. Vanne de Verdun parut en 1036. (b) élevé en l'air pendant qu'il disoit la Messe en présence du Duc Galizon, de ses fils, d'un grand nombre de Seigneurs & de Soldats.

Au siécle dernier, le R. P. Dominique Carme Déchaux fut enlevé en l'air devant le Roi d'Espagne (c), la Reine &

(a) Trith. de viris illustrib. Ord. S. Bened. c. 31.

(b) Joan. de Bayon, xlviij p. lxij. Hist. de Lorraine.

(c) Le Pere le Brun, Traité des Superstitions, Tom. I. p. 390.

toute la Cour, ensorte qu'il n'y avoit qu'à souffler son corps, pour le remuer comme une bouteille de savon.

CHAPITRE XXII.

Suite du même sujet.

ON ne peut raisonnablement contester la vérité de ces ravissemens & de ces élévations du corps de quelques Saints à une certaine distance de la terre, puisque ces faits ont eu un si grand nombre de témoins. Pour en faire l'application à la matiere que nous traitons ici, ne pourroit-on pas dire que les Sorciers & Sorcieres par l'opération du Démon, & avec la permission de Dieu, à l'aide d'un tempéramment vif & subtil, sont rendus légers, & s'élevent dans les airs, où leur imagination échauffée & leur esprit prévenu leur font croire qu'ils ont fait, vû & entendu, ce qui n'a de réalité que dans le creux de leur cerveau?

On me dira que le parallele que je fais des actions des Saints, qu'on ne peut attribuer qu'aux Anges & à l'opération de l'Esprit Saint, ou à l'ardeur de leur charité & de leur dévotion, avec ce qui arrive aux Sorciers & Sorcieres, que ce parallele est injurieux & odieux; j'en sçais faire la juste différence: les livres de l'Ancien & du Nouveau Testament ne mettent-ils pas en parallele les vrais miracles de Moïse avec ceux des Magiciens de Pharaon; ceux de l'Antechrist & de ses suppôts avec ceux des Saints & des Apôtres; & S. Paul ne nous apprend-il pas, que l'Ange de ténebres se transforme souvent en Ange de lumiere?

Nous avons parlé assez au long dans la premiere Edition de cet ouvrage de certaines personnes, qui se vantent d'avoir ce qu'on appelle la Jarretiere, & qui par ce moyen font avec une diligence extraordinaire, en fort peu d'heures, ce que naturellement elles ne pourroient faire qu'en quelques jours de marche ordinaire. On raconte sur cela des choses presqu'incroyables; cependant on les détaille d'une maniere si circonstanciée, qu'il est malaisé qu'il n'en soit quelque chose, & que le Démon ne transporte ces gens, en les agitant d'une maniere forcée & violente, qui leur cause une fatigue pareille à celle qu'ils auroient soufferte en faisant réellement le voyage avec une promptitude plus qu'ordinaire.

Par exemple, les deux faits rapportés par Torquemade (a) : le premier d'un jeune Ecolier de sa connoissance, fort bon esprit, qui parvint à être Médecin de l'Empereur Charles V. étudiant à Gadeloupe, fut invité par un Voyageur qui étoit en habit de Religieux, à qui il avoit rendu quelque petit service, de monter en croupe sur son cheval, qui paroissoit fort mauvais & fort harassé; il y monta, & marcha toute la nuit sans s'appercevoir qu'il faisoit une diligence extraordinaire, & qu'au matin il se trouva près la Ville de Grenade : le jeune homme entra dans la Ville; mais le Conducteur passa plus loin.

Une autre fois le pere d'un jeune homme de la connoissance du même Torquemade, & le jeune homme allant ensemble à Grenade, & passant par le Village d'Almede, firent rencontre d'un homme qui alloit à cheval comme eux, & tenoit le même chemin. Après avoir voyagé deux ou trois lieues ensemble, ils firent halte, & le Cavalier étendit son manteau sur l'herbe, de sorte qu'il ne resta aucun pli au manteau : ils mirent chacun sur ce manteau étendu ce qu'ils avoient de pro-

(a) Torquemade.

visions, & firent repaître leurs chevaux. Ils bûrent & mangerent à leur aise, & ayant dit à leurs gens d'amener leurs chevaux, le Cavalier leur dit : Messieurs, ne vous pressez point, vous serez de bonne heure à la Ville ; en même tems il leur montra Grenade, qui n'étoit pas à un quart d'heure de là.

On dit quelque chose d'aussi merveilleux d'un Chanoine de la Cathédrale de Beauvais. Le Chapitre de cette Eglise étoit chargé depuis long-tems d'acquitter certaine charge personnelle envers l'Eglise de Rome : les Chanoines ayant choisi un de leurs Confreres pour se rendre à Rome à cet effet, le Chanoine différa de jour en jour de se mettre en Campagne ; il ne partit qu'après les Matines du jour de Noël, arriva le même jour à Rome, s'y acquitta de sa commission, & s'en revint avec la même diligence, rapportant avec soi l'original de l'obligation où étoient les Chanoines, d'envoyer un de leur corps pour y faire cette prestation en personne.

Quelque fabuleuse & quelqu'incroyable que paroisse cette Histoire, on assure qu'on en a des preuves certaines dans les Archives de la Cathédrale, & que sur la tombe du Chanoine en question on voit encore des Démons gravés aux quatre coins en mémoire de cet évenement. On assure même, que le celébre P. Mabillon en avoit vû la piéce autentique. Or si ce fait & ses semblables ne sont pas absolument faux & fabuleux, on ne peut nier que ce ne soient des effets de la Magie, & l'ouvrage du mauvais Esprit.

Pierre le Vénérable (*a*) Abbé de Cluny, rapporte une chose si extraordinaire arrivée de son tems, que je ne la raconterois pas ici, si elle n'avoit pas été vûe par toute la Ville de Mâcon. Le Comte de cette Ville, homme très-violent, exerçoit une espece de tyrannie contre les Ecclésiastiques, & contre ce qui leur appartenoit, sans se mettre en peine de cacher où de colorer ses violences : il les exerçoit hautement, & s'en faisoit gloire. Un jour qu'il étoit assis dans son Palais, accompagné de quantité de Noblesse & d'autres personnes, on y vit entrer un Inconnu à cheval, qui s'avança jusqu'à lui, & lui dit qu'il avoit à lui parler, & qu'il le suivît. Le Comte se leve & le suit : étant arrivé à la porte, il y trouva un cheval préparé ; il monte dessus, & aussitôt il est transporté dans les airs, criant

(*a*) Petrus Venerab. lib. 2. de miraculis, c. 8. pag. 1299.

d'une voix terrible à ceux qui étoient présens, à moi, au secours. Toute la Ville accourut au bruit; mais bien-tôt on le perdit de vûe, & on ne douta pas que le Démon ne l'eût emporté pour être compagnon de ses supplices, & pour porter la peine de ses excès & de ses violences.

Il n'est donc pas absolument impossible, qu'une personne soit élevée dans les airs, & transportée dans un lieu fort élevé & fort éloigné par l'ordre ou par la permission de Dieu, par les bons ou par les mauvais Esprits ; mais il faut convenir que la chose est très-rare, & que dans tout ce qu'on raconte des Sorciers & Sorcieres, & de leurs assemblées au Sabbat, il y a une infinité de contés faux, absurdes, ridicules, & dénués même de vraisemblance. M. Remi, Procureur Général de Lorraine, Auteur d'un Ouvrage célébre intitulé : *la Démonolatrie*, & qui a fait le procès à une infinité de Sorciers & de Sorcieres dont la Lorraine étoit alors infectée, ne produit presqu'aucune preuve, dont on puisse inférer la vérité & la réalité de la Sorcellerie, & du transport des Sorciers & Sorcieres au Sabbat

CHAPITRE XXIII.

Obsessions & Possessions du Démon.

ON met avec raison au rang des Apparitions du malin Esprit parmi les hommes les Obsessions & Possessions du Diable. Nous appellons *Obsession*, lorsque le Démon agit au dehors contre la personne qu'il obsede; & *Possession*, lorsqu'il agit au dedans, qu'il agite la personne, remue ses humeurs, lui fait proférer des blasphêmes, lui fait parler des langues qu'elle n'a jamais apprises, lui découvre des secrets inconnus, lui inspire la connoissance des choses les plus obscures de la Philosophie ou de la Théologie. Saül étoit agité & possédé par le mauvais Esprit (*a*), qui par intervalles remuoit ses humeurs mélancoliques, & réveilloit son animosité & sa jalousie contre David, ou qui à l'occasion du mouvement naturel de ces humeurs noires, le saisissoit, l'agitoit, & le mettoit hors de son assiette ordinaire. Les Possédés dont il est

---

(*a*) I. Reg. xvj. 14. 15.

parlé dans l'Evangile (a), & qui crioient tout haut que Jesus étoit le Christ, qu'il étoit venu avant le tems pour les tourmenter, qu'il étoit le fils de Dieu : tous ces exemples sont des exemples de Possessions.

Mais le Démon Asmodée qui obsédoit Sara fille de Raguël (b), & qui avoit fait mourir ses sept premiers maris : ceux dont il est parlé dans l'Evangile, qui étoient simplement frappés de maladies, ou d'incommodités qu'on croyoit incurables : ceux que l'Ecriture appelle quelquefois *Lunatiques*, qui écumoient, qui s'agitoient, qui fuyoient la compagnie des hommes, qui étoient violens & dangereux, ensorte qu'il falloit les enchaîner pour les empêcher de frapper & de maltraiter les autres : ces sortes de personnes étoient simplement obsédées du Démon.

Les sentimens sont fort partagés sur la matiere des Obsessions & des Possessions du Démon. Les Juifs endurcis, & les anciens ennemis de la Religion Chrétienne, convaincus par l'évidence des Miracles qu'ils voyoient faire à Jesus-Christ, à ses Apôtres & aux Chrétiens, n'osoient en contester ni la vérité, ni la réalité : ils les

_____
(a) Matth. viij. 16. x. | (b) Tob. iij. 8.
35. xviij. 28.

attribuoient à la Magie, au Prince des Démons, ou à la vertu de certaines herbes ou de certains secrets naturels.

S. Justin (a), Tertullien, Lactance, S. Cyprien, Minutius & les autres Peres des premiers Siecles de l'Eglise, parlent de l'empire que les Exorcistes Chrétiens exerçoient sur les Possédés d'une maniere si pleine de confiance & de liberté, qu'on ne peut douter ni de la certitude, ni de l'évidence de la chose. Ils en prennent à témoins leurs Adversaires, & se font fort d'en faire l'expérience en leur présence, & de forcer les Démons à sortir des corps des Possédés, à déclarer leurs noms, & à reconnoître que ce qu'on adore dans les Temples des Payens ne sont que des Démons.

Quelques-uns opposoient aux vrais miracles du Sauveur ceux de leurs faux Dieux, de leurs Magiciens, des Héros du Paganisme, comme ceux d'Esculape & du fameux Apollonius de Thiane. Les prétendus Esprits forts les contestent aujourd'hui par les principes de la Philosophie : ils les attribuent au déréglement de l'imagination, aux préjugés de l'édu-

_____
(a) Justin. Dialog. cum supplem. Tertull. de coroná militis, c. 11. & Apolog. c. 23. Cyp. ad Demetriam, &c. Minutius, in Octavio, &c.

cation, aux reſſorts cachés du tempéramment. Ils réduiſent les expreſſions de l'Ecriture à l'hyperbole : ils ſoutiennent que Jeſus-Chriſt s'eſt rabaiſſé à la portée des peuples, à leurs préventions ; que les Démons étant des ſubſtances purement ſpirituelles, ne peuvent agir par elles-mêmes immédiatement ſur les corps ; & qu'il n'eſt nullement probable, que Dieu faſſe des miracles pour le leur permettre.

Qu'on examine de près ceux & celles qui ont paſſé pour poſſédés ; on n'en trouvera peut-être pas un ſeul, qui n'ait eu l'eſprit dérangé par quelqu'accident, ou le corps attaqué de quelqu'infirmité connue ou cachée, qui aura cauſé dans ſes humeurs ou dans ſon cerveau quelqu'altération, qui jointe aux préjugés ou à la frayeur, aura donné lieu en eux à ce qu'on appelle Obſeſſion ou Poſſeſſion.

La Poſſeſſion du Roi Saül s'explique aiſément, en ſuppoſant qu'il étoit naturellement atrabilaire, & que dans les accès de ſa mélancolie, il paroiſſoit furieux ; auſſi ne chercha-t-on pas d'autre remede à ſon mal, que la muſique & le ſon des inſtrumens propres à le réjouir & calmer ſa mélancolie.

Pluſieurs des Obſeſſions & Poſſeſſions marquées dans le Nouveau Teſtament étoient de simples maladies ou des travers d'esprit, qui faisoient croire à ces gens-là qu'ils étoient possédés du Démon. Le peuple ignorant les entretenoit dans cette prévention: l'ignorance de la Physique & de la Médecine fortifioit ces idées.

Dans l'un c'étoit une humeur noire & mélancolique, dans l'autre c'étoit un sang brûlé & trop échauffé; ici c'étoit une ardeur d'entrailles, là un amas de mauvaises humeurs qui suffoquoient les malades, comme il arrive aux Epileptiques & aux Hypocondriaques, qui s'imaginent être Dieux, Rois, chats, chiens, bœufs. Il y en avoit d'autres, qui troublés à la vûe de leurs crimes, tomboient dans une espece de désespoir, & dans des remords de conscience qui altéroient leur esprit & leur tempéramment, & leur faisoient croire que le Démon les poursuivoit & les obsédoit. Telles étoient apparemment ces femmes qui suivoient Jesus-Christ, & qui avoient été délivrées par lui des Esprits immondes qui les possédoient (a), & en partie Marie-Magdelaine, dont il avoit chassé sept Démons. Il est souvent parlé dans l'Ecriture de l'Esprit d'impureté, de l'Esprit de mensonge, de l'Es-

_____
(a) Luc. viij. 30

prit de jalousie; il n'est pas nécessaire de recourir à un Démon particulier pour exciter dans nous ces passions. S. Jacques (a) nous apprend, que nous sommes assez tentés par notre concupiscence qui nous porte au mal, sans aller chercher d'autres causes au dehors de nous.

Les Juifs attribuoient la plûpart de leurs maladies au Démon; ils étoient persuadés qu'elles étoient la punition de quelque péché connu ou caché. Jesus-Christ & ses Apôtres ont sagement supposé ces préjugés, sans vouloir les attaquer de front, & réformer les anciennes opinions des Juifs: ils ont guéri les maladies, & ont chassé les mauvais Esprits qui les causoient, ou qui étoient censés les causer. L'effet essentiel & réel étoit la guérison du malade; il n'étoit pas alors question d'autre chose pour assurer la mission de Jesus-Christ, sa Divinité, & la vérité de la Doctrine qu'il prêchoit. Qu'il chasse le Démon ou qu'il ne le chasse pas, la chose n'est pas essentielle à son premier dessein. Il est certain qu'il guérissoit le malade, soit en chassant le Démon, s'il est vrai que ce mauvais Esprit causât la maladie, soit en rétablissant les organes

(b) Jacobi, 1. 14.

on les humeurs dans leur état régulier & naturel, ce qui est toujours miraculeux & prouve la Divinité du Sauveur.

Quoique les Juifs fussent assez crédules sur les opérations du malin Esprit, ils croyoient toutefois que pour l'ordinaire les Démons qui tourmentoient certaines personnes, n'étoient autre chose que les Ames de quelque scélerat, qui craignant de se rendre au lieu qui lui est destiné, s'empare du corps de quelque mortel qu'il tourmente, & s'efforce de lui ôter la vie (a).

Joseph l'Historien (b) raconte, que Salomon composa des charmes contre les maladies, & des formules d'Exorcismes pour chasser les mauvais Esprits. Il dit ailleurs, qu'un Juif nommé Eléazar guérit en présence de Vespasien quelques Possédés, en leur appliquant sous le nés un anneau, où étoit enchassée une racine indiquée par ce Prince. On prononçoit le nom de Salomon avec une certaine priere & un Exorcisme ; aussi-tôt le Possédé tomboit par terre, & le Démon le quittoit. Le commun des Juifs ne doutoit pas que Beelzebub Prince des Démons n'eût le pouvoir de chasser les autres Démons,

───────────
(a) Joseph. Antiq. lib. 7. c. 25.
(b) Joseph. Antiq. lib. 8. c. 2.

Tome I.   I

puisqu'ils disoient que Jesus-Christ ne les chassoit qu'au nom de Beelzebub (a). On lit dans l'Histoire, que quelquefois les Payens ont chassé les Démons; & les Médecins se vantent de pouvoir guérir quelques Possédés, comme ils guérissent des Hypocondriaques & des maladies imaginaires.

Voilà ce qu'on peut dire de plus plausible contre la réalité des Possessions & Obsessions du Démon.

CHAPITRE XXIV.

Vérité & réalité des Possessions & Obsessions du Démon prouvées par l'Ecriture.

MAis la possibilité, la vérité & la réalité des Obsessions & Possessions du Démon sont indubitables, & prouvées par l'Ecriture & par l'autorité de l'Eglise, des Peres, des Juifs & des Payens. Jesus-Christ & les Apôtres ont crû cette vérité, & ils l'ont enseignée publiquement. Le Sauveur donne pour preu-

(a) Matth. xij. 24.

re de sa Mission qu'il guérit les Possédés : il réfute les Pharisiens, qui avançoient qu'il ne chassoit les Démons qu'au nom de Beelzebub ; & il soutient qu'il les chasse par la vertu de Dieu : *in digito Dei* (a). Il parle aux Démons, qui possédoient les Énergumenes ; il les menace, il les fait taire. Sont-ce là des marques équivoques de la réalité des Obsessions ? Les Apôtres en usent de même, & les premiers Chrétiens leurs disciples. Tout cela à la vûe des Payens, qui ne pouvoient le nier, mais qui en éludoient la force & l'évidence, en attribuant ce pouvoir à d'autres Démons, ou à certaines Divinités plus puissantes que les Démons ordinaires ; comme si le Royaume de Satan étoit partagé, & que le mauvais Esprit pût agir contre lui-même, ou qu'il y eût de la collusion entre Jesus-Christ & les Démons, dont il venoit détruire l'Empire.

Les septante Disciples au retour de leur mission en viennent rendre compte à Jesus-Christ (b), & lui disent, que les Démons mêmes leur obéissent. Après sa Résurrection (c) le Sauveur promet à ses

(a) Luc. viij. 21.
(b) Luc. x. 17.
(c) Marc. xvj. 17.

Apôtres qu'ils feront des prodiges en son nom, *qu'ils chasseront les Démons*, qu'ils recevront le don des langues. Tout cela a été exécuté à la lettre.

Les Exorcismes usités de tout tems dans l'Eglise contre les Energumenes sont encore une preuve de la réalité des Possessions : ils montrent que de tout tems l'Eglise & ses Ministres les ont crûes vraies & réelles, puisqu'ils ont toujours pratiqué ces Exorcismes. Les anciens Peres défient les Payens de produire un Démoniaque devant les Chrétiens : ils se font fort de le guérir, & d'en chasser le Démon. Les Exorcistes Juifs employoient même le nom de Jesus-Christ pour guérir les Démoniaques (*a*) ; ils le croyoient donc efficace pour produire cet effet : il est vrai que quelquefois ils employoient le nom de Salomon, & quelques charmes qu'on disoit inventés par ce Prince, ou des racines & des herbes à qui l'on attribuoit les mêmes vertus, de même à proportion qu'un habile Médecin par le secret de son art pourra guérir un Hypocondriaque, un Maniaque, un homme sottement persuadé qu'il est possédé du Démon, ou qu'un sage Confesseur re-

___

(*a*) Marc. ix. 36. 38. Act. xj. 14.

mettra l'esprit d'une personne troublée de remords, & agitée par la vûe de ses péchés, ou par la crainte de l'Enfer.

Mais nous parlons ici des Possessions & Obsessions réelles, qui ne se guérissent que par la vertu de Dieu, par le nom de Jesus-Christ, par la force des Exorcismes. Le fils de Scéva, Prêtre Juif (*a*), ayant entrepris de chasser un Démon au nom de Jesus-Christ que Paul prêchoit, le Démoniaque se jetta sur lui, disant qu'il connoissoit Jesus-Christ & Paul, mais que pour lui il ne le craignoit pas; & il faillit de l'étrangler. On doit donc bien distinguer entre Possessions & Possessions, entre Exorcistes & Exorcistes. Il peut se trouver des Démoniaques, qui contrefont les Possédés pour attirer la compassion, & pour gagner quelques aumônes. Il peut de même y avoir des Exorcistes, qui abusent du nom & de la puissance de Jesus-Christ pour tromper les ignorans; & que sçais-je s'il ne se trouve pas même des Imposteurs, qui aposteront des prétendus Possédés pour faire semblant de les guérir, & se concilier par-là de la réputation?

Je n'entre point dans un plus grand dé-

(*a*) Act. ix. 14.

tail sur cette matiere; je l'ai traitée autrefois exprès dans une Dissertation particuliere imprimée à part avec d'autres Dissertations sur l'Ecriture, & j'y ai répondu aux objections que l'on formoit sur ce sujet.

CHAPITRE XXV.

Exemples de Possessions réelles causées par le Démon.

IL faut à présent rapporter quelques exemples des plus fameux de Possessions & d'Obsessions du Démon. Tout le Monde parle aujourd'hui de la Possession des Religieuses de Loudun, sur lesquelles on a porté, & dans le tems, & encore depuis des jugemens si divers. Marthe Brossier, fille d'un Tisserand de Romorantin (*a*), fit aussi grand bruit dans son tems. Charles Miron, Evêque d'Orléans, découvrit la fraude, en lui faisant boire de l'eau bénite comme de l'eau commune; en lui faisant présenter une clef enveloppée dans un tafetas rouge, qu'on disoit

(*a*) Jean de Serres, sur l'an 1599. Thuan. Hist. l. 120.

un morceau de la vraie Croix ; & en récitant des vers de Virgile, que le Démon de Marthe Brossier prit pour des Exorcismes, s'agitant beaucoup à l'approche de la clef enveloppée, & à la récitation des vers de Virgile. Henri de Gondi, Cardinal Evêque de Paris, la fit examiner par cinq Médecins de la Faculté : trois furent d'avis qu'il y avoit beaucoup d'imposture & un peu de maladie. Le Parlement prit connoissance de l'affaire, & nomma onze Médecins, qui rapporterent unanimement qu'il n'y avoit rien de Démoniaque en cette affaire.

Sous le Regne de Charles IX. (a) ou peu auparavant, une jeune femme de la Ville de Vervins, âgée de quinze ou seize ans, nommée Nicole Aubry, eut différentes Apparitions d'un Spectre, qui se disoit son grand-pere, & lui demandoit des Messes & des Prieres pour le repos de son ame (b). Bientôt après il lui arriva d'être transportée en différens endroits par ce Spectre, & quelquefois même d'être enlevée à la vûe & du milieu de ceux qui la gardoient.

(a) Charles IX. est mort en 1574.
(b) Cette Histoire est tirée d'un livre intitulé : Examen & Discussion Critique de l'Histoire des Diables de Loudun, &c. par M. de la Menardaye. A Paris, chez de Bure l'aîné, 1749.

Alors on ne douta plus que ce ne fût le Diable, ce qu'on eut beaucoup de peine à lui persuader. M. l'Evêque de Laon donna ses pouvoirs pour conjurer cet Esprit, & commanda de tenir la main à ce que les Procès-verbaux fussent exactement dressés par les Notaires nommés à cet effet. Les Exorcismes durerent plus de trois mois, & ne firent que constater de plus en plus la Possession. La pauvre souffrante étoit arrachée des mains de 9 ou 10 hommes, qui avoient bien de la peine à la retenir; & le dernier jour des Exorcismes, seize n'en pouvoient presque venir à bout : couchée par terre, elle se relevoit droite & toute d'une piece comme une Statue, sans que ceux qui la gardoient pussent l'en empêcher; elle parloit diverses langues, révéloit les choses les plus cachées, en annonçoit d'autres dans le tems même qu'elles se faisoient, quoique ce fût à une distance très-éloignée : elle découvrit à bien des gens le secret de leur conscience, poussoit à la fois trois voix toutes différentes, & parloit la langue tirée hors de la bouche d'un demi-pied de long. Après quelques Exorcismes faits à Vervins, on la transporta à Laon, où M. l'Evêque l'entreprit. Il fit dresser à cet effet un échaffaut dans sa Cathédrale. L'affluence du monde y fut si grande, qu'on y voyoit des dix à douze mille personnes à la fois. On y venoit même des pays Etrangers. Par conséquent la France ne dut pas être moins curieuse : aussi les Princes, les Grands & ceux qui ne pouvoient y venir, y envoyoient-ils des gens qui pussent les instruire de ce qui s'y passoit. Les Nonces du Pape, les Députés du Parlement & ceux de l'Université y assisterent.

Le Diable forcé par les Exorcismes rendit tant de témoignages de la vérité de la Religion Catholique, & surtout de la réalité de la Sainte Eucharistie, & en même tems de la fausseté du Calvinisme, que les Calvinistes irrités ne garderent plus de mesures. Dès le tems que les Exorcismes se faisoient à Vervins, ils avoient voulu tuer la Possédée avec le Religieux qui l'exorcisoit, dans un voyage qu'on lui fit faire à Notre-Dame de Liesse. Ce fut encore pis à Laon : comme ils y étoient les plus forts, ils firent plus d'une fois appréhender une révolte. Ils intimiderent tellement l'Evêque & les Magistrats, qu'on défit l'échaffaut, & qu'on ne fit plus la Procession générale qu'on avoit coutume de faire avant les Exorcismes : le Diable en devint plus orgueilleux, insulta l'Evêque & se moqua de lui. D'un autre côté, les Calvinistes ayant obtenu des Magistrats qu'on séquestrât la Possédée, & qu'on la mît dans la Prison pour l'examiner de plus près, dans une des convulsions qu'elle y eut, Carlier, Médecin Calviniste, tira tout-à-coup de sa poche quelque chose qui fut avéré être un poison des plus violens, qu'il lui jetta dans la bouche, qu'elle garda durant la convulsion, & qu'elle revomit d'elle-même après être revenue à elle.

Toutes ces expériences déterminerent à recommencer les Processions, & l'on redressa l'échaffaut. Les Calvinistes outrés supposerent alors un écrit de M. de Montmorency, portant défense de continuer les Exorcismes, avec injonction aux Gens du Roi d'y tenir la main. Ainsi on s'abstint une seconde fois de faire la Procession ; le Diable en triompha encore : il découvrit cependant à l'Evêque tout l'artifice de cette supposition, nomma tous ceux qui y avoient part, & déclara qu'il avoit encore gagné du tems par cette obéissance de l'Evêque à la volonté des hommes, plutôt qu'à celle de Dieu. Outre cela le Diable avoit déja protesté publiquement, que c'étoit malgré lui qu'il restoit dans le corps de cette femme ; qu'il y étoit entré par l'ordre de Dieu ; que c'étoit pour convertir les Calvinistes ou les endurcir, & qu'il étoit bien malheureux d'être obligé d'agir & de parler contre lui-même.

Le Chapitre représenta donc à l'Evêque, qu'il étoit à propos de faire la Procession & les Conjurations deux fois par jour, pour exciter davantage la dévotion des peuples. Le Prélat y acquiesça, & tout se fit avec le plus grand éclat & de la maniere la plus autentique. Le Diable déclara encore plusieurs fois qu'il avoit gagné du tems ; une fois parce que l'Evêque ne s'étoit point confessé ; une autre fois, parce qu'il n'étoit pas à jeun ; & en dernier lieu, parce qu'il falloit que le Chapitre & toutes les Dignités y fussent présens, aussi-bien que la Justice & les Gens du Roi, afin qu'il eût des témoignages suffisans ; qu'il étoit forcé d'avertir ainsi l'Evêque de son devoir, & que maudite fût l'heure où il étoit entré dans le corps de cette personne : en même tems il fit mille imprécations contre l'Eglise, l'Evêque & le Clergé.

Ainsi le dernier jour, tout le monde s'étant rassemblé l'après-dînée, M. l'Evêque commença les dernieres Conjurations, où il se passa bien des choses ex-

I vj

traordinaires : entr'autres l'Evêque voulant approcher la Sainte Eucharistie des lévres de cette pauvre femme, le Diable se saisit en quelque sorte de son bras, & en même tems enleva en haut cette femme, quasi hors des mains de seize hommes qui la tenoient ; mais enfin après bien de la résistance, il sortit, & la laissa parfaitement guérie, & pénétrée des bontés de Dieu. Le *Te Deum* fut chanté au son de toutes les cloches de la Ville : ce ne furent qu'acclamations de joie parmi les Catholiques; & il se convertit beaucoup de Calvinistes, dont la race subsiste encore dans la Ville. Florimond de Raimond, Conseiller au Parlement de Bourdeaux, (*a*) eut le bonheur d'être de ce nombre, & en a écrit l'Histoire. On fit neuf jours durant la Procession en action de graces. On fonda à perpétuité une Messe, qui se célebre tous les ans le 8 Février ; & on représenta cette Histoire en bas-relief autour du Chœur : on la voit encore aujourd'hui.

Enfin Dieu, comme pour mettre la derniere main à une œuvre si importante, permit que le Prince de Condé, qui venoit de quitter la Religion Catholique,

---

(*a*) Florimond de Raimond, t. 1. L. 2. c. 12. p. 240.

fût séduit à ce sujet par ceux de sa nouvelle Communion. Il fit venir chez lui la pauvre femme & le Chanoine d'Espinois, qui ne l'avoit point abandonnée durant tout le tems des Exorcismes. Il les interrogea séparément & à plusieurs reprises: il employa les menaces, les promesses, & fit toutes sortes d'efforts, non pour découvrir s'il y avoit en eux de l'artifice, mais pour y en trouver à quelque prix que ce fût. Il alla jusqu'à offrir au Chanoine de grandes places, s'il vouloit changer de Religion. Mais que peut-on gagner en faveur de l'Hérésie sur des personnes sensées & pleines de droiture, à qui Dieu a manifesté ainsi la puissance de son Eglise ? Tous les efforts du Prince furent inutiles; la fermeté du Chanoine & la naïveté de la pauvre femme ne servirent qu'à lui constater d'avantage la certitude de l'évenement qui lui déplaisoit, & il renvoya l'un & l'autre.

Cependant un retour de mauvaise volonté lui fit arrêter de nouveau cette femme; & il la tint dans une de ses Prisons, jusqu'à ce que ses pere & mere ayant présenté au Roi Charles IX. une Requête sur cette injustice, elle fut remise en liberté par ordre de Sa Majesté (*a*).

Un évenement si important & si soigneusement constaté, soit de la part de l'Evêque & du Chapitre, ou de celle des Magistrats, & même par les éclats du parti Calviniste, ne devoit point être enseveli dans le silence. Le Roi Charles IX. faisant son entrée à Laon quelque tems après, voulut en être instruit par le Doyen de la Cathédrale, qui en avoit été témoin oculaire. Sa Majesté lui ordonna d'en mettre l'Histoire au jour: elle fut donc imprimée d'abord en François, & depuis en Latin, en Espagnol, en Italien & en Allemand, avec l'approbation de la Sorbonne, appuyée des rescrits des Papes Pie V. & Grégoire XIII. son Successeur; & on en fit depuis un abrégé assez exact par l'ordre de M. l'Evêque de Laon, imprimé sous ce titre: *Le Triomphe du S. Sacrement sur le Démon.*

Voilà donc un fait qui a toute l'autenticité que l'on puisse désirer, & telle

___

(*a*) Trésor & entiere Histoire de la Victime du Corps de Dieu, présentée au Pape, au Roi, au Chancelier de France, au Premier Président. A Paris in-4°. chez Chesnau 1578.

qu'un homme d'honneur ne peut avec bienséance le révoquer en doute, puisqu'il ne pourroit plus après cela tenir pour certain aucuns faits sans se couper honteusement.

CHAPITRE XXVI.

Suite du même sujet.

ON a vû en Lorraine vers l'an 1620. une Possédée qui a fait grand bruit dans le pays, mais qui est beaucoup moins connue chez les Etrangers. C'est Demoiselle Elisabeth de Ranfaing, dont l'Histoire de la Possession a été écrite & imprimée à Nancy en 1622. par M. Pichard Docteur en Médecine, & Médecin ordinaire de leurs Altesses de Lorraine. Mademoiselle de Ranfaing étoit une personne très-vertueuse, & dont Dieu s'est servi pour établir une espece d'Ordre de Religieuses *du Refuge*, dont le principal objet est de retirer du libertinage les filles ou femmes qui y seroient tombées. L'ouvrage de M. Pichard fut approuvé par des Docteurs en Théologie, & autorisé par M. de Porcelets Evêque de Toul, &

dans une assemblée de gens sçavans, qu'il fit venir pour examiner la chose, & la réalité de cette Possession. Elle étoit vivement attaquée & hautement niée par un Religieux Minime, nommé Claude Pithoy, qui avoit la témérité de dire, qu'il alloit prier Dieu de lui envoyer le Diable au corps, au cas que la femme qu'on exorcisoit à Nancy fût possédée ; & encore, que Dieu n'étoit pas Dieu, s'il ne commandoit au Diable de se saisir de son corps, si la femme qu'on exorcisoit à Nancy étoit véritablement possédée.

M. Pichard le réfute au long ; mais il remarque que les personnes qui sont d'un esprit foible, ou d'un tempéramment morne & mélancolique, pesant, taciturne, stupide, & qui ont naturellement des dispositions à s'effrayer & à se troubler, sont sujettes à s'imaginer qu'elles voyent le Diable, qu'elles lui parlent, & même qu'elles en sont possédées, surtout si elles se trouvent en des lieux où il y a des Possédés, qu'elles les voyent, & qu'elles conversent avec eux. Il ajoute qu'il y a 13 ou 14 ans qu'il en remarqua un grand nombre de cette sorte, & qu'avec l'aide de Dieu il les guérit à Nancy. Il dit la même chose des Atrabilaires, & des femmes qui sont travaillées d'une sureur utérine, qui font quelquefois des choses, & qui jettent des cris qui pourroient les faire prendre pour des Possédées.

Mademoiselle Ranfaing étant devenue veuve en 16.. fut recherchée en mariage par un Médecin nommé Poirot. N'ayant pas été écouté dans ses poursuites, il lui donna d'abord des Philtres pour s'en faire aimer; ce qui causa d'étranges dérangemens dans la santé de Madame Ranfaing: enfin il lui donna des médicamens magiques; (car il fut depuis reconnu pour Magicien, & brûlé comme tel par Sentence de Juges.) Les Médecins ne pouvoient la soulager, & ne connoissoient rien à ses maladies toutes extraordinaires. Après avoir tenté toutes sortes de remedes, on fut obligé d'en venir aux Exorcismes.

Or voici les principaux symptômes qui firent croire aux Exorcistes de Lorraine que Mademoiselle Ranfaing étoit réellement possédée. On commença sur elle les Exorcismes le 2 Septembre 1619. dans la Ville de Remiremont, d'où elle fut transférée à Nancy: elle y fut visitée & interrogée par plusieurs habiles Médecins, qui après avoir exactement examiné les symptômes de ce qui lui arrivoit, déclarerent que les accidens qu'ils avoient remarqués en elle, n'avoient point de relation avec le cours ordinaire des maladies connues; mais qu'ils ne pouvoient être qu'une Possession diabolique.

Après quoi par l'ordre de M. de Porcelets Evêque de Toul, on lui nomma pour Exorcistes M. Viardin Docteur en Théologie, Conseiller d'Etat du Duc de Lorraine, un Jésuite & un Capucin; mais dans le cours de ces Exorcismes presque tous les Religieux de Nancy, ledit Seigneur Evêque, l'Evêque de Tripoli Suffragant de Strasbourg, M. de Sancy, ci-devant Ambassadeur du Roi Très-Chrétien à Constantinople, & alors Prêtre de l'Oratoire, Charles de Lorraine, Evêque de Verdun, deux Docteurs de Sorbonne envoyés exprès pour assister aux Exorcismes, l'ont souvent exorcisée en Hébreu, en Grec & en Latin, & elle leur a toujours répondu pertinemment, elle qui à peine sçavoit lire le Latin.

On rapporte le Certificat donné par M. Nicolas de Harlay, fort habile en langue Hébraïque, qui reconnoît que Mademoiselle Ranfaing étoit réellement possédée, & lui avoit répondu au seul mouvement de ses lévres, sans qu'il prononçât aucunes paroles, & lui avoit donné plusieurs preuves de sa Possession. Le sieur Garnier Docteur de Sorbonne lui ayant aussi fait plusieurs commandemens en Langue Hébraïque, elle lui a de même répondu pertinemment, mais en François, disant que le pacte étoit fait, qu'il ne parleroit qu'en langue ordinaire. Le Démon ajouta: n'est-ce pas assez que je te montre que j'entends ce que tu dis? Le même M. Garnier lui parlant Grec, mit par mégarde un cas pour un autre; la Possedée, ou plutôt le Diable lui dit: *tu as failli*. Le Docteur lui dit en Grec, montre ma faute; le Diable répondit: *contente-toi que je te montre la faute; je ne t'en dirai pas davantage*. Le Docteur lui disant en Grec de se taire, il lui répondit: tu me commande de me taire, & moi je ne veux pas me taire.

M. Midot Ecolâtre de Toul lui dit dans la même langue: assieds-toi; il répondit: je ne veux pas m'asseoir. M. Midot lui dit de plus en Grec: assieds-toi à terre & obéis; mais comme le Démon vouloit jetter de force la Possedée par terre, il lui dit en la même langue: fais-le doucement; il le fit: il ajouta en Grec, *étends le pied droit*, il l'étendit: il dit de plus en la même langue, *cause-lui du froid aux genoux*; la femme répondit, qu'elle y sentoit un grand froid.

Le sieur Mince Docteur de Sorbonne tenant en main une croix, le Diable lui dit tout bas en Grec, *donne-moi la croix*; ce qui fut entendu de quelques assistans, qui étoient près de lui. M. Mince voulut presser le Diable de répéter la même chose; il répondit: *je ne le répéterai pas tout en Grec*; mais il dit simplement en François *donne-moi*, & en Grec *la Croix*.

Le R. P. Albert Capucin lui ayant commandé en Grec de faire sept fois le signe de la Croix avec la langue en l'honneur des sept joies de la Vierge, il fit trois fois le signe de la Croix avec la langue, puis deux fois avec le nés; mais le Religieux lui dit de nouveau de faire sept fois le signe de la Croix avec la langue, il le fit; & ayant reçu commandement en la même langue de baiser les pieds de Monseigneur l'Evêque de Toul, il se prosterna & lui baisa les pieds.

Le même Religieux ayant remarqué que le Démon vouloit renverser le bénitier qui étoit là, il lui ordonna de prendre de l'eau bénite, & de ne la pas verser, & il obéit. Le Pere lui ordonna de lui donner des marques de la Possession; il lui répondit : la Possession est assez connue ; il ajouta en Grec : je te commande de porter de l'eau bénite à M. le Gouverneur de la Ville ; le Démon répondit : on n'a pas la coutume d'exorciser en cette langue. Le Pere répondit en Latin : ce n'est pas à toi de nous imposer des Loix ; mais l'Eglise a la puissance de te commander en quelle langue elle juge à propos : le Démon prit donc le bénitier, & porta de l'eau bénite au Gardien des Capucins, au Duc Erric de Lorraine, aux Comtes de Brionne, Remonville, la Vaux & autres Seigneurs.

Le Médecin M. Pichard lui ayant dit par une phrase partie Hébraïque & partie Grecque de guérir la tête & les yeux de la Possédée, à peine en eut-il achevé les derniers mots, que le Démon répondit : ma foi, ce n'est pas nous autres qui en sommes cause ; elle a le cerveau fort humide, cela provient de son tempérament naturel : alors M. Pichard dit à l'assemblée, prenez garde, Messieurs, qu'il répond à l'Hébreu & au Grec tout ensemble ; oui, répliqua le Démon, tu découvre le pot aux roses &

le secret; je ne te répondrai plus. Il y a plusieurs demandes & réponses en langue étrangere, qui montrent qu'il les entendoit fort bien.

M. Viardin lui ayant demandé en Latin, *ubi censebaris, quandò manè oriebaris*? il répondit, entre les Séraphins. On lui dit, *pro signo exhibe nobis patibulum fratris Cephæ*; le Diable étendit les bras en forme de Croix de S. André. On lui dit: *applica carpum carpo*; il le fit, mettant le poignet d'une main sur l'autre; ensuite, *admove tarsum tarso & metatarsum metatarso*, il croisa les pieds, & les éleva l'un sur l'autre; puis après il dit: *excita in calcaneo qualitatem congregantem heterogenea*; la Possedée dit qu'elle sentoit de la froidure au talon: après, *repræsenta nobis labarum Venetorum*; il fit le signe de la Croix: ensuite, *exhibe nobis videntem Deum benè precantem nepotibus ex Salvatore Egypti*; il croisa les bras, comme fit Jacob en donnant sa bénédiction aux Enfans de Joseph: ensuite, *exhibe crucem conterebrantem stipiti*; il représenta la Croix de S. Pierre: l'Exorciste ayant dit par mégarde, *per eum qui adversùs te præliavit*; le Démon ne lui donna pas le tems de se corriger; il lui dit: ô l'âne!

au lieu de *præliatus est*. On lui parla Italien & Allemand, il répondit toujours à propos.

On lui dit un jour : *Sume encolpium ejus qui hodiè functus est officio illius, de quo cecinit Psaltes : pro Patribus tuis nati sunt tibi filii* ; il alla aussitôt prendre la Croix pendue au col & posée sur la poitrine de Monseigneur le Prince Erric de Lorraine, qui ce même jour avoit fait l'Office d'Evêque en donnant les Ordres, à cause que M. l'Evêque de Toul étoit indisposé. Il découvrit les pensées secrettes, & ouit les paroles dites très-bas à l'oreille de quelques personnes, qu'il n'étoit pas à portée de pouvoir entendre, & déclara qu'il avoit sçû la priere mentale qu'un bon Prêtre avoit faite devant le S. Sacrement.

Voici encore un trait plus extraordinaire. On dit au Démon en parlant Latin & Italien dans la même phrase : *Adi Scholastram seniorem, & osculare ejus pedes, la cui scarpa ha più di sugaro* ; au même moment il alla baiser le pied du sieur Juillet Ecolâtre de Saint Georges, plus ancien que M. Viardin Ecolâtre de la Primatiale. M. Juillet avoit le pied droit plus court que le gauche, ce qui l'obligeoit à porter le soulier de ce pied-là relevé par un morceau de liege, nommé en Italien *sugaro*.

On lui proposa des questions très-relevées & très-difficiles sur la Trinité, l'Incarnation, le S. Sacrement de l'Autel, la Grace de Dieu, le franc arbitre, la maniere dont les Anges & les Démons connoissent les pensées des hommes, &c. & il répondit avec beaucoup de netteté & de précision. Elle a découvert des choses inconnues à tout le monde, & a révelé à certaines personnes, mais secretement & en particulier, des péchés dont elles étoient coupables.

Le Démon n'obéissoit pas seulement à la voix de l'Exorciste; il le faisoit même lorsqu'on remuoit simplement les lévres, ou qu'on tenoit la main, ou un mouchoir, ou un livre sur la bouche. Un Calviniste s'étant un jour mêlé secretement dans l'assemblée, l'Exorciste qui en fut averti, commanda au Démon de lui aller baiser les pieds; il y alla fendant la presse.

Un Anglois étant venu par curiosité à l'Exorciste, le Diable lui dit plusieurs particularités de son pays & de sa Religion; il étoit Puritain; & l'Anglois avoua, que tout ce qu'il lui avoit dit étoit vrai. Le même Anglois lui dit en sa langue:

gue : pour preuve de ta Possession, dis-moi le nom de mon Maître, qui m'a autrefois montré la broderie ; il répondit, *Guillaume*. On lui commanda de réciter l'*Ave Maria* ; il dit à un Gentilhomme Huguenot qui étoit présent : dis-le toi, si tu le sçais ; car on ne le dit point chez toi. M. Pichard raconte plusieurs choses cachées & inconuues, que le Démon a révelées, & qu'il a fait plusieurs actions, qu'il n'est pas possible qu'une personne, quelqu'agile & subtile qu'elle soit, puisse faire par ses forces naturelles, comme de ramper par terre sans se servir de ses pieds ni de ses mains, de paroître ayant les cheveux hérissés comme des serpens.

Après tout le détail des Exorcismes, des marques de Possession, des demandes & des réponses de la Possédée, M. Pichard rapporte les témoignages autentiques des Théologiens, des Médecins, des Evêques Erric de Lorraine & Charles de Lorraine Evêque de Verdun, de plusieurs Religieux de tous les Ordres, qui attestent ladite Possession réelle & véritable, & enfin une lettre du R. P. Cotton Jésuite, qui certifie la même chose, ladite lettre dattée du 5 Juin 1621. en réponse de celle que le Prince Erric de Lorraine lui avoit écrite.

J'ai omis beaucoup de particularités rapportées dans le récit des Exorcismes, & des preuves de Possession de la Demoiselle de Ranfaing; je crois en avoir dit assez pour convaincre toute personne de bonne foi & sans prévention, que sa Possession est aussi certaine, que ces sortes de choses le peuvent être. La chose s'est passée à Nancy Capitale de Lorraine, en présence d'un grand nombre de personnes éclairées, de deux de la Maison de Lorraine, tous deux Evêques & très-bien instruits; en présence & par les ordres de Monseigneur de Porcelets Evêque de Toul, très-éclairé & d'un rare mérite; de deux Docteurs de Sorbonne appellés exprès pour juger de la réalité de la Possession; en présence de gens de la Religion prétendue réformée, fort en garde contre ces sortes de choses. On a vû à quel point le P. Pithoy a poussé la témérité contre la Possession dont il s'agit; il a été réprimé par son Evêque Diocésain & par ses Supérieurs, qui lui ont imposé silence.

La personne de Mademoise Ranfaing est reconnue pour une femme d'une vertu, d'une sagesse, d'un mérite extraordinaire. On ne peut imaginer aucune cause qui l'ait pû porter à feindre une Possession, qui lui a causé mille douleurs. La suite de cette terrible épreuve a été l'établissement d'une espece d'Ordre Religieux, dont l'Eglise a reçu beaucoup d'édification, & dont Dieu par sa providence a sçû tirer sa gloire.

M. Nicolas de Harlay Sancy & M. Viardin sont des personnes très-respectables par leur mérite personnel, par leur capacité, & par leurs grands emplois, le premier ayant été Ambassadeur de France à Constantinople, & l'autre Résident du bon Duc Henri en Cour de Rome ; de maniere que je ne crois pas avoir pû donner d'exemple plus propre à persuader qu'il y a des Possessions réelles & véritables, que de proposer celui de Mademoiselle Ranfaing.

Je ne rapporte pas celui des Religieuses de Loudun, dont on a porté des jugemens si divers, dont la réalité a été révoquée en doute dès le tems même, & qui est très-problématique encore aujourd'hui.

Ceux qui seront curieux d'en sçavoir l'Histoire, la trouveront très-bien détaillée dans un Livre que j'ai déja cité, & qui a pour titre : *Examen & Discussion Critique de l'Histoire des Diables de Lou-*

dun, &c. par M. *de la Ménardaye*. A Paris, chez de Bure l'aîné, 1749.

CHAPITRE XXVII.

Objections contre les Obsessions & Possessions du Démon. Réponse aux objections.

ON peut faire plusieurs objections contre les Obsessions & les Possessions des Démons : rien n'est sujet à de plus grandes difficultés que cette matiere ; mais c'est une conduite constante & uniforme de la providence, de permettre que les vérités les plus claires & les plus certaines de la Religion demeurent enveloppées de quelques obscurités ; que les faits les plus constans & les plus indubitables soient sujets à des doutes, & à des contradictions ; que les miracles les plus évidens soient contestés par quelques incrédules, sur des circonstances qui leur paroissent douteuses & contestables.

Toute la Religion a ses clartés & ses obscurités ; Dieu l'a ainsi permis, afin que les Justes ayent de quoi exercer leur foi en croyant, & que les Impies & les Incrédules périssent dans leur impiété & leur incrédulité volontaire (a) : *Ut videntes non videant, & audientes non intelligant.* Les plus grands Mysteres du Christianisme sont aux uns des sujets de scandale, & aux autres des moyens de salut : les uns regardent le Mystere de la Croix comme une folie, & les autres comme l'ouvrage de la plus sublime sagesse & de la plus admirable puissance de Dieu (b) : *Verbum Crucis pereuntibus quidem stultitia est, iis autem qui salvi fiunt, Dei virtus est.*

Pharaon s'endurcit, en voyant les prodiges opérés par Moïse. Les Magiciens de l'Egypte sont enfin forcés d'y reconnoître le doigt de Dieu. Les Hébreux à cette vûe prennent confiance en Moïse & Aaron, & se livrent à leur conduite, sans craindre les dangers ausquels ils vont s'exposer.

Nous avons déja remarqué, qu'assez souvent le Démon semble agir contre ses propres intérêts, & détruire son propre Empire, en disant que tout ce qu'on raconte du retour des Ames, des Obsessions & Possessions du Démon, des Sortiléges,

(a) Luc. viij. 10.
(b) Cor. 1. 18. 21. 23.

K iij

de la Magie, de la Sorcellerie, ne sont que des contes propres à épouvanter les enfans ; que tout cela n'a de réalité que dans les esprits foibles & prévenus. Que peut-il revenir au Démon de soutenir tout cela, & de détruire l'opinion commune des peuples sur toutes ces choses ? Si dans tout cela il n'y a que mensonge & illusion, que gagne-t-il à en détromper le monde; & s'il y a du vrai, pourquoi décrier son ouvrage, & ôter le crédit à ses suppôts & à ses propres opérations ?

Jesus-Christ dans l'Evangile réfute ceux qui disoient qu'il chassoit les Démons au nom de Belzébud (a) ; il soutient que l'accusation est mal fondée, parce qu'il n'étoit pas croyable que Satan détruisît son ouvrage & son Empire. Le raisonnement est sans doute solide & concluant, surtout envers les Juifs, qui croyoient que Jesus-Christ ne différoit des autres Exorcistes qui chassoient les Démons, sinon en ce qu'il commandoit au Prince des Démons, au lieu que les autres ne commandoient qu'aux Démons subalternes. Or dans cette supposition le Prince des Démons ne pouvoit pas chasser ses subalternes, sans détruire son propre

(a) Matth. xij. 24. 27. Luc. xj. 15. 18.

Empire, sans se décrier, & sans perdre de réputation ceux qui n'agissoient que par ses ordres.

On pourra objecter contre ce raisonnement, que Jesus-Christ supposoit comme les Juifs que les Démons qu'il chassoit possédoient réellement ceux qu'il guérissoit, de quelque maniere qu'il les guérît; & par conséquent que l'Empire des Démons subsistoit, & dans Belzébud Prince des Démons, & dans les autres Démons qui lui étoient subordonnés & qui obéissoient à ses ordres : ainsi son Empire n'étoit pas entiérement détruit, en supposant que Jesus-Christ les chassoit au nom de Belzébud ; cette subordination au contraire supposoit cet Empire du Prince des Démons, & le fortifioit.

Mais Jesus-Christ non-seulement chassoit les Démons par son autorité absolue sans jamais faire mention de Belzébud : il les chassoit malgré eux, & quelquefois ils se plaignoient hautement qu'il étoit venu les tourmenter avant le tems (*a*). Il n'y avoit ni collusion entre lui & eux, ni subordination pareille à celle que l'on voudroit supposer entre Belzébud & les autres Démons. Le Seigneur les pour-

(*a*) Matth. viij. 29.

suivoit, non-seulement en les chassant des corps, mais aussi en renversant leurs mauvaises maximes, en établissant une doctrine & des maximes toutes contraires aux leurs : il faisoit la guerre à tous les vices, à l'erreur, au mensonge ; il attaquoit le Démon de front par-tout & sans ménagement : ainsi on ne peut pas dire qu'il l'épargnoit, ou qu'il usoit de collusion avec lui.

Si le Diable veut quelquefois faire passer pour chimere & pour illusion tout ce qu'on dit des Apparitions, des Obsessions & Possessions, de la Magie, de la Sorcellerie, & s'il paroît par-là absolument renverser son regne, jusqu'à nier les effets les plus marqués & les plus sensibles de sa propre puissance & de sa présence, & les imputer à la foiblesse de l'esprit des hommes, & à leur folle prévention, dans cela il n'y a qu'à gagner pour lui : car s'il persuade ce qu'il avance, son Empire n'en sera que plus solidement affermi, puisqu'on ne l'attaquera plus, qu'on le laissera jouir en paix de ses conquêtes, & que les puissances Ecclésiastiques & séculieres intéressées à réprimer les effets de sa malice & de sa cruauté, ne se mettront plus en peine de lui faire la guerre, & de précautionner les peuples contre ses ruses & ses embûches. Cela fermera la bouche aux Pasteurs, & arrêtera la main des Juges & des Puissances ; & le simple peuple deviendra le jouet du Démon, qui ne laissera pas de continuer à tenter, à persécuter, à corrompre, à tromper, à faire périr ceux qui ne se défieront plus de ses piéges & de sa malice. Le monde retombera dans l'état où il étoit sous le Paganisme, livré à l'erreur, aux passions les plus honteuses, à nier ou à révoquer en doute les vérités les plus constantes & les plus nécessaires au salut.

Moïse dans l'Ancien Testament a bien prévû que le mauvais Esprit mettroit tout en œuvre pour induire les Israélites dans l'erreur & dans le déréglement ; il a prévû qu'il susciteroit du milieu du peuple choisi des séducteurs, qui leur prédiroient des choses inconnues & futures, lesquelles se trouveroient vraies & seroient suivies de l'effet. Il défend toutefois d'écouter ce Prophete ou ce Devin, s'il veut engager ses Auditeurs dans l'impiété & dans l'idolâtrie.

Tertullien parlant des prestiges opérés par les Démons, & de la prévoyance qu'ils ont de certains événemens, dit (a)

(a) Tertull. dé Præscript. c. 35. p. 22. Edit. Rigalt.

qu'étant spirituels de leur nature (a), ils se trouvent en un moment par-tout où ils veulent, & annoncent au loin ce qu'ils y ont vû & appris. On attribue tout cela à la divinité, parce qu'on n'en connoît ni la cause ni la maniere : souvent aussi ils se vantent d'être la cause des événemens qu'ils ne font qu'annoncer ; & il est vrai que souvent ils sont auteurs des maux qu'ils prédisent, mais jamais du bien. Quelquefois ils se servent des connoissances qu'ils ont tirées des prédictions des Prophetes touchant les desseins de Dieu, & ils les débitent comme venant d'eux-mêmes. Comme ils sont répandus dans l'air, ils voient dans les nuës ce qui doit arriver, & prédisent la pluie qu'ils ont connue avant qu'elle se soit fait sentir sur la terre ; pour les maladies, s'ils les guérissent, c'est qu'ils les ont causées : ils prescrivent des remedes qui sont suivis de l'effet ; & on croit qu'ils ont guéri les maladies, parce qu'ils ne les ont pas continuées : *Quia desinunt lædere, curasse creduntur.*

Le Démon peut donc prévoir l'avenir & des choses cachées, & les faire décou-

_____

(a) Tertullien ne dit pas cela dans l'endroit cité ; au contraire il assure qu'on ignore quelle est leur nature : *Substantia ignoratur.*

vrir par ses suppôts : il peut aussi sans doute faire des choses merveilleuses, & qui passent les forces ordinaires & connues de la nature ; mais ce n'est jamais que pour nous séduire, & nous conduire au désordre & à l'impiété. Et quand même il sembleroit porter à la vertu, & à pratiquer des choses louables & utiles au salut, ce ne seroit que pour gagner la confiance de ceux qui voudroient l'écouter, les faire ensuite tomber dans quelque malheur, & les engager dans quelque péché de présomption ou de vanité : car comme c'est un esprit de mensonge & de malice, peu lui importe par quelle voie il nous surprenne & établisse son regne parmi nous.

Mais il s'en faut bien qu'il prévoie toujours l'avenir, ni qu'il réussisse toujours à nous séduire ; Dieu a mis des bornes à sa malice. Il se trompe souvent, & souvent il use de déguisement & de détours pour ne paroître pas ignorer ce qu'il ignore, ou ne vouloir pas faire ce que Dieu ne lui permet pas de faire : son pouvoir est toujours borné, & ses connoissances limitées. Souvent aussi il trompe & séduit par malice, parce qu'il est le Pere du mensonge (a), *mendax est &*

(a) Joan. viij. 44.

pater ejus. Il trompe les hommes, & se réjouit quand il les voit dans l'erreur; mais pour ne pas perdre son crédit parmi ceux qui le consultent directement ou indirectement, il en fait tomber la faute sur ceux qui se mêlent d'interpréter ses paroles, ou les signes équivoques qu'il a donnés. Par exemple, si on le consulte pour commencer une entreprise, ou pour donner un combat, ou pour se mettre en voyage, si la chose réussit, il s'en attribue la gloire & le succès; si elle ne réussit pas, il l'impute aux hommes, qui n'ont pas bien compris le sens de son Oracle, ou aux Aruspices qui se sont trompés en consultant les entrailles des animaux immolés, ou le vol des oiseaux, &c.

On ne doit donc pas être surpris de trouver dans la matiere des Apparitions des Anges, des Démons & des Esprits, tant de contradictions, de doutes & de difficultés. L'homme naturellement aime à se distinguer du commun, & à s'élever au-dessus des opinions du peuple; c'est une espece de bel air, que de ne se pas laisser entraîner au torrent, & de vouloir tout approfondir & tout examiner. On sçait qu'il y a une infinité d'erreurs, de préventions, d'opinions vulgaires, de faux miracles, d'illusions, de séductions dans le monde : on sçait qu'on attribue au Démon des choses purement naturelles, ou qu'on raconte mille histoires apocryphes. Il est donc juste de se tenir sur ses gardes pour n'y être pas trompé. Il est très-important pour la Religion de distinguer les vrais des faux miracles, les évenemens certains des incertains, les ouvrages du doigt de Dieu, de ceux qui sont l'ouvrage de l'Esprit séducteur.

Le Démon mêle dans tout ce qu'il fait beaucoup d'illusions parmi quelques vérités, afin que la difficulté de discerner le vrai du faux fasse prendre le parti qui lui plaît davantage, & que les incrédules ayent toujours dequoi se soutenir dans leur incrédulité.

Quoique les Apparitions des Esprits, des Anges, des Démons, & leurs opérations ne soient pas peut-être toujours miraculeuses, cependant comme la plûpart paroissent au-dessus de l'ordre ordinaire de la nature, plusieurs des personnes dont nous venons de parler, sans se donner la peine de les examiner & d'en rechercher les causes, les Auteurs & les circonstances, prennent hardiment le parti de les nier; c'est le plus court, mais non le plus sensé, ni le plus raisonnable : car dans ce qu'on dit sur ce sujet, il y a des effets qu'on ne peut raisonnablement attribuer qu'à la Toute-Puissance de Dieu qui agit immédiatement, ou qui fait agir les causes secondes pour sa gloire, pour l'avancement de la Religion, & pour la manifestation de la vérité; & d'autres qui portent visiblement le caractere de l'illusion, de l'impiété, de la séduction, & où il semble qu'au lieu du doigt de Dieu, on ne remarque que le caractere de l'Esprit de tromperie & de mensonge.

CHAPITRE XXVIII.

Suite des Objections contre les Possessions, & des Réponses aux Objections.

Nous lisons dans des écrits publics & imprimés composés par des Auteurs Catholiques de nos jours (a), qu'il est constant par la raison que les Possessions du Démon sont naturellement impossibles, & qu'il n'est pas vrai par rapport à nous & à nos idées, que le Démon

---

(a) Voyez la Lettre de M. l'Evêque de Sénez, imprimée à Utrecht en 1736. & les Ecrits qu'il y cite & qu'il y réfute.

ait un pouvoir naturel sur le monde corporel ; que dès qu'on admet dans les volontés créées une puissance d'agir sur les corps, & de les remuer, il est impossible de lui donner des bornes, & que cette puissance est véritablement infinie.

Ils soutiennent que le Démon ne peut agir sur nos ames que par voie de suggestion ; qu'il est impossible que le Démon soit cause physique du moindre effet extérieur ; que tout ce que dit l'Ecriture des piéges & des ruses de Satan, ne signifie autre chose que les tentations de la chair & la concupiscence ; que le Démon pour nous séduire n'a besoin que de suggestions morales. C'est en lui un pouvoir moral, & non un pouvoir physique ; en un mot, *que le Démon ne peut faire ni bien ni mal; que c'est un néant de puissance*; que nous ne sçavons pas que Dieu ait donné à d'autres esprits qu'à l'ame de l'homme le pouvoir de mouvoir le corps; qu'au contraire nous devons présumer que la sagesse de Dieu a voulu que les purs Esprits n'eussent avec le corps aucun commerce : ils soutiennent de plus que les Payens n'ont jamais connu ce que nous appellons des mauvais Anges & des Démons.

Toutes ces propositions sont certainement contraires à l'Ecriture, au sentiment des Peres & à la Tradition de l'Eglise Catholique. Mais ces Messieurs ne s'en mettent point en peine; ils soutiennent que les Ecrivains sacrés se sont souvent exprimés suivant les opinions de leur tems, soit que la nécessité de se faire entendre les ait forcés de s'y conformer, soit qu'ils eussent eux-mêmes adopté ces opinions. Il y a, disent-ils, plus que de la vraisemblance que plusieurs infirmités que les Ecritures ont attribuées au Démon, n'avoient point d'autre cause que la nature même; que dans ces endroits les Auteurs Sacrés ont parlé selon les opinions vulgaires: l'erreur de ce langage est sans conséquence.

Les Prophetes de Saül, & Saül lui-même, ne furent jamais ce qu'on appelle proprement Prophetes; ils pouvoient être attaqués de quelques-uns de ces maux que les Payens appelloient *Sacrés*. Il ne faut que ne pas lire en dormant, pour voir que la tentation d'Eve n'est qu'une allégorie. Il en est de même de la permission que Dieu donna à Satan de tenter Job. Pourquoi vouloir expliquer tout ce Livre de Job littéralement, & comme une histoire véritable, puisque son commencement n'est qu'une fiction? Il n'est rien moins que certain que Jesus-Christ ait été transporté par le Démon sur le faîte du Temple.

Les Peres étoient prévenus d'un côté des idées régnantes de la Philosophie de Pythagore & de Platon sur l'influence des intelligences moyennes, & de l'autre du langage des Livres Saints, qui pour se conformer aux opinions populaires, attribuoient souvent au Démon des effets purement naturels. Il faut donc revenir à la doctrine de la raison, pour décider de la soumission qu'on doit à toutes les autorités de l'Ecriture & des Peres sur la puissance des Démons.

La méthode uniforme des SS. Peres dans l'interprétation de l'Ancien Testament est une opinion humaine, dont on peut appeller au tribunal de la raison. On va jusqu'à dire que les Auteurs sacrés étoient prévenus de la Métempsycose, comme l'Auteur de la Sagesse, chap. VIII. 19. 20. *J'étois un enfant ingénieux, & je reçus une bonne ame; & comme j'étois déja bon, je suis entré dans un corps non corrompu.*

Des personnes de ce caractere ne liront pas certainement notre Ouvrage, ou s'ils le lisent, ils le feront avec mépris ou compassion. Je ne crois pas qu'il soit besoin de réfuter ici ces paradoxes: M. l'Evêque de Senez l'a fait avec son zèle & son érudition ordinaire dans une longue Lettre imprimée à Utrecht en 1736. Je ne nie pas que les Ecrivains sacrés n'ayent quelquefois parlé d'une maniere populaire, & proportionnée au préjugé du peuple. Mais c'est outrer les choses, que de réduire le pouvoir du Démon à ne pouvoir agir sur nous que par voie de suggestion; & c'est une présomption indigne d'un Philosophe, de décider du pouvoir des Esprits sur les corps, n'ayant aucune connoissance ni par la révélation, ni par la raison sur l'étendue du pouvoir des Anges & des Démons sur la matiere & sur les corps. On peut excéder en leur donnant un pouvoir excessif, comme en ne leur en accordant pas assez. Or il est d'une importance infinie pour la Religion de faire un juste discernement de ce qui est naturel ou surnaturel dans les opérations des Anges & des Démons, pour ne pas laisser les simples dans l'erreur, ni les méchans triompher de la vérité, & abuser de leur propre esprit & de leurs lumieres, pour rendre douteux ce qui est certain, pour se tromper eux-mêmes & tromper les autres, en attribuant au hazard ou à l'illusion des sens, ou à une vaine prévention, ce qu'on dit des Apparitions des Anges, des Démons & des personnes décédées, puisqu'il est certain qu'il y a plusieurs de ces Apparitions qui sont très-véritables, quoiqu'il y en ait grand nombre d'autres très-incertaines, & même manifestement fausses.

Je ne ferai donc point difficulté d'avouer que les miracles mêmes, du moins ce qui en a l'apparence, la prédiction de l'avenir, les mouvemens du corps qui paroissent au-dessus des forces ordinaires de la nature, parler & entendre des langues étrangeres & auparavant inconnues, pénétrer les pensées, découvrir des choses cachées, être élevé en l'air & transporté en un moment d'un lieu en un autre, annoncer des vérités, mener une bonne vie à l'extérieur, prêcher Jesus-Christ, décrier la Magie & la Sorcellerie, faire à l'extérieur profession de vertu : j'avouerai sans peine que tout cela peut ne pas prouver invinciblement que tous ceux qui les opèrent soient envoyés de Dieu, ni que ces opérations soient de vrais miracles ; mais on ne peut raisonnablement nier que le Démon ne s'en mêle par la permission de Dieu, ou que les Démons ou les Anges n'agissent sur les personnes qui font des prodiges, & prédisent des choses futures, ou qui pénétrent le fond des cœurs ; ou que Dieu même ne produise immédiatement ces effets par sa justice ou par sa puissance.

Les exemples qu'on a cités, & ceux que l'on pourra citer ci-après, ne prouveront jamais que l'homme puisse par lui-même pénétrer les sentimens d'un autre, ni découvrir ses pensées.

Les merveilles opérées par les Magiciens de Pharaon n'étoient qu'illusion ; ils paroissoient toutefois de vrais miracles, & passoient pour tels aux yeux du Roi d'Egypte & de toute sa Cour. Balaam fils de Beor étoit un vrai Prophete, quoique de mœurs très-corrompues.

Pomponace écrit que la femme de François Maigret Savetier Mantoüan parloit diverses langues, & fut guérie par Caldéron Médecin fameux de son tems, qui lui donna une potion d'ellébore. Erasme dit aussi (a) avoir vû un Italien natif de Spolette, qui parloit fort bien Allemand, quoiqu'il n'eût jamais été en Allemagne. On lui donna une médecine qui lui fit jetter quantité de vers par le fondement, & il fut guéri sans plus parler Allemand.

___
(a) Erasm. Orat. de Laudibus Medicinæ.

Le Loyer *dans son Livre des Spectres* (a) avoue que tout cela lui paroît fort suspect. Il croit plutôt Fernel, un des plus graves Médecins de son siécle, qui soutient (b) que la Médecine n'a pas un tel pouvoir, & en apporte pour exemple l'histoire d'un jeune gentilhomme, fils d'un Chevalier de l'Ordre, qui étant saisi du Démon, ne put être guéri ni par potions ni par médecines, ni par diette, mais qui le fut par les conjurations & les exorcismes de l'Eglise.

Quant à la réalité du retour des ames & de leurs Apparitions, la Sorbonne, la plus célébre Ecole de Théologie qui soit en France, a toujours crû que les Ames des défunts revenoient quelquefois, ou par l'ordre & la puissance de Dieu, ou par sa permission. Elle l'a ainsi reconnu dans ses décisions en l'an 1518. & encore plus positivement le 23 Janvier 1724. *Nos respondemus vestræ petitioni, animas defunctorum divinitùs, seu divinâ virtute, ordinatione aut permissione, interdùm ad vivos redire exploratum esse.* Plusieurs Jurisconsultes & plusieurs Compagnies Souveraines ont jugé, que l'Apparition d'un mort dans une maison pou-

---

(a) Le Loyer, 1. liv. des Spectres, c. 2. p. 288.
(b) Fernel, de Abditis rerum Caussis, l. 2. c. 16.

voit faire réfoudre les baux à loyer. On doit compter pour beaucoup d'avoir prouvé à certaines perfonnes qu'il y a un Dieu, dont la providence s'étend fur toutes chofes paffées, préfentes & à venir; qu'il y a une autre vie, des bons & des mauvais Efprits, des récompenfes pour les bonnes œuvres, & des châtimens après cette vie pour les péchés; que Jefus-Chrift a ruiné le regne de Satan; qu'il a exercé par lui-même, par fes Apôtres, & qu'il continue d'exercer par les Miniftres de fon Eglife fur les Puiffances infernales un empire abfolu; que le Démon eft aujourd'hui enchaîné; qu'il peut abboyer & menacer, mais ne peut mordre que ceux qui s'en approchent, & fe livrent volontairement à lui.

On a vû en ces pays-ci une femme qui fuivoit une bande de charlatans & de bâteleurs, qui étendoit fes jambes d'une maniere fi extraordinaire, & élevoit fes pieds jufqu'à fa tête en avant & en arriere avec autant de foupleffe, que fi elle n'eût eu ni nerfs ni jointures. Il n'y avoit en cela rien de furnaturel; elle s'étoit exercée de jeuneffe à ces mouvemens, & en avoit contracté l'habitude.

S. Auguftin (a) parle d'un Devin qu'il

(a) Auguft. contra Academic. l. 2. art. 17. 18.

avoit connu à Carthage, homme sans Lettres, qui découvroit le secret des cœurs, & répondoit à ceux qui le consultoient sur des choses secrettes & inconnues. Il l'avoit expérimenté lui-même, & prenoit à témoin S. Alype, Licentius & Trygnius ses interlocuteurs dans son Dialogue contre les Académiciens. Ils avoient comme lui consulté Albicérius, & avoient admiré la certitude de ses réponses. Il en donne pour exemple une cueillere qui avoit été perdue. On lui dit qu'on avoit perdu quelque chose; & sur le champ il répondit sans hésiter que cette chose étoit perdue, qu'un tel l'avoit prise, & l'avoit cachée en tel endroit, ce qui se trouva très-véritable.

On lui envoyoit une certaine quantité de piéces d'argent: celui qui en étoit chargé en avoit détourné quelques-unes; il les lui fit rendre, & reconnut le vol avant qu'on lui eût montré l'argent: S. Augustin étoit présent. Un homme docte & distingué, nommé Flaccianus, voulant acheter un champ, consulta le Devin, qui lui déclara le nom de la terre qui étoit fort hétéroclite, & lui détailla l'affaire dont il étoit question. Un jeune Etudiant voulant éprouver Albicérius, le pria de lui déclarer ce qu'il avoit dans la pensée : il lui dit qu'il avoit dans l'esprit un vers de Virgile ; & comme il lui demandoit quel étoit ce vers, il le lui récita sur le champ, quoiqu'il n'eût jamais étudié la Langue latine.

Cet Albicérius étoit un scélérat, comme le dit S. Augustin, qui le nomme *flagitiosum hominem*. La connoissance qu'il avoit des choses cachées n'étoit pas sans doute un don du Ciel, non plus que l'esprit de Python qui animoit cette fille des Actes des Apôtres, que S. Paul réduisit au silence (a). C'étoit donc l'opération du malin Esprit.

On apporte toutefois & avec raison le don des Langues, la connoissance de l'avenir, & la pénétration des pensées comme une preuve solide de la présence & de l'inspiration du S. Esprit. Mais si le Démon peut quelquefois opérer les mêmes choses, c'est pour séduire, pour induire à erreur, ou simplement pour rendre douteuses les vraies Prophéties, mais jamais pour conduire à la vérité, à la crainte & à l'amour de Dieu, & à l'édification du prochain. Dieu peut permettre que des hommes corrompus & des scélérats, comme Balaam & cet Al-

_____
(a) Act. xvj. 16.

bicérius, ayent des connoissances de l'avenir & des choses cachées, ou des pensées secrettes des hommes; mais il ne permettra pas que leur vie criminelle demeure inconnue jusqu'à la fin, & devienne une pierre d'achopement pour les simples & les gens de bien. La malice de ces hommes hypocrites & corrompus se manifestera tôt ou tard par quelqu'endroit; on découvrira enfin leur malice & leur dépravation, qui feront juger ou qu'ils ne sont inspirés que du mauvais Esprit, ou que si le S. Esprit se sert de leur organe pour prédire quelque vérité, comme il a prophétisé par Balaam & par Caïphe, leurs mœurs & leur conduite décréditeront leurs personnes, & obligeront d'user de précaution pour discerner leurs vraies prédictions de leurs mauvais exemples. On a vû des hypocrites qui sont morts en réputation de gens de bien, & qui dans le fond étoient des scélérats, comme ce Curé Directeur des Religieuses de Louviers, desquelles la possession a fait tant de bruit.

Jesus-Christ dans l'Evangile nous dit de prendre garde aux loups, qui sont revêtus de peaux de brebis; & ailleurs il nous dit qu'il y aura de faux Christs & de faux Prophetes, qui prophétiseront en son nom, & qui feront des miracles capables d'induire à erreur même les élûs, s'il étoit possible. Mais il nous renvoie à leurs œuvres pour les distinguer : *A fructibus eorum cognoscetis eos.*

Pour faire l'application de tout ceci aux Possédées de Loudun, & à Madame de Ranfaing, même à cette fille dont l'hypocrisie fut découverte par Mademoiselle Acarie, j'en appelle à leurs œuvres, à leur conduite qui a précédé & qui a suivi : *A fructibus eorum cognoscetis eos.* Dieu ne permettra point que ceux qui cherchent sincérement la vérité, y soient trompés.

Un bâteleur vous devinera une carte que vous aurez touchée, ou que vous aurez seulement désignée par la pensée; mais on sçait qu'il n'y a en cela rien de surnaturel, & que cela se fait par la combinaison des cartes selon les regles des Mathématiques. On a vû un sourd, qui comprenoit ce qu'on lui vouloit dire, en voyant seulement le mouvement des lévres de celui qui lui parloit; il n'y a dans cela pas plus de miracle, que dans ceux qui se parlent par signes dont ils sont convenus.

CHAPITRE XXIX.

Esprits folets, ou Esprits familiers.

SI tout ce qu'on raconte des Esprits folets qui se font sentir dans les maisons, dans le creux des montagnes, dans les mines, est bien assuré, on ne peut disconvenir qu'il ne faille aussi les mettre au rang des Apparitions du mauvais Esprit : car quoique pour l'ordinaire ils ne fassent ni tort ni violence à personne, à moins qu'on ne les irrite, où qu'on ne les outrage de paroles, cependant nous ne lisons point qu'ils portent à craindre ou à aimer Dieu, à la priere, à la piété, aux actes de Religion ; on sçait qu'ils en témoignent au contraire de l'éloignement : ainsi nous ne feindrons point de les mettre parmi les Esprits de ténébres.

Je ne remarque pas que les anciens Hébreux ayent connu ce que nous appellons Esprits folets ou Esprits familiers qui infestent les maisons, ou qui s'attachent à certaines personnes pour les servir, les avertir, les garantir des dangers, comme étoit l'Esprit de Socrate, qui l'avertissoit d'éviter certains malheurs. On raconte aussi quelques autres exemples de gens qui difoient avoir de pareils Génies attachés à leurs perfonnes.

Les Juifs & les Chrétiens reconnoiffent que chacun de nous a fon bon Ange qui le conduit dès fa jeuneffe (*a*). Plufieurs Anciens ont crû que nous avions auffi chacun notre mauvais Ange qui nous porte au mal. Le Pfalmifte (*b*) dit clairement, que Dieu a ordonné à fes Anges de nous conduire dans toutes nos voies. Mais tout cela n'eft point ce que nous entendons ici fous le nom d'Efprits familiers ou d'Efprits folets.

Les Prophetes en quelques endroits parlent des *Faunes*, ou des *Velus*, ou des *Satyres*, qui ont quelque rapport à nos Efprits folets.

Ifaïe (*c*) parlant de l'état où Babylone fera réduite après fa deftruction, dit que les autruches y feront leur demeure, & que les velus, *pilofi*, les fatyres, les boucs y danferont. Et ailleurs le même Prophete dit (*d*): *occurrent Dæmonia onocentauris, & pilofus clamabit alter ad alterum*; ce que d'habiles Interprétes entendent des fpectres qui apparoiffent fous la forme de boucs. Jérémie les appelle

---

(*a*) Matth. xviij. 10.
(*b*) Pfalm xc. 11.
(*c*) Ifaï. xiij. 22. Pilofi faltabunt ibi.
(*d*) Idem, xxxiv. 14.

Faunes : *dracones cum Faunis ficariis* ; les dragons avec les Faunes qui se nourrissent de figues. D'autres traduisent l'Hébreu par *Satyri*, ou *Lamiæ* ; mais ce n'est pas ici le lieu de nous étendre sur la signification des termes de l'original : il nous suffit de faire voir que dans l'Ecriture, au moins dans la Vulgate, on trouve les noms de *Lamies*, de *Faunes* & de *Satyres*, qui ont quelque rapport aux Esprits folets.

Cassien (*a*) qui avoit beaucoup étudié les vies des Peres du désert, & qui avoit beaucoup fréquenté les Solitaires d'Egypte, parlant des diverses sortes de Démons, reconnoît qu'il y en a que l'on nomme communément *Faunes* ou *Satyres*, que les Payens regardoient comme des especes de Divinités champêtres ou bocageres, qui se plaisent non à tourmenter, ni à faire du mal aux hommes, mais à les tromper, les fatiguer, se divertir à leurs dépens, & se jouer de leur simplicité ; *quos seductores & joculatores esse manifestum est, cùm nequaquam tormentis eorum, quos prætereuntes potuerint decipere, oblectentur, sed de risu tantummodo & illusione contenti, fatigare potiùs studeant, quàm nocere.*

(*a*) Cassien, collat. 7. c. 83.

Pline (*a*) le jeune avoit un affranchi nommé Marc, homme lettré, qui couchoit dans un même lit avec son frere plus jeune que lui. Il lui sembla voir une personne assise sur le même lit, qui lui coupoit les cheveux du haut de la tête; à son réveil il se trouva rasé, & ses cheveux jettés par terre au milieu de la chambre. Peu de tems après la même chose arriva à un jeune garçon qui dormoit avec plusieurs autres dans une pension : celui-ci vit entrer par la fenêtre deux hommes vêtus de blanc qui lui couperent les cheveux comme il dormoit, puis sortirent de même par la fenêtre; à son réveil il trouva ses cheveux répandus sur le plancher. A quoi attribuer tout cela, sinon à un Folet?

Plotin (*b*) Philosophe Platonicien avoit, dit-on, un Démon familier qui lui obéissoit dès qu'il l'appelloit, & qui étoit d'une nature supérieure aux Génies ordinaires; il étoit de l'ordre des Dieux, & Plotin avoit une attention continuelle à ce divin Gardien. C'est ce qui lui fit entreprendre un ouvrage sur le Démon, que chacun de nous a en partage. Il tâche

---

(*a*) Plin. l. 7. Epist. 27. suiv.
(*b*) Vie de Plotin, art. x.

d'y expliquer les différences des Génies qui veillent sur les hommes.

Trithême dans sa Chronique d'Hirsauge (a) sous l'an 1130. raconte qu'au Diocèse d'Hildesheim en Saxe, on vit assez longtems un Esprit qu'ils appelloient en Allemand *Heidekind*, comme qui diroit *Génie champêtre* : *Heide* signifie vaste campagne, *Kind* enfant. Il apparoissoit tantôt sous une forme, tantôt sous une autre ; & quelquefois sans apparoître, il faisoit plusieurs choses qui prouvoient, & sa présence, & son pouvoir. Il se mêloit quelquefois de donner des avis importans aux Puissances : souvent on l'a vû dans la cuisine de l'Evêque aider les Cuisiniers, & faire divers ouvrages.

Un jeune garçon de cuisine qui s'étoit familiarisé avec lui, lui ayant fait quelques insultes, il en avertit le chef de cuisine, qui n'en tint compte ; mais l'Esprit s'en vengea cruellement : ce jeune garçon s'étant endormi dans la cuisine, l'Esprit l'étouffa, le mit en piéces & le fit cuire. Il poussa encore plus loin sa fureur contre les Officiers de la cuisine & les autres Officiers du Prince. La chose

(a) Chronic. Hirsaug. ad Ann. 1130.

alla si loin, qu'on fut obligé de procéder contre lui par Censures, & de le contraindre par les Exorcismes de sortir du pays.

Je crois pouvoir mettre au nombre des Folets les Esprits qui se voient, dit-on, dans les mines & dans le creux des montagnes. Ils paroissent vêtus comme les Mineurs, courent çà & là, s'empressent comme pour travailler & chercher le minérai, l'assemblent en monceaux, le tirant dehors, tournant la roue de la grue : ils semblent se donner de grands mouvemens pour aider les ouvriers, & toutefois ne font rien.

Ces Esprits ne sont pas malfaisans, à moins qu'on ne les insulte, & qu'on ne se moque d'eux : car alors ils se mettent de mauvaise humeur, ils jettent quelque chose à ceux qui les outragent. Un de ces Génies qui avoit été injurié & envoyé au gibet par un mineur, lui tordit le col, & lui mit la tête par derriere. Le mineur n'en mourut point ; mais il demeura toute sa vie ayant le col renversé & tordu.

George Agricola (*a*) qui a sçavamment traité la matiere des mines, des

---

(*d*) Georg. Agricola, de Mineral. subterran. Pag. 504.

métaux, & de la maniere de les tirer des entrailles de la terre, reconnoît deux ou trois sortes d'Esprits qui apparoissent dans les mines: les uns sont fort petits, & ressemblent à des Nains ou des Pygmées; les autres sont comme des vieillards recourbés & vêtus comme des mineurs, ayant la chemise retroussée, & un tablier de cuir autour des reins : d'autres font ou semblent faire ce qu'ils voient faire aux autres, sont fort gais, ne font mal à personne; mais de tous leurs travaux il ne résulte rien de réel.

En d'autres mines on voit des Esprits dangereux qui maltraitent les ouvriers, les chassent, les tuent quelquefois, & les contraignent d'abandonner des mines très-riches & très-abondantes. Par exemple, à Anneberg, dans une mine appellée Couronne de Rose, un Esprit en forme de cheval fougueux & ronflant tua douze mineurs, & obligea les entrepreneurs d'abandonner cette entreprise, quoique d'un très-grand rapport. Dans une autre nommée S. Grégori en Siveberg, il parut un Esprit ayant la tête couverte d'un chaperon noir qui saisit un mineur, l'éleva fort haut, puis le laissa tomber, & le blessa considérablement.

L v

Oiaus Magnus (a) dit que dans la Suéde & dans les pays septentrionaux on voyoit autrefois des Esprits familiers, qui sous la forme d'hommes ou de femmes servoient des particuliers. Il parle de certaines Nymphes qui ont leur demeure dans des antres, & dans le plus profond des forêts, & qui annoncent les choses futures : les unes sont bonnes, les autres mauvaises ; elles apparoissent & parlent à ceux qui les consultent. Les Voyageurs & les bergers voient aussi souvent pendant la nuit divers fantômes qui brûlent tellement l'endroit où ils paroissent, qu'on n'y voit plus croître ni herbe ni verdure.

Que les peuples de Fionie avant leur conversion au Christianisme vendoient les vents aux matelots, en leur donnant un cordon avec trois nœuds, & les avertissant qu'en dénouant le premier nœud, ils auroient un vent doux & favorable, au second nœud un vent plus véhément, & au troisiéme nœud un vent impétueux & dangereux. Il dit de plus, que les Bothniens frappant sur une enclume à grands coups de marteau, sur une gre-

---

(a) Olaus Mag. lib. 3. Hist. c. 9, 10, 11, 12, 13, 14.

nouille ou un serpent d'airain, tombent évanouis, & pendant cet évanouissement apprennent ce qui se passe en des lieux fort éloignés.

Mais tout cela regarde plutôt la Magie que les Esprits familiers; & si ce qu'on dit sur tout cela est vrai, on doit l'attribuer au mauvais Esprit.

Le même Olaus Magnus (*a*) dit qu'on voit dans les mines, sur-tout dans celles d'argent, où il y a un plus grand profit à espérer, six sortes de Démons, qui sous diverses formes travaillent à casser les rochers, à tirer les seaux, à tourner les roues, qui éclatent quelquefois de rire, & font diverses singeries; mais que tout cela n'est que pour tromper les mineurs qu'ils écrasent sous les rochers, ou qu'ils exposent aux plus éminens dangers pour leur faire proférer des blasphêmes ou des juremens contre Dieu. Il y a plusieurs mines très-riches qu'on a été obligé d'abandonner par la crainte de ces dangereux Esprits.

Malgré tout ce que nous venons de rapporter, je doute beaucoup qu'il y ait des Esprits dans le creux des montagnes & dans les mines: j'ai interrogé sur cela

_____
(*a*) Olaus Mag. lib. 6. c. 9.

des gens du métier, & des mineurs de profession, qui sont en assez grand nombre dans nos montagnes de Vôge, & qui m'ont assuré que tout ce qu'on raconte sur cela étoit fabuleux; que si quelquefois on y apperçoit des Esprits folets ou des figures grotesques, il faut les attribuer à une imagination échauffée & prévenue; ou que la chose est si rare, qu'elle ne doit pas être rapportée comme commune & ordinaire.

Un nouveau Voyageur des pays Septentrionaux, imprimé à Amsterdam en 1708. dit que les peuples d'Islande sont presque tous Sorciers; qu'ils ont des Démons familiers qu'ils nomment *Troles*, qui les servent comme des valets, qui les avertissent des accidens ou des maladies qui leur doivent arriver: ils les réveillent pour aller à la pêche quand il y fait bon, & s'ils y vont sans l'avis de ces Génies, ils ne réussissent pas. Il y en a parmi ces peuples qui évoquent les morts, & les font voir à ceux qui veulent les consulter: ils font aussi paroître les absens loin des lieux de leurs demeures.

Le P. Vadingue rapporte d'après une ancienne Légende manuscrite, qu'une Dame nommée Lupa avoit eu pendant 13 ans un Démon familier qui lui servoit de femme de chambre, & qui la portoit à beaucoup de désordres secrets, & à traiter inhumainement ses Sujets. Dieu lui fit la grace de reconnoître sa faute, & d'en faire pénitence, par l'intercession de S. François d'Assise & de S. Antoine de Padoue, en qui elle avoit toujours eu une dévotion particulière.

Cardan parle d'un Démon barbu de Niphus, qui lui faisoit des leçons de Philosophie.

Agrippa avoit un Démon qui le servoit en forme de chien. Ce chien, dit Paul-Jove, voyant son maître prêt à expirer, se précipita dans le Rhône.

On parle beaucoup de certains Esprits (a) qu'on tient enfermés dans certains anneaux que l'on achete, que l'on vend, que l'on troque. On parle aussi d'un anneau de cristal, dans lequel le Démon faisoit voir ce que l'on désiroit.

On vante ces miroirs enchantés (b) où des enfans voient la figure d'un voleur que l'on cherche : d'autres le verront dans leurs ongles ; ce qui ne peut être que prestiges diaboliques.

Le Loyer raconte (c) que dans le tems

(a) Le Loyer, pag. 474.
(b) Idem, liv. 2. p. 258.
(c) Idem, pag. 550. & suiv.

qu'il étudioit en Droit à Toulouse, il étoit logé assez près d'une maison où un Folet ne cessoit toute la nuit de tirer de l'eau d'un puits en faisant crier la poulie. D'autrefois il sembloit tirer sur les dégrés quelque chose de pesant; mais il n'entroit dans les chambres que très-rarement, & à petit bruit.

CHAPITRE XXX.

Autres exemples d'Esprits folets.

J'Ai reçû le 25 Août 1746. une lettre d'un fort honnête homme Curé de la Paroisse de Walsche, village situé dans les montagnes de Vôge, au Comté de Dabo ou Dasbourg dans la basse Alsace, Diocèse de Metz. Par cette lettre il me dit que le 10 Juin 1740. à huit heures du matin, lui étant dans sa cuisine avec sa niece & sa servante, il vit tout à coup un pot de fer qui fut mis à terre & y fit 3 ou 4 tours, sans qu'il y eût personne qui le mit en mouvement. Un moment après une pierre d'environ une livre pesant fut jettée de la chambre voisine dans la même cuisine en présence des mêmes personnes, sans qu'on vît la main qui la jettoit. Le lendemain à neuf heures du matin quelques carreaux de vîtres furent cassés, & quelque pierres furent jettées à travers ces carreaux avec une dextérité qui parut surnaturelle. L'Esprit ne fit jamais de mal à personne, & ne fit rien que pendant le jour, & jamais la nuit. Le Curé employa les prieres marquées dans le Rituel pour bénir sa maison, & depuis ce tems-là le Génie ne brisa plus de vîtres; mais il continua à jetter des pierres sur les gens du Curé, sans toutefois les blesser. Si l'on apportoit de l'eau de la fontaine, il jettoit des pierres dans le seau; il se mit ensuite à servir dans la cuisine. Un jour comme la servante plantoit des choux au jardin, le Génie les arrachoit à mesure, & les mettoit en monceaux: la servante eut beau tempêter, menacer, jurer à l'Allemande; le Génie continua ses badineries.

Un jour qu'on avoit bêché & préparé un carreau au jardin, on trouva la bêche enfoncée de deux pieds en terre, sans qu'on vît aucun vestige de celui qui l'avoit ainsi fichée en terre; on remarqua sur la bêche un ruban, & au côté de la bêche deux pieces de deux sols, que la servante avoit serrées la veille dans une petite boëte. Quelquefois il prenoit plaisir à déplacer la vaisselle de fayence & d'étain, & à la ranger en rond dans la cuisine, ou dans le porche, ou même dans le cimetiere, & toujours en plein jour. Un jour il remplit un pot de fer d'herbes sauvages, de son, de feuilles d'arbres, & y ayant mis de l'eau, le porta au jardin dans l'allée : une autre fois il le suspendit au cramail sur le feu. La servante ayant cassé deux œufs dans un petit plat pour le souper du Curé, le Génie y en cassa deux autres en sa présence, la servante ayant seulement tourné le dos pour y mettre du sel. Le Curé étant allé dire la Messe, il trouva au retour toute sa vaisselle, ses meubles, son linge, pain, lait & autres choses répandues dans la maison.

Quelquefois il formoit sur le pavé des cercles, tantôt avec des pierres, tantôt avec du blé ou des feuilles, & dans un moment aux yeux des assistans tout cela étoit renversé & dérangé. Fatigué de tout ce manége, le Curé fit venir le Maire du lieu, & lui dit qu'il étoit résolu de quitter la maison Curiale. Dans ces entrefaites arriva la niece du Curé, qui leur dit que le Génie avoit arraché les choux du jardin, & avoit mis de l'argent dans un trou en terre. On y alla, & on trouva la chose comme elle l'avoit dite. On ramassa l'argent, qui étoit celui que le Curé avoit mis dans son poële en un lieu non enfermé; & un moment après on le trouva de nouveau avec des liards deux à deux répandus dans sa cuisine.

Les Agens du Comte de Linange étant arrivés à Walsche, allerent chez le Curé, & lui persuaderent que tout cela étoit l'effet d'une Sorcellerie : ils lui dirent de prendre deux pistolets, & de les tirer à l'endroit où il remarqueroit quelques mouvemens. Le Génie jetta en même tems de la poche d'un de ces Officiers deux pieces d'argent; & depuis ce tems il ne se fit plus sentir dans la maison.

Cette circonstance de deux pistolets qui terminerent la scène de l'Esprit folet qui inquiétoit le bon Curé, lui fit croire que ce lutin n'étoit autre qu'un certain mauvais Paroissien que le Curé avoit été obligé de faire sortir de sa Paroisse, & qui pour se venger avoit fait dans la maison Curiale tout ce que nous venons de voir. Si cela est, il s'étoit donc rendu invisible, ou il avoit eu le crédit d'envoyer en sa place un Génie familier, qui intrigua le Curé pendant quelques semaines; mais s'il n'étoit point en corps dans cette maison, qu'avoit-il à craindre des coups de pistolet qu'on auroit pû tirer sur lui ? & s'il y étoit en corps, comment pouvoit-il se rendre invisible ?

On m'a raconté plusieurs fois, qu'un Religieux de l'ordre de Citeaux avoit un Génie familier qui le servoit, accommodoit sa chambre, & préparoit toutes choses lorsqu'il devoit revenir de campagne. On y étoit si accoutumé, qu'on l'attendoit à ces marques, & qu'il arrivoit en effet. On assure d'un autre Religieux du même Ordre, qu'il avoit un Esprit familier qui l'avertissoit, non-seulement de ce qui se passoit dans la maison, mais aussi de ce qui arrivoit au-dehors ; & qu'un jour il fut éveillé par trois fois, & averti que des Religieux s'étoient pris querelle, & étoient prêts à en venir aux mains : il y accourut & les arrêta.

Saint Sulpice Sévere (*a*) raconte, que Saint Martin avoit souvent des entretiens avec la Sainte Vierge & d'autres Saints, & même avec les Démons & les faux Dieux du Paganisme ; il leur parloit, & apprenoit d'eux plusieurs choses cachées. Un jour qu'on tenoit un Concile à Nîme, où il n'avoit pas jugé à propos de se trou-

_____
(*a*) Sulpit. Sever. Dialog. 2. C. 14. x s̄o.

ver, mais dont il vouloit sçavoir les résolutions, comme il étoit dans un bateau avec Sulpice Sévere, mais à l'écart, comme à son ordinaire, un Ange lui apparut, & lui apprit ce qui s'étoit passé dans cette assemblée d'Evêques. On s'informa du jour & de l'heure ausquels le Concile s'étoit tenu, & on trouva que c'étoit à la même heure que l'Ange avoit apparu à Martin.

On nous a raconté plus d'une fois, qu'à Paris dans un Séminaire il y avoit un jeune Ecclésiastique, qui avoit un Génie qui le servoit, lui parloit, arrangeoit sa chambre & ses habits. Un jour le Supérieur passant devant la chambre de ce Séminariste, l'entendit qui parloit avec quelqu'un; il entra, & demanda avec qui il s'entretenoit : le jeune homme soutint qu'il n'y avoit personne dans sa chambre, & en effet le Supérieur n'y vit & n'y découvrit personne ; cependant comme il avoit oui leur entretien, le jeune homme lui avoua qu'il avoit depuis quelques années un Génie familier, qui lui rendoit tous les services qu'auroit pû faire un domestique, & qui lui avoit promis de grands avantages dans l'Etat Ecclésiastique. Le Supérieur le pressa de lui donner des preuves de ce qu'il disoit : il commanda au Génie de préfenter une chaife au Supérieur; le Génie obéit. L'on donna avis de la chofe à Monfeigneur l'Archevêque, qui ne jugea pas à propos de la faire éclater. On renvoya le jeune Clerc, & on enfévelit dans le filence cette avanture fi finguliere.

Bodin (*a*) parle d'une perfonne de fa connoiffance, qui étoit encore en vie lorfqu'il écrivoit; c'étoit en 1588. Cette perfonne avoit un Efprit familier, qui depuis l'âge de 37 ans lui donnoit de bons avis fur fa conduite, tantôt pour la corriger de fes défauts, tantôt pour lui faire pratiquer la vertu, ou pour lui aider à réfoudre les difficultés qu'elle rencontroit dans la lecture des livres faints, ou lui donner de bons confeils fur fes propres affaires. Ordinairement il frappoit à fa porte à trois ou quatre heures du matin pour l'éveiller; & comme cette perfonne fe défioit de tout cela, craignant que ce ne fût un mauvais Ange, l'Efprit fe fit voir à lui en plein jour, frappant doucement fur un bocal de verre, puis fur un banc. Lorfqu'il vouloit faire quelque chofe de bon & d'utile, l'Efprit lui touchoit l'oreille droite; mais s'il étoit quef-

_____
(*a*) Bodin, Dæmono. lib. 2. c. 2.

tion d'une chose mauvaise & dangereuse, il lui touchoit l'oreille gauche, de sorte que depuis ce tems-là il ne lui étoit rien arrivé, dont il n'eût été averti auparavant. Quelquefois il a entendu sa voix; & un jour qu'il se trouva en un danger éminent de sa vie, il vit son Génie sous la forme d'un enfant d'une beauté extraordinaire, qui l'en garantit.

Guillaume Evêque de Paris (a) dit qu'il a connu un Baladin, qui avoit un Esprit familier qui jouoit & badinoit avec lui, & qui l'empêchoit de dormir, jettant quelque chose contre la muraille, tirant les couvertures du lit, ou l'en tirant lui-même lorsqu'il étoit couché. Nous sçavons par le rapport d'une personne fort sensée, qu'il lui est arrivé en campagne & en plein jour de se sentir tirer le manteau & les bottes, & jetter à bas le chapeau; puis d'entendre des éclats de rire, & la voix d'une personne décédée & bien connue, qui sembloit s'en réjouir.

On ne peut guère attribuer qu'à des Esprits familiers la découverte des choses cachées, qui se fait en songe ou autrement. Un homme qui ne sçavoit pas

(a) Guillelm. Paris. 2. part. quæst. 20 s. 8.

un mot de Grec vint trouver M. de Saumaise le pere, qui étoit Conseiller au Parlement de Dijon, & lui montra ces mots qu'il avoit ouis la nuit en dormant, & qu'il avoit écrits en caracteres François à son réveil: *Apithi ouc osphrainé tén sén apsychian.* Il lui demanda ce que cela vouloit dire. M. de Saumaise lui dit: *Sauve-toi; ne sens-tu pas la mort qui te menace?* Sur cet avis l'homme déménagea & quitta sa maison, qui écroula la nuit suivante (*a*).

On raconte la même Histoire un peu différemment dans un Auteur nouveau, qui dit que la chose arriva à Paris (*b*); que le Génie parla Syriaque, & que M. de Saumaise consulté répondit que ce qu'on avoit oui signifioit: *Sors de ta maison: car elle tombera en ruine aujourd'hui à neuf heures du soir.* Il n'est que trop ordinaire dans le récit de ces sortes d'histoires d'y ajouter quelques circonstances pour les embellir.

Gassendy dans la vie de M. Peiresch raconte, que M. Peiresch allant un jour à Nîmes avec un de ses amis nommé M.

___
(*a*) Grot. Epist. Part. 2. Ep. 405.
(*b*) On prétend qu'elle est arrivée à Dijon dans la famille de MM. Surmin, où une tradition constante l'a perpétuée.

Rainier, celui-ci ayant oui la nuit Peiresch qui parloit en dormant, l'éveilla, & lui demanda ce qu'il disoit. Peiresch lui dit : je songeois qu'étant à Nîmes, un Orfévre m'avoit présenté une Médaille de Jules-César, qu'il me faisoit quatre écus ; & comme j'allois lui compter son argent, vous m'avez éveillé à mon grand regret. Ils arriverent à Nîmes, & allant par la Ville, Peiresch reconnut l'Orfévre qu'il avoit vû en songe ; & lui ayant demandé s'il n'avoit rien de curieux, il lui dit qu'il avoit une Médaille d'or de Jules-César. Peiresch lui demanda combien il l'estimoit ; il répondit quatre écus : Peiresch les lui compta, & fut ravi de voir son songe si heureusement accompli.

En voici une beaucoup plus singuliere que les précédentes, quoiqu'à peu près dans le même goût (*a*). Un Sçavant de Dijon après s'être fatigué tout le jour sur un endroit important d'un Poëte Grec sans y pouvoir rien comprendre, se couche tout rempli de sa difficulté. Durant son sommeil son Génie le transporte en esprit à Stockolm, l'introduit dans le Palais de la Reine Christine, le conduit dans la Bibliothéque, & lui montre un

(*a*) Suite du Comte de Gabalis, à la Haye 1708. pag. 55.

petit volume, qui étoit précisément celui qu'il cherchoit : il l'ouvre, & y lit dix ou douze vers Grecs, qui levoient absolument la difficulté qui l'avoit arrêté si longtems ; il s'éveille, & met sur le papier les vers qu'il a vûs à Stockholm. Le lendemain il écrit à M. Descartes qui étoit alors en Suede, & le prie de voir dans tel endroit & dans un tel *tremeau* de la Bibliothéque, si le livre dont il lui envoie la description s'y trouve, & si les vers Grecs qu'il lui envoie s'y lisent.

M. Descartes lui répondit, qu'il avoit trouvé le livre en question, & les vers qu'il lui avoit envoyés à l'endroit par lui indiqué ; qu'un de ses amis lui avoit promis un exemplaire de cet ouvrage ; & qu'il le lui enverroit par la premiere commodité.

Nous avons déja dit un mot de l'Esprit ou du Génie familier de Socrate, qui l'empêchoit de faire certaines choses, mais ne le portoit pas à en faire d'autres. On assure (a) qu'après la défaite de l'armée Athénienne commandée par le Général *Lachès*, Socrate fuyant comme les autres avec ce Général Athénien, & étant arrivé à un lieu où aboutissoient plusieurs

(a) Cicero, de Divinat. lib. 1.

chemins

chemins différens, Socrate ne voulut pas suivre la route que tenoient les autres fuyards: on lui en demanda la raison; il répondit que son Génie l'en détournoit. L'évenement justifia sa prévoyance. Tous ceux qui avoient suivi un autre chemin que Socrate, furent ou tués, au faits prisonniers par la Cavalerie ennemie.

Il y a lieu de douter si les Esprits folets dont on raconte tant de choses, sont de bons ou de mauvais Esprits: car la foi de l'Eglise n'admet rien entre ces deux sortes de Génies. Tout ce qui est Génie est bon ou mauvais; mais comme il y a dans le Ciel plusieurs demeures, comme le dit l'Evangile (a), qu'il y a parmi les bienheureux divers dégrés de gloire différens les uns des autres; ainsi on peut croire qu'il y a dans l'Enfer divers dégrés de peines & de supplices pour les damnés & pour les Démons.

Mais ne sont-ce pas plutôt des Magiciens qui se rendent invisibles & qui se divertissent à inquiéter les vivans? Pourquoi s'attachent-ils à certains lieux & à certaines personnes plutôt qu'à d'autres? Pourquoi ne se font-ils sentir que pendant quelque espace de tems souvent assez court?

(a) Joan. xiv. 2.

J'en conclurois volontiers, que ce qu'on en dit n'est qu'imagination & prévention ; mais on a tant d'expériences de leur réalité par les discours qu'ils ont tenus, & par les actions qu'ils ont faites en présence de plusieurs personnes sages & éclairées, que je ne puis me persuader que parmi le grand nombre d'histoires qu'on en raconte, il n'y en ait au moins quelques-unes de vraies.

Il est remarquable que ces Folets ne portent jamais au bien, à la priere, à la piété, à l'amour de Dieu, ni aux actions saintes & sérieuses. S'ils ne font pas d'autre mal, ils laissent de fâcheux doutes sur la créance des supplices des damnés, sur l'efficace de la priere & des Exorcismes : s'ils ne font pas de mal aux hommes, aux animaux, aux lieux où ils se font sentir, c'est que Dieu met des bornes à leur malice & à leur pouvoir. Le Démon a mille manieres de nous tromper. Tous ceux à qui ces Génies s'attachent, les ont en horreur, s'en défient, les craignent ; & il est rare que ces Démons familiers ne les conduisent à une dangereuse fin, à moins qu'ils ne s'en délivrent par des actes sérieux de religion & de pénitence.

Voici une Histoire d'un Esprit, dont

je ne doute non plus que si j'en avois été témoin, dit celui qui me l'a écrite. Le Comte Despilliers le pere étant jeune, & Capitaine des Cuirassiers, se trouva en quartier d'hiver en Flandre. Un de ses Cavaliers vint un jour le prier de le changer d'Hôte, disant que toutes les nuits il revenoit dans sa chambre un Esprit qui ne le laissoit pas dormir. Le Comte Despilliers renvoya son Cavalier, & se moc-qua de sa simplicité. Quelques jours après le même Cavalier vint lui faire la même priere; & le Capitaine pour toute réponse voulut lui décharger une volée de coups de baton, qu'il n'évita que par une prompte fuite. Enfin il revint une troisiéme fois à la charge, & protesta à son Capitaine qu'il ne pouvoit plus résister, & qu'il seroit obligé de déserter, si on ne le changeoit de logis. Despilliers qui connoissoit le Cavalier pour brave soldat & fort raisonnable, lui dit en jurant: je veux aller cette nuit coucher avec toi, & voir ce qui en est.

Sur les dix heures du soir le Capitaine se rend au logis de son Cavalier, & ayant mis ses pistolets en bon état sur la table, se couche tout vêtu, son épée à côté de lui, près de son soldat dans un lit sans rideaux. Vers minuit il entend quelque chose qui entre dans la chambre, & qui en un instant met le lit sans dessus dessous, & enferme le Capitaine & le soldat sous le matelas & la paillasse. Despilliers eut toutes les peines du monde à se dégager, & à retrouver son épée & ses pistolets, & s'en retourna chez lui fort confus. Le Cavalier fut changé de logis dès le lendemain, & dormit tranquillement chez un nouvel Hôte.

M. Despilliers racontoit cette avanture à qui vouloit l'entendre ; c'étoit un homme intrépide, & qui n'avoit jamais sçû ce que c'étoit que de reculer. Il est mort Maréchal de Camp des Armées de l'Empereur Charles VI. & Gouverneur de la Forteresse de Ségedin. M. son fils m'a confirmé depuis peu la même avanture, comme l'ayant apprise de son pere.

Celui qui m'écrit ajoûte : je ne doute pas qu'il ne revienne quelquefois des Esprits ; mais je me suis trouvé en bien des endroits où l'on disoit qu'il en revenoit, j'ai même essayé plusieurs fois d'en voir, je n'en ai jamais vû. Je me trouvai une fois avec plus de quatre mille personnes, qui toutes disoient voir l'Esprit ; j'étois le seul de l'assemblée qui ne vît rien ; c'est ce que m'écrit un très-honnête Officier cette année 1745. dans la même

Lettre où il raconte l'affaire de M. Despilliers.

CHAPITRE XXXI.

Esprits qui gardent les tréfors.

TOut le monde reconnoît qu'il y a une infinité de richesses enfoüies sous la terre, ou perdues sous les eaux par des naufrages ; on s'imagine que le Démon qu'on regarde comme le Dieu des richesses, le Dieu *Mammon*, le Pluton des Payens, est le dépositaire ou du moins le Gardien de ces tréfors. Il disoit à Jesus-Christ (*a*) lorsqu'il le tenta dans le désert, en lui montrant les royaumes du monde & toute leur gloire : *je vous donnerai tout cela, si vous voulez m'adorer.* Nous sçavons aussi que les Anciens enterroient assez souvent de grands tréfors dans les tombeaux des morts, soit afin que ces morts pussent s'en servir dans l'autre vie, ou que leurs ames les gardassent dans ces lieux ténébreux. Job semble faire allusion à cet ancien usage, lorsqu'il dit (*b*) : *plût à Dieu que je ne fusse*

(*a*) Matth. iv. 8.   (*b*) Job. iij. 13. 14. 220.

pas né : je dormirois maintenant avec les Rois & les Grands de la terre, qui se sont bâti des solitudes ; comme ceux qui cherchent un trésor, & qui sont ravis lorsqu'ils ont trouvé un tombeau ; sans doute parce qu'ils esperent d'y trouver de grandes richesses.

Il y avoit dans le tombeau de Cyrus des choses fort précieuses. Sémiramis avoit fait graver sur son Mausolée qu'il contenoit de grandes richesses. Joseph (a) raconte que Salomon mit dans le tombeau de David son pere de grands trésors ; que le Grand-Prêtre Hircan étant assiégé dans Jérusalem par le Roi Antiochus, en tira trois mille talens. Il dit de plus, que plusieurs années après Hérode le Grand ayant fait fouiller dans ce tombeau, en tira encore de grosses sommes. On voit plusieurs loix contre ceux qui violoient les sépulcres pour en tirer ce qui y étoit de précieux. L'Empereur Marcien (b) défendit d'enfouir des richesses dans les tombeaux.

Si l'on en a mis dans les Mausolées des gens de bien & des saints personnages, & si l'on en a trouvé sur l'indication des bons Esprits de gens décédés dans la

(a) Joseph. Antiq. lib. 13. c. 19. & lib. 16. c. 184
(b) Martian. lib. 4.

soi & dans la grace de Dieu, on ne peut pas en conclure que tous les tréfors cachés foient au pouvoir du Démon, & que lui feul en ait connoiſſance ; les bons Anges les connoiſſent, & les Saints en peuvent être gardiens beaucoup plus fideles que les Démons, qui d'ordinaire n'ont pas le pouvoir d'enrichir, ni de délivrer des horreurs de la pauvreté, des fupplices & de la mort même, ceux qui fe font livrés à eux pour en recevoir quelque récompenfe.

Mélanchton raconte (*a*) que le Démon enfeigna à un Prêtre le lieu d'un tréfor caché. Le Prêtre accompagné d'un de fes amis alla à l'endroit marqué ; ils y virent un chien noir couché fur un coffre. Le Prêtre étant entré pour tirer le tréfor, fut écrafé & étouffé par les ruines de la caverne.

M. Remy (*b*) dans fa Démonolatrie parle de plufieurs perfonnes qu'il a ouies en jugement en fa qualité de Lieutenant-Général de Lorraine, dans le tems où ce pays fourmilloit de Sorciers & de Sorcieres : ceux d'entr'eux qui croyoient avoir reçu de l'argent du Démon, ne trouvoient dans leurs bourfes que des mor-

---

(*a*) Le Loyer, liv. 2. pag. 495.
(*b*) Remy, Dæmonol. c. 4. Ann. 1605.

ceaux de pots cassés & des charbons, ou des feuilles d'arbres, ou d'autres choses aussi viles & aussi méprisables.

Le R. P. Abram Jésuite, dans son Histoire manuscrite de l'Université de Pont-à-Mousson, rapporte qu'un jeune garçon de bonne famille, mais peu accommodé, se mit d'abord à servir dans l'armée parmi les Goujats & les Valets : de-là ses parens le mirent aux Ecoles ; mais ne s'accommodant pas de l'assujettissement que demandent les études, il les quitta, résolu de retourner à son premier genre de vie. En chemin il eut à sa rencontre un homme vêtu d'un habit de soie, mais de mauvaise mine, noir & hideux, qui lui demanda où il alloit, & pourquoi il avoit l'air si triste : je suis, lui dit cet homme, en état de vous mettre à votre aise, si vous voulez vous donner à moi.

Le jeune homme croyant qu'il vouloit l'engager à son service, lui demanda du tems pour y penser ; mais commençant à se défier des magnifiques promesses qu'il lui faisoit, il le considéra de plus près, & ayant remarqué qu'il avoit le pied gauche fendu comme celui d'un bœuf, il fut saisi de frayeur, fit le signe de la croix, & invoqua le nom de Jésus :

aussi-tôt le Spectre disparut.

Trois jours après la même figure lui apparut de nouveau, & lui demanda s'il avoit pris sa résolution ; le jeune homme répondit, qu'il n'avoit pas besoin de Maître. Le Spectre lui dit : où allez-vous ? je vais, lui répondit-il, à une telle Ville qu'il lui nomma. En même tems le Démon jetta à ses pieds une bourse qui sonnoit, & qui se trouva pleine de trente ou quarante écus de Flandres, entre lesquels il y en avoit environ douze qui paroissoient d'or, nouvellement frappés, & comme sortant de dessous le coin du monnoyeur. Dans la même bourse il y avoit une poudre, que le Spectre disoit être une poudre très-subtile.

En même tems il lui donnoit des conseils abominables pour contenter les plus honteuses passions, & l'exhortoit à renoncer à l'usage de l'eau bénite & à l'adoration de l'Hostie, qu'il nommoit par dérision ce petit gâteau. L'enfant eut horreur de ses propositions, fit le signe de la croix sur son cœur ; & en même tems il se sentit si rudement jetté contre terre, qu'il y demeura demi-mort pendant une demi-heure. S'étant relevé, il s'en retourna chez sa mere, fit pénitence, & changea de conduite. Les piéces qui paroissoient d'or & nouvellement frappées, ayant été mises au feu, ne se trouverent que de cuivre.

Je rapporte cet exemple, pour montrer que le Démon ne cherche qu'à tromper & à corrompre ceux mêmes à qui il fait les plus spécieuses promesses, & ausquels il semble donner des richesses.

Il y a quelques années que deux Religieux fort éclairés & fort sages me consulterent sur une chose arrivée à Orbé, Village d'Alsace près l'Abbaye de Pairis. Deux hommes de ce lieu leur dirent qu'ils avoient vû dans leur jardin sortir de terre une cassette, qu'ils présumoient être remplie d'argent, & que l'ayant voulu saisir, elle s'étoit retirée & cachée de nouveau sous la terre. Ce qui leur étoit arrivé plus d'une fois.

Théophane, Historiographe Grec célébre & sérieux, sous l'an de Jesus-Christ 408. raconte que Cabades, Roi de Perse, étant informé qu'entre le pays de l'Inde & de la Perse il y avoit un Château nommé Zubdadeyer, qui renfermoit une grande quantité d'or, d'argent & de pierreries, résolut de s'en rendre maître; mais ces trésors étoient gardés par des Démons, qui ne souffroient point qu'on en approchât. Il employa pour les conjurer & les chasser les Exorcismes des Mages & des Juifs qui étoient auprès de lui; mais leurs efforts furent inutiles. Le Roi se souvint du Dieu des Chrétiens, lui adressa ses prieres, fit venir l'Evêque qui étoit à la tête de l'Eglise Chrétienne de Perse, & le pria de s'employer pour lui faire avoir ces trésors, & pour chasser les Démons qui les gardoient. Le Prélat offrit le Saint Sacrifice, y participa, & étant allé sur le lieu, en écarta les Démons gardiens de ces richesses, & mit le Roi en paisible possession du Château.

Racontant cette Histoire à un homme de considération (a), il me dit que dans l'Isle de Malthe deux Chevaliers ayant aposté un Esclave, qui se vantoit d'avoir le secret d'évoquer les Démons, & de les obliger de découvrir les choses les plus cachées, ils le menerent dans un vieux Château, où l'on croyoit qu'étoient cachés des trésors. L'Esclave fit ses évocations, & enfin le Démon ouvrit un rocher d'où sortit un coffre. L'Esclave voulut s'en emparer; mais le coffre rentra dans le rocher. La chose recommença plus d'une fois; & l'Esclave après de vains efforts vint dire aux Chevaliers ce qui lui étoit arrivé, mais qu'il étoit tellement

(a) M. le Chevalier Guiot de Marre.

affoibli par les efforts qu'il avoit faits, qu'il avoit besoin d'un peu de liqueur pour se fortifier : on lui en donna, & quelque tems après étant retourné, on ouit du bruit; l'on alla dans la cave avec de la lumiere pour voir ce qui étoit arrivé, & l'on trouva l'Esclave étendu mort, & ayant sur toute sa chair comme des coups de ganifs représentant une croix. Il en étoit si chargé, qu'il n'y avoit pas de quoi poser le doigt qui n'en fût marqué. Les Chevaliers le porterent au bord de la mer, & l'y précipiterent avec une grosse pierre pendue au col. On pourroit nommer les personnes & marquer les dates, s'il étoit nécessaire.

La même personne nous raconta encore à cette occasion, qu'il y a environ quatre-vingt dix ans qu'une vieille femme de Malthe fut avertie par un Génie, qu'il y avoit dans sa cave un trésor de grand prix, appartenant à un Chevalier de très-grande considération, & lui ordonna de lui en donner avis : elle y alla; mais elle ne put obtenir audience. La nuit suivante le même Génie revint, lui ordonna la même chose; & comme elle refusoit d'obéir, il la maltraita, & la renvoya de nouveau. Le lendemain elle revint trouver le Seigneur, & dit aux Domestiques qu'elle ne sortiroit point qu'elle n'eût parlé au Maître. Elle lui raconta ce qui lui étoit arrivé ; & le Chevalier résolut d'aller chez elle, accompagné de gens munis de pieux & d'autres instrumens propres à creuser : ils creuserent, & bientôt il sortit de l'endroit où ils piochoient une si grande quantité d'eau, qu'ils furent obligés d'abandonner leur entreprise.

Le Chevalier se confessa à l'Inquisiteur de ce qu'il avoit fait, & reçut l'absolution ; mais il fut obligé d'écrire dans les Registres de l'Inquisition le fait que nous venons de raconter.

Environ soixante ans après, les Chanoines de la Cathédrale de Malthe voulant donner au devant de leur Eglise une place plus vaste, acheterent des maisons qu'il fallut renverser, & entr'autres celle qui avoit appartenu à cette vieille femme : en y creusant, on y trouva le trésor, qui consistoit en plusieurs pieces d'or de la valeur d'un ducat avec l'effigie de l'Empereur Justin I. Le Grand-Maître de Malthe prétendoit que le trésor lui appartenoit, comme Souverain de l'Isle ; les Chanoines le lui contestoient. L'affaire fut portée à Rome. Le Grand-Maître gagna son procès : l'or lui fut apporté de la valeur d'environ soixante mille ducats ;

mais il les céda à l'Eglise Cathédrale.

Quelque tems après le Chevalier dont nous avons parlé, qui étoit alors fort âgé, se souvint de ce qui lui étoit arrivé, & prétendit que ce trésor lui devoit appartenir: il se fit mener sur les lieux, reconnut la cave où il avoit d'abord été, & montra dans les Registres de l'Inquisition ce qu'il y avoit écrit soixante ans auparavant. Cela ne lui fit pas recouvrer le trésor; mais ce fut une preuve que le Démon connoissoit & gardoit cet argent. La personne de qui je tiens cette Histoire a en main 3 ou 4 de ces pieces d'or, qu'il a achetées de ces Chanoines.

CHAPITRE XXXII.

Autres Exemples de trésors cachés, & gardés par de bons ou de mauvais Esprits.

ON lit dans un livre nouveau, qu'un nommé Honoré Mirabel ayant trouvé dans un jardin près Marseille un trésor de plusieurs pieces d'or Portugaises, à l'indication que lui en avoit faite un Spectre qui lui apparut à onze heures du soir près la Bastide, ou maison de campagne nommée du Paret, il en fit la découverte en présence de la fermiere de cette Bastide & du valet nommé Bernard. Aussi-tôt qu'il eut apperçu le trésor enterré & enveloppé d'un paquet de mauvais linge, il n'osa d'abord le toucher, de peur qu'il ne fût empoisonné, & ne lui causât la mort. Il l'enleva au bout d'un crochet fait d'une branche d'amandier, & le porta dans sa chambre, où il le développa sans témoins, & y trouva beaucoup d'or; & pour satisfaire au désir de l'Esprit qui lui étoit apparu, il fit dire pour lui quelques Messes. Il découvrit sa bonne fortune à un homme de son pays nommé Auquier, qui lui prêta quarante livres, & lui passa un billet par lequel il reconnoissoit lui devoir vingt mille livres, & lui quittoit les quarante livres prêtées; le billet étoit du 27 Septembre 1726.

Quelque tems après Mirabel demanda à Auquier le payement du billet. Auquier dénia tout. Grand procès, informations, perquisitions dans la maison d'Auquier; Sentence du 10 Septembre 1727. portant qu'Auquier passeroit le guichet, & seroit appliqué à la question; appel au Parlement d'Aix. Le billet d'Auquier fut déclaré contrefait. Bernard qu'on disoit avoir assisté à la découverte du trésor, ne fut point cité; les autres témoins ne déposerent que sur des ouis-dire : la seule Magdelaine Caillot qui étoit présente, reconnut avoir vû le paquet enveloppé de linges, & avoir oui tinter comme des especes d'or ou d'argent, & d'en avoir vû une piece de la largeur d'une piece de deux liards.

Le Parlement d'Aix rendit son Arrêt le 17 Février 1728. par lequel il ordonna, que Bernard valet de la Bastide du Paret seroit oui ; il fut entendu en différens jours, & déposa qu'il n'avoit vû ni trésor, ni linges, ni pieces d'or. Autre Arrêt du 2 Juin 1728. qui ordonne que le Procureur Général se pourvoira par Censures Ecclésiastiques sur les faits résultans de la Procédure.

Le Monitoire fut publié ; cinquante-trois témoins furent ouis. Autre Arrêt du 18 Février 1729. par lequel Auquier fut mis hors de cours & de procès; Mirabel condamné aux Galeres perpétuelles, après avoir été préalablement appliqué à la question : Caillot condamné à dix livres d'amende. Telle fut la fin de ce grand procès. Si l'on suivoit de près ces Apparitions de Spectres qui gardent des trésors, on trouveroit sans doute comme ici beaucoup de superstition, de mauvaise foi, & de jeux d'imagination.

Delrio raconte quelques exemples de gens qui ont été mis à mort, ou qui sont péris misérablement en voulant chercher des trésors cachés. Dans tout ceci l'on reconnoît toujours l'Esprit de mensonge & de séduction de la part du Démon, son pouvoir borné & sa malice arrêtée par la volonté de Dieu, l'impiété de l'homme, son avarice, sa vaine curiosité, la confiance qu'il met en l'Ange de ténebres punie par la perte de ses biens, de sa vie & de son ame.

Jean Vierus dans son Ouvrage intitulé Des prestiges du Démon, imprimé à Bâle en 1577. raconte que de son tems (en 1430.) le Démon découvrit à un certain Prêtre à Nuremberg des trésors cachés dans une caverne près la ville, & renfermés dans un vase de cristal. Le Prêtre prit avec lui un de ses amis pour lui servir de compagnon; ils se mirent à fouiller dans le lieu désigné, & ils découvrirent dans un souterrain une espece de coffre, auprès duquel étoit couché un chien noir: le Prêtre s'avance avec empressement pour se saisir du trésor; mais à peine fut-il entré dans la caverne, qu'elle s'enfonça, écrasa le Prêtre, & se trouva remplié de terre comme auparavant.

Voici l'Extrait d'une lettre écrite de Kirchheim du premier Janvier 1747. à M. Schopfflein Professeur en Histoire & en Eloquence à Strasbourg. Il y a plus d'un an, que M. Cavallari premier Musicien de mon Sérénissime Maître, & Vénitien de Nation, avoit envie de faire creuser à Rothenkirchen à une lieüe d'ici, qui étoit autrefois un Abbaye renommée, & qui fut ruinée du tems de la Réformation. L'occasion lui en fut fournie par une Apparition, que la femme du Censier de Rothenkirchen avoit eue plus d'une fois en plein midi, & surtout le 7 Mai pendant deux ans consécutifs. Elle jure & en peut faire serment, qu'elle a vû un Prêtre vénérable en habits Pontificaux brodés en or, qui jetta devant lui un grand tas de pierres ; & quoiqu'elle soit Luthérienne, par conséquent peu crédule sur ces sortes de choses-là, elle croît pourtant que si elle avoit eu la présence d'esprit d'y mettre un mouchoir ou un tablier, toutes les pierres seroient devenues de l'argent.

M. Cavallari demanda donc permission d'y creuser ; ce qui lui fut d'autant plus facilement accordé, que le dixiéme du trésor est dû au Souverain. On le traita de visionnaire, & on regarda l'affaire des trésors comme une chose inouïe. Cependant il se mocqua *du qu'en dira t'on*, & me demanda si je voulois être de moitié avec lui : je n'ai pas hésité un moment d'accepter cette proposition ; mais j'ai été bien surpris d'y trouver de petits pots de terre remplis de piéces d'or. Toutes ces piéces plus fines que les ducats sont pour la plûpart du 14. & quinziéme siécle. Il m'en a échû pour ma part 666. trouvées à trois différentes reprises. Il y en a des Archevêques de Mayence, de Treves & de Cologne, des Villes d'Oppenheim, de Baccarat, de Bingen, de Coblens : il y en a aussi de Rupert Palatin, de Frederic Burgrave de Nuremberg, quelques-unes de Wenceslas, & une de l'Empereur Charles IV. &c.

Ceci montre, que non-seulement les Démons, mais aussi les Saints sont quelquefois gardiens des trésors ; à moins qu'on ne veuille dire, que le Démon s'étoit mis sous la figure de ce Prélat. Mais quel intérêt auroit eu le Démon de donner ce trésor à ces Messieurs, qui ne le lui demandoient pas, & ne se mettoient guere en peine de lui ? J'ai vû deux de ces pieces entre les mains de M. Schopfflein.

L'Histoire qu'on vient de rapporter,

est rappellée avec quelques circonstances différentes dans un imprimé, qui annonce une Lotterie de pieces trouvées à Rothenkirchen au Pays de Nassau, peu loin de Donnersberg. On y dit que la valeur de ces pieces est de 12 liv. 10 sols argent de France. La Lotterie devoit se tirer publiquement le premier Février 1750. chaque billet étoit de six liv. argent de France. Je ne rapporte ce détail que pour prouver la vérité du fait.

On peut ajouter à ce que nous venons de voir, ce qui est rapporté par Bartolin dans son livre de la cause du mépris de la mort que faisoient les anciens Danois, lib. 2. c. 2. Il raconte que les richesses cachées dans les tombeaux des grands hommes de ce pays-là étoient gardées par les Manes de ceux à qui elles appartenoient, & que ces Manes ou ces Démons répandoient la frayeur dans l'ame de ceux qui vouloient enlever ces trésors, par un déluge d'eau qu'ils répandoient, ou par des flammes qu'ils faisoient paroître autour des monumens qui renfermoient ces corps & ces trésors.

CHAPITRE XXXIII.

Spectres qui apparoissent, & qui prédisent des choses futures & cachées.

ON trouve dans les Anciens & dans les Modernes une infinité d'Histoires de Spectres. Nous ne doutons point que leurs Apparitions ne soient l'ouvrage du Démon, si elles sont réelles. Or on ne peut disconvenir, qu'il ne se trouve beaucoup d'illusion & de mensonge dans tout ce qu'on en raconte. Nous distinguerons ici des Spectres de deux sortes : les uns qui apparoissent aux hommes pour leur nuire, ou pour les tromper, ou pour leur annoncer des choses futures, heureuses ou fâcheuses selon les circonstances ; les autres Spectres infestent certaines maisons, dont ils se sont rendus maîtres, & où ils se font voir & entendre. Nous traiterons de ces derniers dans un Chapitre à part, & nous ferons voir que la plûpart de ces Spectres & de ces Apparitions sont fort suspectes de fausseté.

Pline le jeune (*a*) écrivant à son ami

(*a*) Plin. junior. Epist. lib. 7.

Sura sur le sujet des Apparitions, lui témoigne qu'il est fort porté à les croire véritables; & la raison qu'il en donne, est ce qui est arrivé à Quintus Curtius Rufus, qui étant allé en Afrique à la suite du Questeur ou du Trésorier de la part des Romains, se promenant un jour sur le soir sous un portique, vit une femme d'une grandeur & d'une beauté extraordinaire, qui lui dit qu'elle étoit l'Afrique, & qui l'assura qu'il retourneroit un jour dans ce même pays en qualité de Proconsul. Cette promesse lui inspira de grandes espérances; & étant de retour à Rome, il fit tant par ses intrigues & par le secours des amis qu'il avoit gagnés par argent, qu'il obtint la Questure, & ensuite la Préture par la faveur de l'Empereur Tibere.

Cette dignité ayant couvert l'obscurité & la bassesse de sa naissance, il fut ensuite envoyé Proconsul en Afrique, où il mourut, après avoir obtenu les marques d'honneur du Triomphe. On dit qu'à son retour en Afrique la même personne qui lui avoit prédit sa grandeur future, lui apparut de nouveau au moment de son débarquement à Carthage.

Ces prédictions si précises & si exactement suivies de l'effet faisoient croire au jeune Pline, que ces sortes de prédictions ne sont pas toujours vaines. Cette Histoire de Curtius Rufus avoit été écrite par Tacite assez longtems avant Pline, qui pouvoit bien l'avoir prise de Tacite.

Après la mort funeste de Caligula qui fut massacré dans son Palais, on l'enterra à demi-brûlé dans ses propres jardins. Les Princesses ses sœurs à leur retour de leur exil le firent brûler en cérémonie, & l'inhumerent avec honneur; mais il passoit pour constant, qu'avant cela ceux qui avoient la garde de ces jardins & du Palais, avoient été toutes les nuits inquiétés par des Fantômes & des bruits effroyables.

Voici un exemple si extraordinaire, que je ne le rapporterois point, s'il n'étoit attesté par plus d'un Ecrivain, & s'il n'étoit consigné dans les monumens publics d'une ville considérable de la Haute Saxe; cette ville est Hamelen dans la Principauté de Kalenberg, au confluent de la riviere du Hamel & du Veser.

L'an 1384. cette ville étoit infestée par une si prodigieuse multitude de rats, qu'ils ravageoient tout le grain qui étoit dans les greniers : on employa inutilement pour les chasser tout ce que l'art & l'expérience purent inspirer, & ce qu'on a accoutumé d'employer contre ces sortes d'animaux. En ce tems arriva dans la ville un Inconnu d'une taille plus grande que l'ordinaire, vêtu d'une robbe de diverses couleurs, qui s'engagea de délivrer la ville de ce fléau, moyennant une certaine récompense dont on convint.

Alors il tira de sa manche une flute, au son de laquelle tous les rats sortirent de leurs trous & le suivirent : il les mena droit à la riviere, où ils se jetterent & se noyerent. Au retour il vint demander la récompense promise ; on la lui refusa, apparemment à cause de la facilité avec laquelle il avoit exterminé les rats. Le lendemain qui étoit un jour de fête, il prit le tems que tous les Bourgeois étoient à l'Eglise ; & par le moyen d'une autre flute dont il se mit à jouer, tous les enfans de la ville au-dessous de quatorze ans, qui étoient au nombre de cent trente, s'assemblerent autour de lui : il les mena jusqu'à la montagne voisine nommée Kopfelberg, qui sert de voirie à la ville, & où l'on exécute les criminels ; ces enfans disparurent, & on ne les a pas revûs depuis.

Une jeune fille qui suivoit de loin, fut témoin de la chose, & en vint apporter la nouvelle à la ville. On montre encore
dans

dans cette montagne un enfoncement, où l'on dit que cet homme fit entrer les enfans. Au coin de cette ouverture est une inscription si ancienne, qu'on ne peut plus la déchiffrer ; mais l'Histoire est représentée sur les vitraux de l'Eglise, & on assure que dans les actes publics de cette ville encore à présent on a coutume de mettre les dates en cette sorte : *Fait en l'année - - - - après la Disparution de nos Enfans.* On peut voir Vagenseil, *Opera librorum Juvenil.* tom. 2. pag. 295. la Géographie de Hubner, & le Dictionnaire Géographique de la Martinière, sous le nom *d'Hamelen*.

Si ce récit n'est pas entierement fabuleux, comme il en a l'air, on ne peut regarder cet homme que comme un Spectre & un mauvais Génie, qui par la permission de Dieu aura puni la mauvaise foi des Bourgeois dans la personne de leurs enfans, quoiqu'innocens du manque de parole de leurs peres. Il se pourroit faire, qu'un homme auroit quelque secret naturel pour rassembler les rats & les précipiter dans la riviere ; mais il n'y a qu'une malice diabolique, qui puisse faire périr tant d'innocens pour se venger de leurs peres.

290 APPARITIONS

Jules-César (a) étant entré en Italie & voulant passer le Rubicon, apperçut un homme d'une taille au dessus de l'ordinaire, qui commença à siffler. Plusieurs soldats étant accourus pour l'entendre, ce Spectre saisit la trompette de l'un d'entr'eux, & commença à sonner l'alarme, & à passer le fleuve. A ce moment César sans délibérer d'avantage, dit : allons où les présages des Dieux & l'injustice de nos Ennemis nous appellent.

L'Empereur Trajan (b) fut tiré de la ville d'Antioche par un Fantôme, qui le fit sortir par une fenêtre, au milieu de ce terrible tremblement de terre qui renversa presque toute la ville. Le Philosophe Simonide (c) fut averti par un Spectre, que sa maison devoit tomber : il en sortit aussi-tôt, & bientôt après elle se renversa.

L'Empereur Julien l'Apostat disoit à ses amis, que dans le tems que ses troupes le pressoient d'accepter l'Empire étant à Paris, il vit pendant la nuit un Spectre sous la forme d'une femme, comme on dépeint le Génie de l'Empire, qui se présenta pour demeurer avec lui ; mais elle

(a) Sueton. in Jul. Cæsar.
(b) Dio Cassius, lib. 68.
(c) Diogen. Laërt. in Simon. Valer. Maxim. lib.

l'avertit que ce ne seroit que pour peu de tems. Le même Empereur racontoit de plus, qu'écrivant dans sa tente peu avant sa mort, son Génie familier lui apparut sortant de sa tente tout triste & tout morne. Un peu avant la mort de l'Empereur Constance, le même Julien eut pendant la nuit une vision d'un Fantôme lumineux, qui lui prononça & lui répéta plus d'une fois quatre vers Grecs, portant que quand Jupiter seroit au signe du Verseau, & Saturne au 25 degré de la Vierge, Constance finiroit sa vie en Asie par une triste mort.

Le même Empereur Julien atteste Jupiter (a) qu'il a souvent vû Esculape, qui l'a guéri de ses maladies.

CHAPITRE XXXIV.

Autres Apparitions de Spectres.

PLutarque dont on connoît la gravité & la sagesse, parle souvent de Spectres & d'Apparitions. Il dit, par exemple, que dans la fameuse bataille de Ma-

(a) Julian. apud Cyrill. Alex.

-rathon contre les Perses, plusieurs soldats virent le fantôme de Thésée, qui combattoit pour les Grecs contre les ennemis.

Le même Plutarque, dans la vie de Sylla, dit que ce Général vit pendant son sommeil la Déesse que les Romains adoroient suivant le rit des Cappadociens, qui rendent au feu le culte suprême, soit que ce fût Bellone, ou Minerve, ou la Lune. Cette Divinité se présenta devant Sylla, & lui mit en main une espece de foudre, en lui disant de la lancer contre ses ennemis, qu'elle lui nomma les uns après les autres ; qu'en même tems qu'il les frappoit, il les voyoit tomber & expirer à ses pieds. Il y a lieu de croire que cette Déesse étoit Minerve, à qui le Paganisme attribue comme à Jupiter le droit de lancer la foudre, ou plutôt que c'étoit un Démon.

Pausanias Général des Lacédémoniens (*a*) ayant tué par mégarde Cleonice, fille d'une des meilleures maisons de Bizance, étoit tourmenté jour & nuit par l'ombre de cette fille qui ne lui laissoit aucun repos, lui répétant en colere un vers héroïque, dont le sens est : *Marche*

___
(*a*) Plutarch. in Cimone.

devant le Tribunal de la Justice qui punit les forfaits, & qui t'attend. L'insolence est enfin funeste aux mortels. Pausanias toujours troublé de cette image qui le poursuivoit par tout, se retira à Héraclée dans l'Elide, où il y avoit un Temple desservi par des Prêtres magiciens nommés *Psychagogues*, c'est-à-dire, qui font profession d'évoquer les ames des trépassés. Là Pausanias après avoir fait les libations & les effusions funébres, appella l'ame de Cleonice, & la conjura de renoncer à sa colere. Cleonice parut enfin, & lui dit que bientôt arrivé à Sparte, il seroit délivré de ses maux, voulant apparamment sous ces paroles couvertes lui marquer la mort qui l'y attendoit.

Voilà l'usage des évocations des morts bien marqué & bien solennellement pratiqué dans un Temple consacré à ces cérémonies : cela démontre au moins la créance & l'usage des Grecs; & si Cleonice apparut réellement à Pausanias, & lui annonça sa mort prochaine, peut-on nier que le mauvais Esprit ou l'ame de Cleonice ne soient auteurs de cette prédiction, à moins que ce ne soit une friponnerie des Prêtres, comme il est assez croyable, & comme l'insinue la réponse ambigue qu'ils donnent à Pausanias.

Pausanias l'Historien (a) écrit, que 400 ans après la bataille de Marathon, on y entendoit encore toutes les nuits les hennissemens des chevaux, & des cris comme de soldats qui s'animoient au combat. Plutarque parle aussi de Spectres qu'on voyoit, & des hurlemens épouvantables qu'on entendoit dans des bains publics, où l'on avoit égorgé plusieurs citoyens de Chéronée sa patrie : on avoit même été obligé de fermer ces bains, ce qui n'empêcha pas que les voisins n'y entendissent encore de grands bruits, & ne vissent de tems en tems des Spectres aux environs de ces bains.

Dion le Philosophe, disciple de Platon & Général des Syracusains, étant un jour assis sur soir tout pensif dans le portique de sa maison, ouit un grand bruit, puis apperçut un Spectre terrible d'une femme d'une grandeur monstreuse, qui ressembloit à une Furie, telle qu'on les dépeint dans les Tragédies ; il étoit encore assez grand jour, & elle commença à balayer la maison. Dion tout effrayé envoya prier ses amis de le venir voir, & de passer la nuit avec lui ; mais cette femme ne parut plus. Peu de tems après son fils se préci-

_____
(a) Pausanias, lib. 1, c. 32.

pita du haut du logis, & lui-même fut assassiné par des conjurés.

Marcus Brutus, un des meurtriers de Jules-César, étant dans sa tente pendant une nuit qui n'étoit pas bien obscure, vers la troisiéme heure de la nuit vit entrer une figure monstrueuse & terrible. Brutus lui demanda : qui es-tu ? un homme ou un Dieu ? & pourquoi es-tu venu ici ? Le Spectre répondit : je suis ton mauvais Génie ; tu me verras à Philippes. Brutus lui répondit sans s'effrayer : je t'y verrai ; & étant sorti, il alla raconter la chose à Cassius, qui étant de la secte d'Epicure, & ne croyant point ces sortes d'Apparitions, lui dit que c'étoit une pure imagination ; qu'il n'y avoit ni Génies ni autres Esprits qui pussent apparoître aux hommes ; que quand ils apparoîtroient, ils n'auroient ni la forme, ni la voix humaine, & ne pourroient rien contre nous. Quoique ces raisons rassurassent un peu Brutus, elles ne le tirerent pas néanmoins d'inquiétude.

Mais le même Cassius, dans la campagne de Philippes, & au milieu du combat, vit Jules-César qu'il avoit assassiné, qui vint à lui à toute bride, & l'effraya de telle sorte, qu'enfin il se perça de son épée. Cassius de Parme, différent de celui dont on vient de parler, vit un mauvais Génie qui entroit dans sa tente, & lui annonçoit sa mort prochaine.

Drusus faisant la guerre aux Allemands sous l'Empire d'Auguste, & voulant traverser l'Elbe pour pénétrer plus avant dans le pays, en fut détourné par une femme d'une stature plus grande que l'ordinaire, qui lui apparut, & lui dit : Drusus, où veux-tu aller ? ne seras-tu jamais satisfait ? ta fin est proche; retourne-t'en. Il retourna sur ses pas, & mourut avant que d'être arrivé au Rhin qu'il vouloit repasser.

Saint Grégoire de Nysse, dans la vie de Saint Grégoire Taumaturge, dit que pendant une grande peste qui ravagea la ville de Néocesarée, on vit en plein jour des Spectres qui entroient dans les maisons, & y venoient apporter une mort certaine.

Après la fameuse sédition arrivée à Antioche sous l'Empereur Théodose, on vit la nuit suivante une espece de Furie courant par toute la Ville avec un foüet, qu'elle faisoit claquer comme un cocher qui presse ses chevaux.

S. Martin Evêque de Tours étant à Treves, entra dans une maison, où il trouva un Spectre qui l'effraya d'abord. Martin lui ordonna de sortir du corps qu'il possédoit : au lieu de sortir, il entra dans le corps d'un autre homme qui étoit dans le même logis ; & se jettant sur ceux qui se trouverent là, commença à les attaquer & à les déchirer à belles dents. Martin se jetta à la traverse, mit les doigts dans sa bouche, le défiant de le mordre. Le Possédé recula, comme si on lui avoit mis une barre de fer rouge dans la bouche ; & enfin le Démon sortit du corps du Possédé, non par la bouche, mais avec les excrémens qu'il jetta par le bas.

Jean Evêque d'Atrie qui vivoit au sixiéme siécle, parlant de la grande peste qui arriva sous l'Empereur Justinien, & dont presque tous les Historiens de ce tems-là font mention, dit qu'on voyoit dans des barques d'airain des hommes noirs & sans tête, qui voguoient sur la mer, & s'avançoient vers les lieux où la peste commençoit à faire des ravages ; que cette infection ayant dépeuplé une Ville d'Egypte, ensorte qu'il n'y restoit plus que sept hommes avec un garçon de dix ans, ces personnes ayant voulu se sauver de la Ville avec beaucoup d'argent, tomberent mortes subitement.

Le jeune garçon s'enfuit sans rien emporter ; mais à la porte de la Ville il fut arrêté par un Spectre, qui le traîna malgré lui dans la maison où les sept hommes étoient morts. Quelque tems après l'Intendant d'un homme riche y étant entré avec quelques domestiques, pour en tirer des meubles de son maître qui étoit demeuré à la campagne, fut averti par le même jeune garçon de se sauver; mais il mourut subitement. Les valets qui accompagnoient l'Intendant se sauverent, & porterent la nouvelle de tout ceci à leur Maître.

Le même Evêque Jean raconte, qu'étant venu à Constantinople pendant une très-grande peste, qui enlevoit par jour dix, douze, quinze & seize mille personnes, ensorte qu'on en compte jusqu'à deux cens mille de morts de cette maladie : il raconte, dis-je, qu'on voyoit par la Ville des Démons qui couroient de maisons en maisons sous l'habit d'Ecclésiastiques ou de Religieux, & qui donnoient la mort à ceux qu'ils y rencontroient.

La mort de Carlostad fut accompagnée de circonstances effrayantes, selon les Ministres de Bâle ses collégues, qui en rendirent témoignage alors. Ils racontent (a) qu'au dernier Sermon que

(a) Moshoviss, pag. 335.

Carloſtad prononça dans le Temple de Bâle, un grand homme noir vint s'aſſeoir près du Conſul. Le Prédicateur l'apperçut, & en parut troublé. Au ſortir de la Chaire, il s'informa quel étoit l'inconnu, qui avoit pris place auprès du premier Magiſtrat : perſonne que lui ne l'avoit vû. Carloſtad eut encore des nouvelles du Spectre, lorſqu'il rentra dans ſon logis. L'homme noir y étoit allé, & avoit pris par les cheveux le plus jeune & le plus tendrement chéri de ſes enfans. Après l'avoir ainſi ſoulevé de terre, il s'étoit mis en devoir de le laiſſer retomber pour lui caſſer la tête ; mais il ſe contenta d'ordonner à l'enfant d'avertir ſon pere, que dans trois jours il reviendroit, & qu'il eût à ſe tenir prêt. L'enfant ayant raconté à ſon pere ce qui lui avoit été dit, jetta Carloſtad dans l'épouvante. Il ſe mit au lit tout effrayé ; & trois jours après il expira. Ces apparitions du Démon, de l'aveu même de Luther, étoient aſſez fréquentes à l'égard des premiers Réformateurs.

On pourroit multiplier à l'infini ces exemples d'Apparitions de Spectres ; mais ſi l'on entreprenoit d'en faire la critique, à peine en trouveroit-on un ſeul de bien certain, & qui fût à l'épreuve d'un examen sérieux & profond. En voici un que je rapporte exprès, parce qu'il a des caracteres singuliers, & que la fausseté en a été enfin reconnue.

CHAPITRE XXXV.

Examen de l'Apparition d'un prétendu Spectre.

LES affaires (*a*) ayant conduit le Comte d'Alais (*b*) à Marseille, il lui arriva une avanture des plus extraordinaires : il chargea aussitôt Neuré de l'écrire à notre Philosophe (M. Gassendi) pour sçavoir ce qu'il en pensoit ; ce qu'il fit en ces termes. M. le Comte & Madame la Comtesse étant venus à Marseille, virent étant couchés dans leur lit, un Spectre lumineux ; ils étoient fort bien éveillés l'un & l'autre. Pour mieux s'assurer si ce n'étoit pas quelqu'illusion, ils appellent leurs valets de chambre ; mais ceux-ci ne parurent pas plutôt avec leurs

---

(*a*) Vie de Gassendi, tom. 1. pag. 258.
(*b*) Alais est une Ville dans le bas Languedoc, dont les Seigneurs portent le Titre de Prince, depuis que cette Ville est passée dans la Maison d'Angoulême & de Conty.

flambeaux, que le Spectre disparut. Ils firent boucher toutes les ouvertures & les fentes qu'ils trouverent dans la chambre, & se remirent au lit: à peine les valets de chambre se furent retirés, que le Spectre reparut.

Sa lumiere étoit moins éclatante que celle du soleil; mais elle l'étoit plus que celle de la lune. Tantôt ce Spectre étoit en forme angulaire, tantôt en cercle, & tantôt en ovale. On pouvoit facilement lire une Lettre à sa lueur; il changeoit souvent de place, & paroissoit quelquefois sur le lit du Comte. Il avoit des especes de petits boucliers; au-dessus étoient empreints des caracteres. Cependant rien de plus agréable à la vûe: aussi au lieu d'épouvanter, il réjouissoit. Il parut toutes les nuits, tant que le Comte demeura à Marseille. Ce Prince ayant jetté une fois les mains dessus, pour voir si ce n'étoit pas quelque chose d'attaché au rideau du lit, le Spectre disparut cette nuit, & reparut le lendemain.

Gassendi consulté sur ce fait, répondit le 13 du même mois. Il dit d'abord, qu'il ne sçait que croire de cette vision. Il ne nie pas que ce Spectre ne puisse être envoyé de Dieu, pour leur apprendre quelque chose. Ce qui rend ce sentiment probable, c'est la grande piété de l'un & de l'autre, & que ce Spectre n'avoit rien d'effrayant, mais au contraire. Ce qui mérite encore plus notre attention, c'est que si Dieu l'avoit envoyé, il auroit fait connoître pourquoi il l'envoyoit. Dieu ne badine pas; & puisqu'on ne peut pas comprendre ce qu'on doit espérer ou craindre, suivre ou éviter, il s'ensuit que ce Spectre ne sçauroit venir de lui; autrement sa conduite seroit moins louable que celle d'un pere, d'un Prince, d'un homme de bien, & même d'un homme prudent, lesquels instruits de quelque chose qui pût intéresser beaucoup ceux qui leur sont soumis, ne se contenteroient pas de les avertir énigmatiquement.

Si ce Spectre est quelque chose de naturel, rien n'est plus difficile que de le découvrir, que de trouver même quelque conjecture pour tâcher de l'expliquer. Quoique je sois très-persuadé de mon ignorance, je vais hazarder mon sentiment. Ne pourroit-on pas avancer que cette lumiere a apparu, parce que l'œil du Comte étoit affecté intérieurement, ou parce qu'il l'étoit extérieurement. L'œil peut l'être intérieurement en deux manieres. Premierement, si son œil étoit dans la même disposition qu'étoit toujours celui de l'Empereur Tibere; lorsque cet Empereur s'éveilloit pendant la nuit, & qu'il ouvroit les yeux, il en sortoit une clarté qui lui faisoit discerner les choses qui étoient dans l'obscurité, lorsqu'il y fixoit ses regards. J'ai sçû que la même chose arrivoit à une Dame de condition. Secondement, s'il a eu ses yeux disposés d'une certaine maniere; comme il m'arrive à moi-même lorsque je m'éveille : si j'ouvre mes yeux, ils sont tout rayonnans de lumiere, quoiqu'il n'y ait rien eu. Personne ne sçauroit nier, qu'il ne puisse sortir de nos yeux quelque éclair qui nous représente des objets, lesquels objets réfléchissent dans nos yeux & y laissent leurs traces.

On sçait que les animaux qui vont la nuit, ont une vûe perçante pour discerner leur proie dans l'obscurité, & l'enlever; que les esprits animaux qui sont dans l'œil, & qui peuvent se répandre de là, sont de la nature du feu, & par conséquent lucides. Il peut arriver que les yeux étant fermés pendant le sommeil, ces esprits échauffés par les paupieres, s'enflâment & mettent quelque faculté en mouvement, comme l'imagination. Car n'arrive-t'il pas que les bois, les épines des poissons produisent quelque lumiere, lorsque leur chaleur s'excite par la putréfaction ; pourquoi donc est-ce que cette chaleur excitée par ces esprits enfermés, ne pourra pas produire quelque lumiere ? Il prouve ensuite que l'imagination seule le peut.

Le Comte d'Alaïs étant retourné à Marseille, & ayant logé dans le même appartement, le même Spectre lui apparut encore. Neuré écrivit à Gassendi qu'on avoit observé que ce Spectre pénétroit dans la chambre par le lambris ; ce qui oblige Gassendi d'écrire au Comte d'examiner avec plus d'attention la chose, & malgré cette découverte, il n'ose encore rien décider : il se contente d'encourager le Comte, & de lui dire que si cette Apparition vient de Dieu, il ne souffrira pas qu'il soit plus longtems dans l'attente, qu'il lui fera bientôt connoître sa volonté ; qu'aussi si cette vision ne vient pas de lui, il ne permettra pas qu'elle continue, & découvrira bientôt qu'elle vient de quelque cause naturelle : il n'est plus parlé en aucun endroit de ce Spectre.

Trois ans après la Comtesse d'Alaïs avoua ingénuement au Comte, qu'elle avoit fait jouer elle-même cette Comédie par une de ses femmes de chambre, parce qu'elle n'aimoit pas le séjour de Marseille ; que sa femme de chambre étoit au-dessous du lit ; qu'elle faisoit de tems en tems paroître un phosphore. Le Comte d'Alais le raconta lui-même à M. de Puger de Lyon, qui le dit il y a environ 35 ans à M. Falconet, Docteur en Médecine, de l'Académie Royale des Belles-Lettres, de qui je l'ai appris. Gassendi consulté sérieusement par le Comte, répondit comme un homme qui ne doutoit point de la vérité de cette Apparition : tant il est vrai que la plûpart de ces faits si extraordinaires demandent d'être examinés avec grand soin, avant que d'en porter son jugement.

CHAPITRE XXXVI.

Spectres qui infestent les Maisons.

Entre les Esprits ou les Spectres qui infestent certaines maisons, qui y font du bruit, qui y apparoissent, qui inquietent ceux qui y demeurent, on en peut distinguer plusieurs sortes : les uns sont des Lutins ou des Esprits folets, qui s'y divertissent en troublant le repos de ceux qui y demeurent ; d'autres sont des Spectres ou des ames de trépassés, qui molestent les vivans jusqu'à ce qu'on leur ait donné la sépulture : quelques-unes y font, dit-on, leur Purgatoire ; d'autres s'y font voir ou entendre, parce qu'ils y ont été mis à mort, & que leurs ames y demandent vengeance de leur mort, & la sépulture pour leurs cadavres. On raconte sur cela tant d'histoires, qu'aujourd'hui on en est revenu, & qu'on n'en veut plus croire aucune. En effet quand on approfondit ces prétendues Apparitions, on en découvre aisément le faux & l'illusion.

Tantôt c'est un locataire qui veut décrier la maison où il loge, pour détourner ceux qui voudroient y venir demeurer en sa place ; tantôt c'est une troupe de faux Monnoyeurs qui se sont emparés de ce logement, & qui ont intérêt à ce qu'on ne découvre pas leur manœuvre ; tantôt c'est un Fermier qui veut conserver sa ferme, & empêcher que d'autres ne viennent enchérir sur ses mains ; ici ce seront des chats ou des hiboux, ou même des rats, qui y feront du bruit, & effrayeront les Maîtres & les Domestiques, comme il arriva il y a quelques années à Mols, heim, où de gros rats se divertissoient la nuit à remuer & à faire jouer les machines avec quoi les femmes brisent le chanvre & le lin. Un honnête homme qui me l'a raconté, voulant voir la chose de près, monta au grenier armé de deux pistolets avec son valet armé de même : après un moment de silence, ils virent les rats commencer leur jeu; ils tirerent dessus, en tuerent deux & dissiperent les autres : la chose se répandit dans le pays, & on badina beaucoup de l'avanture.

Je vais rapporter quelques-unes de ces Apparitions de Spectres, sur lesquelles le Lecteur portera tel jugement qu'il jugera à propos. Pline le jeune (*a*) dit qu'il y avoit à Athenes une fort belle maison, mais abandonnée à cause d'un Spectre qui y revenoit. Le Philosophe Athénodore étant arrivé dans cette ville, & ayant vû un écriteau qui marquoit que cette maison étoit à vendre, & à vil prix, l'acheta, & y alla coucher avec ses gens. Comme il étoit occupé à lire & à écrire pendant la nuit, il entendit tout d'un coup un grand bruit comme de chaînes qu'on traînoit, & apperçut en même tems comme un vieillard affreux chargé de chaînes de

(*a*) Plin. junior, Epist. ad Suram, lib. 7. c. 27.

fer, qui s'approcha de lui. Athénodore continuant à écrire, le Spectre lui fit signe de le suivre : le Philosophe à son tour lui fit signe d'attendre, & continua à écrire ; à la fin il prend sa lumiere & suit le Spectre, qui le conduisit à la cour de la maison, puis rentra sous terre & disparut.

Athénodore sans s'effrayer arrache de l'herbe pour marquer le lieu, & s'en retourna se reposer dans sa chambre. Le lendemain il fait sçavoir aux Magistrats ce qui lui étoit arrivé ; ils viennent dans la maison, font fouiller au lieu désigné ; on y trouve les os d'un cadavre chargé de chaînes ; on lui donne la sépulture, & le logis demeura tranquille.

Lucien rapporte (a) une Histoire à peu-près pareille. Il y avoit, dit-il, à Corinthe une maison, qui avoit appartenu à un nommé Eubatide dans le quartier nommé Cranaüs ; un nommé Arignote entreprit d'y passer la nuit, sans se mettre en peine d'un Spectre qu'on disoit y revenir : il se munit de certains livres magiques des Egyptiens pour conjurer le Spectre ; étant entré la nuit dans la maison avec une lumiere, il se mit à lire tran-

---

(a) In Philo-pseu. pag. 840.

quillement dans la cour. Le Spectre parut peu après, prenant tantôt la forme d'un chien, tantôt celle d'un taureau, tantôt celle d'un lion. Arignote sans se troubler commença à prononcer certaines invocations magiques qu'il lisoit dans ses livres, & par leur vertu réduisit le Spectre dans un coin de la cour, où il s'enfonça dans la terre & disparut.

Le lendemain Arignote fit venir Eubatide maître de la maison, & ayant fait creuser au lieu où le Fantôme avoit disparu, on trouva un squelette, auquel on donna la sépulture; & depuis ce tems on ne vit ni l'on n'ouit plus rien dans cette maison.

C'est Lucien, c'est-à-dire l'homme du monde le moins crédule sur ces sortes de choses, qui fait raconter cet évenement à Arignote. Au même endroit il dit, que Démocrite qui ne croyoit ni Anges, ni Démons, ni Esprits, s'étant enfermé dans un tombeau hors la ville d'Athenes où il écrivoit & étudioit, une troupe de jeunes gens qui vouloient l'effrayer, se couvrit d'habits noirs comme on représente les morts, & ayant pris des masques hideux, vinrent la nuit criailler & sauter autour du lieu où il étoit : il les laissa faire, & sans s'émouvoir, il leur dit froidement : cessez de badiner.

Je ne sçais si l'Historien qui a écrit la vie de Saint Germain d'Auxerre (a) n'avoit pas devant les yeux les Histoires que nous venons de raconter, & s'il n'a pas voulu orner la vie du Saint par un récit à peu près semblable à ceux que nous venons de voir. Le Saint voyageant un jour par son Diocèse, fut obligé de passer la nuit avec ses Clercs dans une maison abandonnée depuis longtems à cause des Esprits qui y revenoient. Le Clerc qui faisoit la lecture devant lui pendant la nuit, vit tout à coup un Spectre, qui l'effraya d'abord ; mais ayant éveillé le saint Evêque, celui-ci ordonna au Spectre par le nom de Jesus-Christ de lui déclarer qui il étoit, & ce qu'il demandoit. Le Fantôme lui dit que lui & son compagnon étoient coupables de plusieurs crimes ; qu'étant morts & enterrés dans cette maison, ils inquiéteroient ceux qui y logeoient, jusqu'à ce qu'on leur eût accordé la sépulture. S. Germain lui ordonna de lui montrer où étoient leurs corps : le Spectre l'y conduisit. Le lendemain il assembla le peuple des environs : on chercha parmi les ruines du bâtiment, où les

___
(a) Bolland. 31. Jul. pag. 212.

ronces étoient percrues ; & l'on trouva les os de ces deux hommes jettés confusément & encore chargés de chaînes : on les enterra, on pria pour eux, & ils ne revinrent plus.

Si ces gens étoient des scélérats morts dans le crime & dans l'impénitence, on ne peut attribuer tout ceci qu'à l'artifice du Démon, pour faire voir aux vivans que les réprouvés se mettent en peine de procurer le repos à leurs corps en les faisant enterrer, & à leurs ames en faisant prier pour eux. Mais si ces deux hommes étoient des Chrétiens, qui ayent expié leurs crimes par la pénitence, & qui soient morts dans la communion de l'Eglise, Dieu a pû leur permettre d'apparoître pour demander la sépulture Ecclésiastique, & les prieres que l'Eglise a accoutumé de faire pour le repos des défunts, à qui il reste quelque faute légere à expier.

Voici un fait de même espece que les précédens, mais qui est revêtu de circonstances, qui peuvent le rendre plus croyable. Il est rapporté par Antoine Torquemade dans son ouvrage intitulé : *les fleurs curieuses*, imprimé à Salamanque en 1570. Il dit que peu avant son tems, un jeune homme nommé Vasquès de Ayola étant allé à Boulogne avec deux de ses compagnons pour y étudier en droit, & n'ayant pas trouvé dans la ville un logement tel qu'ils le souhaitoient, ils se logerent dans une grande & belle maison, mais abandonnée, parce qu'il y revenoit un Spectre, qui effrayoit tous ceux qui y vouloient demeurer: ils se moquerent de ces discours, & s'y logerent.

Au bout d'un mois Ayola veillant seul dans sa chambre, & ses compagnons dormant tranquillement dans leurs lits, il ouit venir de loin comme plusieurs chaînes qu'on trainoit par terre, & dont le bruit s'avançoit vers lui par l'escalier de la maison; il se recommanda à Dieu, fit le signe de la croix, prit un bouclier & une épée, & ayant sa bougie en main, il vit ouvrir la porte par un Spectre terrible, n'ayant que les os, mais chargé de chaînes. Ayola le conjura, & lui demanda ce qu'il souhaitoit: le Fantôme lui fit signe de le suivre, il le suivit; mais en descendant l'escalier, sa lumiere s'étant éteinte, il alla la rallumer & suivit l'Esprit, qui le conduisit le long d'une cour où il y avoit un puits. Ayola craignit qu'il ne voulût l'y précipiter, & s'arrêta. Le Spectre lui fit signe de continuer à le suivre; ils entrerent dans le jardin, où le Fantôme me disparut. Ayola arracha quelques poignées d'herbe sur le lieu, & retourna raconter à ses compagnons ce qui lui étoit arrivé. Le matin il en donna avis aux Principaux de Boulogne.

Ils vinrent reconnoître l'endroit, & y firent fouiller; on y trouva un corps décharné, mais chargé de chaînes. On s'informa qui ce pourroit être; mais on n'en put rien découvrir de certain: on fit faire au mort des obséques convenables, on l'enterra, & depuis ce tems la maison ne fut plus inquiétée. Torquemade assure que de son tems il y avoit encore à Boulogne & en Espagne des témoins de ce fait; qu'Ayola à son retour dans sa Patrie fut revêtu d'un emploi considérable; & que son fils avant qu'il écrivît ceci, étoit encore Président dans une bonne ville du Royaume.

Plaute plus ancien que ni Lucien, ni Pline, a composé sa Comédie intitulée: *Mostellaria*, ou *Monstellaria*, nom dérivé de *monstrum* ou *monstellum*, d'un Monstre, un Spectre, qu'on disoit qui apparoissoit dans cette maison, & qui avoit obligé de l'abandonner. On convient que le fond de cette Comédie n'est qu'une fable; mais on en peut conclure

Tome I. O

l'antiquité de cette prévention chez les Grecs & les Romains.

Le Poëte (a) fait dire à ce prétendu Esprit, qu'ayant été assassiné depuis environ soixante ans par un compagnon perfide qui lui avoit pris son argent, il l'avoit clandestinement enterré dans cette maison ; que le Dieu de l'Enfer ne vouloit pas le recevoir dans l'Achéron comme étant mort prématurément : c'est pourquoi il étoit obligé de demeurer dans cette maison dont il s'étoit emparé ;

Hæc mihi dedita habitatio :
Nam me Acherontem recipere noluit,
Quia præmaturè vitâ careo.

Les Payens qui avoient la simplicité de croire, que les Lamies & les Esprits malfaisans inquiétoient ceux qui demeuroient dans certaines maisons, dans certaines chambres, & qui couchoient dans certains lits, les conjuroient par des vers magiques, & prétendoient les chasser par des fumigations composées de soufre & d'autres drogues puantes, & de certaines herbes mêlées avec de l'eau de mer. Ovide parlant de Médée, cette célèbre Magicienne (b) :

(a) Plaut. Mostell. act. 11. v. 67.
(b) Vide Joan. Vier. de curat. malific. c. 28.

Terque senem flammâ, ter aquâ,
ter sulphure lustrat.

Et ailleurs il ajoute des œufs :

Adveniat quæ lustret anus lectumque
locumque,
Deferat & tremulâ sulphur & ova
manu.

On rapporte à ceci l'exemple de l'Archange Raphaël (*a*), qui chassa le Démon Asmodée de la chambre de Sara par l'odeur du fiel d'un poisson qu'il fit brûler sur le feu. Mais l'exemple de Raphaël ne doit pas être mis en parallele avec les superstitieuses cérémonies des Magiciens, dont les Payens mêmes se sont raillés : si elles avoient eu quelque puissance, ce n'auroit été que par l'opération du Démon avec la permission de Dieu ; au lieu que ce qui est dit de l'Archange Raphaël, est certainement l'ouvrage d'un bon Esprit, envoyé de Dieu pour guérir Sara fille de Raguël, aussi distinguée par sa piété, que les Magiciens sont décriés par leur malice & leur superstition.

(*a*) Tob. viij.

CHAPITRE XXXVII.

Autres Exemples des Spectres qui infestent certaines maisons.

LE P. Pierre Thyrée (*a*) Jésuite rapporte une infinité d'exemples de maisons infestées par des Spectres, des Esprits & des Démons ; par exemple, celui d'un Tribun nommé Hesperius, dont la maison étoit infestée par un Démon, qui en tourmentoit les domestiques & les animaux, & qui en fut chassé, dit Saint Augustin (*b*), par un bon Prêtre d'Hippone, qui y offrit le divin Sacrifice du Corps du Seigneur.

Saint Germain (*c*) Evêque de Capoüe prenant le bain dans un quartier de la ville, y trouva Paschase Diacre de l'Eglise Romaine, mort depuis quelque tems, qui se mit en devoir de le servir, lui disant qu'il faisoit là son Purgatoire, pour avoir favorisé le parti de Laurent Antipape, contre le Pape Simmaque.

(*a*) Thyræi Dæmoniaci cum locis infestis, lib. 5.
(*b*) Aug. de Civit. lib. 22. 8.
(*c*) Greg. mag. Dialog. c. 39.

Saint Grégoire de Nysse, dans la vie de Saint Grégoire de Néocésarée, dit qu'un Diacre de ce saint Evêque étant entré dans un bain où personne n'osoit entrer le soir après une certaine heure, parce que tous ceux qui y étoient entrés y avoient été mis à mort, y vit des Spectres de toutes sortes, qui le menacerent en mille manieres; mais il s'en délivra par le Signe de la Croix, & en invoquant le nom de Jesus-Christ.

Alexandre d'Alexandrie (*a*) sçavant Jurisconsulte Napolitain du quinziéme siécle, dit que tout le monde sçait qu'à Rome il y a nombre de maisons tellement décriées par les Spectres qui y paroissent presque toutes les nuits, que personne n'ose y habîter : il cite pour témoin Nicolas Tuba son ami, homme très-connu par sa bonne foi & sa probité, qui étant une fois venu avec quelques-uns de ses compagnons pour éprouver si tout ce qu'on disoit de ces maisons étoit véritable, voulut y passer la nuit avec Alexandre. Comme ils étoient ensemble & bien éveillés avec de la clarté bien allumée, ils virent paroître un Spectre horrible, qui les effraya tellement par sa voix ter-

(*a*) Alexand. ab Alexand. lib. 5. cap. 23.

rible & par le grand bruit qu'il faisoit, qu'ils ne sçavoient plus, ni ce qu'ils faisoient, ni ce qu'ils disoient ; & à mesure que nous approchions, dit-il, avec la lumiere, le fantôme s'éloignoit : enfin après avoir jetté le trouble dans toute la maison, il disparut entierement.

Je pourrois encore rapporter ici le Spectre du P. Sinson Jésuite, qu'il vit, & auquel il parla à Pont-à-Mousson dans le Cloître de la maison de ces Peres; mais je me contenterai de l'exemple qui est rapporté dans les Causes Célébres (a), & qui peut servir à détromper ceux qui donnent trop légerement créance à ces sortes de contes.

Au Château d'Arsillier en Picardie, on voyoit en certains jours de l'année, c'est-à-dire vers la Toussaint, des flammes & une horrible fumée qui en sortoient. On y entendoit des cris & des hurlemens épouvantables. Le Fermier du Château étoit fait à ce tintamare, parce qu'il le causoit lui-même. Tout le village en parloit, & chacun en faisoit des contes à sa façon. Le Seigneur à qui le Château appartenoit, se doutant qu'il y avoit de la supercherie, y vint vers la Toussaint

---

(a) Causes Célebres, tom. xj. pag. 374.

avec deux Gentils-hommes de ſes amis, bien réſolus de pourſuivre l'Eſprit, & de tirer deſſus avec deux bons piſtolets. Peu de jours après on ouit un grand bruit au-deſſus de la chambre où couchoit le Préſident Seigneur du Château : ſes deux amis y monterent, tenant d'une main le piſtolet, & de l'autre une chandelle ; il ſe préſenta une eſpece de fantôme noir, avec des cornes & une longue queuë, qui commença à gambader devant eux.

L'un d'eux lui tira un coup de piſtolet ; le Spectre au lieu de tomber, ſe retourne & ſe friſe devant lui : le Gentil-homme veut le ſaiſir ; mais l'Eſprit ſe ſauve par un petit eſcalier : le Gentilhomme le ſuit ; mais le perd de vûe, & après divers tours le Spectre ſe jetta dans une grange & diſparut, au moment que celui qui le pourſuivoit comptoit de le prendre & de l'arrêter. On apporte de la lumiere, & l'on remarque que là où le Spectre avoit diſparu, il y avoit une trape qu'on fermoit au verrouil après qu'on y étoit entré : on força la porte de la trape, & on trouva le prétendu Eſprit. Il avoua toutes ſes ſoupleſſes, & que ce qui le rendoit à l'épreuve du piſtolet, étoit une peau de buffle ajuſtée à ſon corps.

Le Cardinal de Retz (*a*) dans ses Mémoires raconte agréablement la frayeur, dont lui & ceux de sa compagnie furent saisis à la rencontre d'une troupe de Religieux Augustins noirs, qui venoit la nuit de se baigner dans la riviere, & qu'ils prirent pour une troupe de toute autre chose.

Un Médecin, dans une Dissertation qu'il a donnée sur les Esprits, dit qu'une servante de la rue S. Victor étant descendue dans la cave, en revint fort effrayée, disant qu'elle avoit vû un Spectre debout entre deux tonneaux. D'autres plus hardis y descendirent, & le virent de même. C'étoit un corps mort, qui étoit tombé d'un chariot venant de l'Hôtel-Dieu. Il étoit passé par le soupirail de la cave, & étoit demeuré debout entre deux muids.

Tous ces faits rassemblés, au lieu de se confirmer l'un & l'autre, & d'établir la réalité de ces Spectres qui apparoissent dans certaines maisons, & qui en écartent ceux qui voudroient y faire leur demeure, ne sont propres au contraire qu'à les faire suspecter généralement tous: car à propos de quoi ces gens enterrés

---

(*a*) Mém. du Cardinal de Retz, tom. 1. p. 43. 44.

& pourris depuis longtems se trouvent-ils en état de marcher avec leurs chaînes ? comment les traînent-ils ? Comment parlent-ils ? Car il y en a que l'on dit qui ont parlé, n'ayant pas les organes de la voix. Que demandent-ils ? La sépulture. Ne sont-ils pas enterrés ? Si ce sont des Payens & des réprouvés, ils n'ont que faire de prieres. Si ce sont des gens de bien morts en état de grace, ils peuvent avoir besoin de prieres pour les tirer du Purgatoire ; mais dira-t'on cela de ces Spectres dont parlent Pline & Lucien ? Est-ce le Démon qui se joue de la simplicité des hommes ? N'est-ce pas lui attribuer un pouvoir excessif, que de le faire auteur de toutes ces Apparitions, que nous ne concevons pas qu'il puisse faire sans la permission de Dieu ? Or nous concevons encore moins que Dieu veuille concourir aux supercheries & aux illusions du Démon. Il y a donc lieu de croire que toutes ces sortes d'Apparitions, que toutes ces Histoires sont fausses, & qu'on doit les rejetter absolument, comme plus propres à entretenir la superstition & la vaine crédulité des peuples, qu'à les édifier & à les instruire.

CHAPITRE XXXVIII.

Effets prodigieux de l'imagination dans ceux ou celles qui croyent avoir commerce charnel avec le Démon.

DEs qu'on admet le principe que les Anges & les Démons sont des substances purement spirituelles, on doit regarder non-seulement comme chimérique, mais aussi comme impossible tout commerce charnel entre un Démon & un homme ou une femme, & par conséquent tenir pour des effets d'une imagination blessée & déréglée tout ce qu'on raconte des Démons incubes & succubes, & des *Ephialtes*, dont on fait tant de mauvais contes.

Je reconnois que l'ancien Auteur du livre d'Hénoch qui est cité par les Peres, & qui est regardé comme Ecriture Canonique par quelques Anciens, que cet Auteur qui étoit apparemment Juif, a pris occasion de ces paroles de Moïse (a): les enfans de Dieu voyant les filles des

_____
(a) Genes. vj. 1. 2.

hommes qui étoient d'une beauté extraordinaire, les prirent pour femmes, & en engendrerent les Géans; de débiter que les Anges épris de l'amour des filles des hommes les épouserent, & en eurent des enfans, qui font ces Géans si fameux dans l'Antiquité. (*a*) Quelques anciens Peres ont crû que cet amour déréglé des Anges fut la cause de la chûte des mauvais Anges, & que jusqu'alors ils étoient demeurés dans la justice & dans la subordination qu'ils devoient à leur Créateur. Il paroît par Joseph, que les Juifs de son tems croyoient sérieusement (*b*) que les Anges étoient sujets à ces foiblesses comme les hommes. S. Justin Martyr (*c*) a crû que de ce commerce des Anges avec les filles des hommes sont sortis les Démons.

Mais tous ces sentimens sont aujourd'hui presque entièrement abandonnés, sur-tout depuis qu'on a adopté la créance de la spiritualité des Anges & des Démons. Le commun des Peres & des Commentateurs ont expliqué le passage de la Genèse que nous avons rapporté,

(*a*) Athenagoras & Clem. Alex. lib. 3. & 5. Strom. & lib. 2. Pedagog.
(*b*) Joseph. Antiquit. lib. 1. c. 4.
(*c*) Justin. Apolog. utroque.

des enfans de Seth, à qui l'Ecriture donne le nom *d'Enfans de Dieu*, pour les distinguer des enfans de Caïn, qui furent peres de ces filles qui sont nommées ici *les filles des hommes*. La race de Seth s'étant donc alliée à la race de Caïn par les mariages dont on a parlé, il sortit de ces mariages des hommes puissans, violens, impies, qui attirerent sur la terre les effets terribles de la colére de Dieu qui éclata au déluge universel.

Ainsi ces mariages des *enfans de Dieu* avec les *filles des hommes* n'ont aucun rapport à la question que nous traitons ici, où nous examinons si le Démon peut avoir commerce charnel avec un homme ou une femme, & si ce qu'on dit sur tout cela peut être rapporté aux Apparitions des mauvais Esprits parmi les hommes, ce qui est le principal objet de cette Dissertation.

Voici quelques exemples de ces personnes, qui ont crû avoir commerce avec le Démon. Torquemade raconte dans un grand détail ce qui arriva de son tems & de sa connoissance dans la Ville de Cagliari en Sardaigne à une jeune Demoiselle qui se laissa corrompre par le Démon, & qui ayant été arrêtée par l'Inquisition, souffrit la peine du feu, dans la folle espérance que son prétendu amant viendroit la délivrer.

Au même endroit il parle d'une jeune personne, qui étant recherchée en mariage par un jeune Seigneur de bonne maison, le Diable prit la forme de ce jeune homme, entretint la Demoiselle pendant quelques mois, lui donna des promesses de mariage, & en abusa. Elle ne fut détrompée, que lorsque le jeune Seigneur qui la recherchoit en mariage, lui eut fait connoître qu'il étoit absent de la Ville de plus de cinquante lieues le jour que la promesse en question avoit été passée, & qu'il n'en avoit jamais eu la moindre connoissance. La fille désabusée se retira dans un Couvent, & fit pénitence de son double crime d'incontinence & de liaison avec le Démon.

On lit dans la vie de S. Bernard Abbé de Clairvaux (a), qu'une femme de Nantes en Bretagne avoit ou croyoit avoir commerce avec le Démon qui la voyoit toutes les nuits, même lorsqu'elle étoit couchée auprès de son mari. Elle demeura six ans en cet état : au bout de ce terme ayant horreur de son désordre, elle se confessa à un Prêtre, & par son

(a) Vita S. Bernard. tom. 2. lib. 2.

conseil commença à faire plusieurs actes de piété, tant pour en obtenir le pardon de son crime, que pour se délivrer de cet abominable amant. Le mari de la femme informé de la chose, l'abandonna, & ne voulut plus la voir ni la retenir.

Cette malheureuse fut avertie par le Démon même que S. Bernard viendroit bientôt à Nantes; qu'elle se gardât bien de lui parler, que cet Abbé ne pourroit l'aider en rien; que si elle lui parloit, ce seroit pour son grand malheur; que de son amant, lui qui l'avertissoit, deviendroit son plus ardent persécuteur.

Le Saint rassura cette femme, & lui ordonna de faire le signe de la croix sur soi en se couchant, & de mettre auprès d'elle dans son lit le bâton que le Saint lui donna; si le Démon vient, lui dit-il, ne le craignez pas, qu'il fasse ce qu'il pourra. Le Démon vint; mais sans oser s'approcher du lit, il fit de grandes menaces à la femme, & lui dit qu'après le départ de Bernard il reviendroit pour la tourmenter.

Le Dimanche suivant S. Bernard se rendit à l'Eglise Cathédrale avec les Evêques de Nantes & de Chartres, & ayant fait donner des cierges allumés à tout le peuple qui étoit assemblé en grande foule, le Saint après avoir raconté publiquement le fait abominable du Démon, exorcisa & anathématisa le mauvais Esprit, & lui défendit par l'autorité de Jesus Christ de s'approcher jamais de cette femme, ni d'aucune autre. Tout le monde éteignit ses cierges, & la puissance du Démon fut anéantie.

Cet exemple & les deux précédens racontés d'une maniere si circonstanciée pourroient faire croire, qu'il y a de la réalité dans tout ce qu'on dit des Démons incubes & succubes ; mais si l'on veut approfondir les faits, on trouvera qu'une imagination fortement frappée, & une violente prévention peuvent produire tout ce que l'on vient de dire.

Saint Bernard commence par guérir l'esprit de la femme, en lui donnant son bâton pour le mettre au lit auprès d'elle. Ce bâton suffit pour une premiere impression ; mais pour la disposer à une guérison parfaite, il fait l'Exorcisme du Démon, & puis l'anathématise avec le plus grand éclat qui lui est possible : on assemble des Evêques dans la Cathédrale ; le peuple s'y rend en foule ; on raconte la chose en termes pompeux ; on menace le mauvais Esprit ; on éteint les cierges, toutes cérémonies frappantes : la femme en est touchée, & son imagination en est guérie.

Jérôme Cardan (a) rapporte deux exemples singuliers de la force de l'imagination dans ce genre ; il les tenoit de François Pic de la Mirande. Je connois, disoit ce dernier, un Prêtre âgé de 75 ans, qui a vécu avec une prétendue femme qu'il nommoit Hermeline, avec laquelle il couchoit, lui parloit, la conduisoit dans les rues comme si elle eût été sa femme. Lui seul la voyoit, ou la croyoit voir, ensorte qu'on le regardoit comme un homme qui avoit perdu l'esprit. Ce Prêtre s'appelloit Benoît Beïna. Il avoit été arrêté par l'Inquisition, & puni pour ses crimes : car il avoua que dans le Sacrifice de la Messe il ne prononçoit pas les paroles sacramentelles ; qu'il avoit donné des Hosties consacrées à des femmelettes pour s'en servir en sortiléges ; qu'il avoit sucé le sang des enfans. Il avoua tout cela dans la question qu'on lui donna.

Un autre nommé Pinete, entretenoit un Démon qu'il tenoit comme sa femme, & avec qui il avoit eu commerce pendant

(a) Cardan, de variet. lib. 15. c. 80. pag. 290.

plus de quarante ans. Cet homme vivoit encore du tems de Pic de la Mirande.

La dévotion & une spiritualité trop guindée & portée à l'excès, ont aussi leurs déréglemens d'imagination. Ces personnes croyent souvent voir, entendre & sentir ce qui ne se passe que dans le creux de leur cerveau, & qui n'a de réalité que dans leurs préjugés & dans leur amour propre. On s'en défie moins, parce que l'objet en est saint & pieux; mais l'erreur & l'excès même en dévotion sont sujets à de très-grands inconvéniens, & il est très-important de détromper ceux & celles qui se laissent aller à ces sortes de dérangemens d'esprit.

On a vû, par exemple, des personnes qui étoient dans la plus éminente dévotion, qui croyoient voir la Sainte Vierge, S. Joseph, le Sauveur, leur Ange gardien qui leur parloient, les entretenoient, touchoient les plaies du Seigneur, goûtoient du sang qui couloit de son côté & & de ses plaies. D'autres croyoient avoir en leur compagnie la Sainte Vierge & l'Enfant Jesus, qui leur parloient & les entretenoient; tout cela en idée & sans réalité.

On auroit pû employer pour guérir ses deux Ecclésiastiques dont on a parlé, des moyens plus doux & peut-être plus efficaces que ceux dont on se sert dans le Tribunal de l'Inquisition : on guérit tous les jours des hypocondriaques, des maniaques, des imaginations échauffées, des cerveaux blessés, des visceres trop échauffés, par des remédes tout simples & tout naturels, ou en rafraîchissant le sang, ou en faisant diversion des humeurs, ou en frappant l'imagination par quelques nouveaux tours, ou en donnant tant d'excercice de corps ou d'esprit au malade du cerveau, qu'il ait tout autre chose à faire ou à penser qu'à nourrir ses fantaisies, & à les fortifier par des réflexions qui se renouvellent de jour en jour, ayant toujours le même but & le même objet.

CHAPITRE XXXIX.

Retour & Apparitions des Ames après la mort du corps prouvées par l'Ecriture.

LE dogme de l'immortalité de l'ame & de son existence après sa séparation du corps qu'elle a animé étant supposé comme indubitable, & Jesus-Christ l'ayant invinciblement établi contre les Saducéens, le retour des Ames & leurs Apparitions aux vivans par l'ordre ou par la permission de Dieu ne doit plus paroître si incroyable ni même si difficile. C'étoit une vérité connue & reçûe parmi les Juifs du tems du Sauveur ; il l'a supposée comme certaine, & n'a jamais rien dit qui pût faire croire qu'il la désaprouvoit ou la condamnoit : il nous a seulement avertis que dans les Apparitions ordinaires, les Esprits n'avoient ni chair ni os, comme il en avoit après sa résurrection (a) : *Spiritus carnem & ossa non habent, sicut me videtis habere.* Si S. Thomas a douté de la réalité de la résurrection de son Maître & de la vérité de son Apparition, c'est qu'il sçavoit que ces Apparitions des Esprits sont sujettes à illusion, & que souvent une personne prévenue croit voir ce qu'elle ne voit pas, & entendre ce qu'elle n'entend pas ; & quand même Jesus-Christ seroit apparu à ses Apôtres, cela ne prouveroit pas qu'il fût ressuscité, puisqu'un Esprit peut apparoître pendant que son corps est dans le tombeau, & même corrompu ou réduit en cendres.

(a) Luc. xxiv. 37. 39.

Les Apôtres ne doutoient point de la possibilité des Apparitions des Esprits, lorsqu'ils virent le Sauveur venir à eux marchant sur les eaux du lac de Génézareth (a); ils crurent d'abord que c'étoit un fantôme. Après que S. Pierre fut sorti de prison par le secours d'un Ange, & qu'il vint frapper à la porte de la maison où les Freres étoient rassemblés, la servante qui fut envoyée pour ouvrir, ayant oui la voix de Pierre, crut que c'étoit son Esprit ou un Ange (b) qui frappoit, & qui avoit pris sa forme & sa voix. Le mauvais Riche étant dans les flammes de l'Enfer, pria Abraham d'envoyer Lazare sur la terre pour avertir ses Freres (c) de prendre garde de ne pas s'exposer au danger de tomber comme lui dans le dernier malheur ; il croyoit sans doute que les Ames peuvent revenir, se faire voir & parler aux vivans.

Dans la Transfiguration de Jesus-Christ, Moïse qui étoit mort depuis tant de siécles apparut sur le Thabor avec Elie, s'entretenant avec Jesus-Christ transfiguré (d) : après la résurrection du Sau-

---

(a) Matth. xj. 16. Marc. vj. 49.
(b) Act. xij 13. 14.
(c) Luc. xxj. 14. 15.
(d) Luc. ix. 30.

veur plusieurs personnes mortes depuis longtems ressusciterent, & apparurent dans Jérusalem à grand nombre de gens (a).

Dans l'Ancien Testament, le Roi Saül s'adresse à la Magicienne d'Endor, pour lui évoquer l'ame de Samuel (b) : ce Prophete parut, & parla à Saül. Je sçai qu'on forme sur cette évocation & cette Apparition de Samuel des difficultés considérables; mais qu'il ait apparu ou non, que la Pythonisse l'ait réellement évoqué, ou qu'elle ait fait illusion à Saül, j'en conclus que Saül & les siens étoient persuadés que les Esprits des morts pouvoient apparoître aux vivans, & leur révéler des choses inconnues aux hommes.

S. Augustin répondant à Simplicien qui lui avoit proposé ses difficultés sur cette Apparition, dit d'abord (c) qu'il n'est pas plus difficile de comprendre que le Démoin ait pû évoquer Samuel par le ministere d'une Magicienne, qu'il ne l'est que Satan ait parlé à Dieu, & ait tenté le S. homme Job, & ait demandé la permission de tenter les Apôtres, & qu'il ait

___
(a) Matth. xxvij. 34.
(b) Reg. xxviij. 12. 13. 14.
(c) Augustin. de diversis quæstionib. ad Simplicium, quæst. III.

transporté Jesus-Christ lui-même sur le haut du Temple de Jérusalem.

On peut croire aussi, que Dieu par une dispensation particuliere de sa volonté ait permis au Démon d'évoquer Samuel, & de le faire paroître devant Saül, pour lui annoncer ce qui lui devoit arriver, non par la vertu de la Magie, ni par la seule puissance du Démon, mais uniquement parce que Dieu le vouloit, & l'ordonnoit ainsi.

Il ajoute qu'on peut aussi avancer que ce n'est pas Samuel qui apparut à Saül, mais un fantôme formé par l'illusion du Démon, & par la force de la Magie; & que l'Ecriture en donnant à ce fantôme le nom de Samuel, a suivi le langage ordinaire, qui donne le nom des choses à ce qui n'en est que l'image ou la représentation en peinture ou en sculpture.

Que si l'on demande comment ce fantôme a pû découvrir l'avenir, & prédire à Saül sa mort prochaine, on peut demander de même comment le Démon a pû connoître Jesus-Christ pour le seul Dieu, pendant que les Juifs l'ont méconnu, & que la fille Pythonisse dont il est parlé aux Actes des Apôtres (*a*) a

---

(*a*) Act. xxvj. 17.

pû rendre témoignage aux Apôtres, & s'ingérer à devenir leur Apologiste, en rendant un bon témoignage de leur mission.

Enfin S. Augustin conclud, en disant qu'il ne se croit pas assez éclairé pour décider si le Démon peut ou ne peut pas par le moyen des enchantemens magiques évoquer une ame après la mort du corps, ensorte qu'elle apparoisse & se fasse voir sous une forme corporelle, reconnoissable, & capable de parler & de découvrir des choses futures & cachées. Que si l'on n'accorde pas ce pouvoir à la Magie & au Démon, il faudra conclure que tout ce qui est raconté de cette Apparition de Samuel à Saül, est une illusion & une Apparition fausse, faite par le Démon pour tromper les hommes.

Dans les livres des Machabées (a) le grand Prêtre Onias qui étoit mort plusieurs années auparavant, apparut à Judas Machabée en posture d'un homme qui a les mains étendues, & qui prie pour le peuple du Seigneur : en même tems le Prophete Jérémie décédé depuis longtems apparut au même Machabée ; & Onias lui dit : voilà ce Saint homme,

(a) II Mach. xv. 14. 15.

qui est l'ami & le protecteur de ses Freres ; c'est lui qui prie continuellement pour le peuple du Seigneur, & pour la Sainte Cité de Jérusalem. En disant cela, il mit entre les mains de Judas une épée d'or, lui disant : recevez cette épée comme un présent venu du Ciel, par le moyen duquel vous détruirez les ennemis de mon peuple d'Israel.

Dans le même second livre des Machabées (a), on raconte que dans le fort de la bataille que Timothée Général des armées de Syrie livra à Judas Machabée, l'on vit cinq hommes comme venant du Ciel montés sur des chevaux avec des freins dorés, qui étoient à la tête de l'armée des Juifs, & dont deux étoient aux deux côtés de Judas Machabée chef de l'armée du Seigneur, qui le couvroient de leurs armes, & lançoient contre les ennemis des traits enflammés, & comme des coups de foudre qui les aveugloient & leur inspiroient une frayeur mortelle.

Ces cinq Cavaliers armés, & combatans pour Israel, ne sont autres apparemment que Mathathias pere de Judas Machabée (b), & quatre de ses fils qui étoient décédés ; il ne lui restoit alors

_____
(a) II Mach. x. 29.
(b) I. Mach. ij. 2.

de ses sept fils que Judas Machabée, Jonathas & Simon. On peut aussi l'entendre de cinq Anges, qui étoient envoyés de Dieu au secours des Machabées. De quelque maniere qu'on le prenne, ce sont des Apparitions non douteuses, tant à cause de la certitude du livre où elles sont rapportées, que par le témoignage d'une armée entiere qui les a vûes.

D'où je conclus que les Hébreux ne doutoient point que les Esprits des morts ne pussent revenir, qu'ils ne revinssent en effet, & qu'ils ne découvrissent aux vivans des choses au-dessus de nos connoissances naturelles. Moïse défend expressément aux Israélites de consulter les morts (*a*): *non erit qui quærat à mortuis veritatem*. Mais ces Apparitions ne se faisoient pas dans des corps solides & matériels; le Sauveur nous en assure, lorsqu'il a dit que les *Esprits n'ont ni chair ni os*. Ce n'étoit souvent qu'une figure aërienne qui frappoit les sens & l'imagination, comme les images que nous voyons dans le sommeil, ou que nous croyons fermement voir & entendre. Les Habitans de Sodome furent frappés d'une espece d'aveuglement (*b*) qui les empêcha de voir la porte de la

(*a*) Deut. xviij. 11.
(*b*) Genes. xix.

maison de Loth, où les Anges étoient entrés. Les Soldats qui cherchoient Elisée furent de même en quelque sorte aveuglés (a), quoiqu'ils eussent les yeux ouverts, & qu'ils parlassent à celui qu'ils cherchoient, & qui les conduisit jusques dans Samarie, sans qu'ils s'en apperçussent. Les deux Disciples qui alloient le jour de Pâques à Emmaüs en la compagnie de Jesus-Christ leur Maître, ne le reconnurent toutefois qu'à la fraction du pain (b) : *oculi eorum tenebantur, ne eum agnoscerent.*

Ainsi les Apparitions des Esprits aux hommes ne sont pas toujours en forme corporelle, sensible & réelle; mais Dieu qui les ordonne ou qui les permet, fait souvent que les personnes à qui se font les Apparitions, voyent en songe ou autrement ces Esprits, qui leur parlent & qui les avertissent, qui les menacent, qui leur font voir des choses comme présentes qui réellement ne sont pas devant leurs yeux, mais seulement dans leur imagination, ce qui n'empêche pas que ces visions & ces avertissemens ne viennent de la part de Dieu, qui par lui-même, ou par le ministere de ses Anges,

(a) IV. Reg. vj. 19.
(b) Luc. xxvj. 16.

ou des Ames séparées du corps, inspire aux hommes ce qu'il juge à propos de leur faire connoître, ou en songe, ou par des signes extérieurs, ou par des paroles, ou par certaines impressions faites sur leurs sens, ou dans leur imagination, en l'absence de tout objet extérieur.

Si les Apparitions des Ames des morts étoient des choses naturelles, & qui fussent de leur choix, il y auroit peu de morts qui ne revinssent visiter les choses ou les personnes qui leur ont été cheres pendant leur vie. S. Augustin le dit de sa mere Sainte Monique (a), qui avoit pour lui une affection si tendre & si constante, & qui pendant sa vie le suivit & le chercha par mer & par terre. Le mauvais Riche n'auroit pas manqué non plus de venir en personne trouver ses freres & ses parens, pour les informer du malheureux état où il se trouvoit dans l'Enfer; c'est une pure grace de la miséricorde ou de la puissance de Dieu, & qu'il n'accorde qu'à très-peu de personnes, d'apparoître après la mort, & c'est ce qui fait que l'on doit être fort en garde contre tout ce qu'on en dit, & tout ce qu'on en trouve d'écrit dans les livres.

(a) Aug. de curâ gerendâ pro mortuis, c. 18.

CHAPITRE XL.

Apparitions des Esprits prouvées par l'Histoire.

Saint Augustin (*a*) reconnoît que les morts ont souvent apparu aux vivans, leur ont révélé le lieu où leurs corps étoient sans sépulture, & leur ont montré celui où ils vouloient être enterrés. Il dit de plus qu'on entend souvent du bruit dans les Eglises où des morts sont inhumés, & que des morts ont été vûs souvent entrer dans les maisons où ils demeuroient avant leur décès.

On lit dans le Concile d'Elvire (*b*) tenu vers l'an 300. une défense d'allumer des cierges dans les Cimetieres, pour ne pas inquiéter les Ames des Saints. La nuit qui suivit la mort de Julien l'Apostat, S. Basile (*c*) eut une vision, où il crut voir le Martyr S. Mercure, qui reçut ordre de Dieu d'aller tuer Julien. Peu de tems après le même S. Mercure

---

(*a*) Aug. de curâ gerend. pro mortuis, c. x.
(*b*) Concil. Eliber. anno circiter 300.
(*c*) Amphilo. vita S. Basil. & Chronic. Alex. pag. 691.

revint, & s'écria : Seigneur, Julien est percé & blessé à mort, comme vous me l'avez commandé. Dès le matin S. Basile annonça cette nouvelle à son peuple.

S. Ignace Evêque d'Antioche, qui souffrit le Martyre en 107. (a) apparut à ses Disciples, les embrassant, & se tenant près d'eux. Et comme ils persévéroient à prier avec encore plus d'ardeur, ils le virent comblé de gloire, & comme tout en sueur venant d'un grand combat, & environné de lumiere.

Après la mort de S. Ambroise arrivée la veille de Pâques, la nuit même où l'on baptisoit les Néophites, plusieurs enfans nouvellement baptisés virent le saint Evêque (b), & le montrerent à leurs parens, qui ne le purent voir, parce qu'ils n'avoient pas les yeux épurés, dit Saint Paulin Disciple du Saint, & Auteur de sa vie.

Il ajoûte que le jour de sa mort il apparut en Orient à plusieurs saints personnages, priant avec eux, & leur imposant les mains ; ils écrivirent à Milan, & l'on trouva en confrontant les dates, que c'étoit le jour même de sa mort. On conservoit encore ces lettres du tems de Pau-

_____
(a) Acta sincera Mart. p. 11. & 22. Edit. 1713.
(b) Paulin. vit. S. Ambros. n 47. 48.

lin, qui a écrit tout ceci : on a aussi vû ce S. Evêque plusieurs fois après sa mort prier dans l'Eglise Ambrosienne de Milan, qu'il avoit promis pendant sa vie de visiter souvent. Pendant le siége de la même ville, S. Ambroise apparut à un homme de la ville, & lui promit que le lendemain elle auroit du secours ; ce qui arriva. Un aveugle ayant appris en vision que les corps des SS. Martyrs Sisinnius & Alexandre arrivoient par mer à Milan, & que l'Evêque Ambroise alloit au-devant d'eux, il pria en songe le même Evêque de lui rendre la vûe ; Ambroise répondit : Allez à Milan ; venez au-devant de mes freres, ils arriveront un tel jour, & ils vous rendront la vûe. L'aveugle vint à Milan, où il n'avoit jamais été, toucha la Chasse des SS. Martyrs, & recouvra la vûe ; c'est lui-même qui raconta la chose à Paulin.

Les vies des SS. sont remplies d'Apparitions de personnes décédées ; & si l'on vouloit les ramasser, on en rempliroit de grands volumes. S. Ambroise dont on vient de parler, découvrit d'une façon miraculeuse les corps des Saints Gervais & Protais (a), & ceux de Saint Nazaire & de S. Celse.

(a) Ambros. Epist. 22. pag. 874. vid. notas ibid.

Évode Évêque d'Upsal en Afrique (a), grand ami de S. Augustin, étoit très-persuadé de la réalité des Apparitions des morts, dont il avoit l'expérience, & dont il rapporte quelques exemples arrivés de son tems; comme d'une bonne Veuve, à qui un Diacre décédé depuis quatre ans apparut : il étoit accompagné de plusieurs Serviteurs & Servantes de Dieu, qui préparoient un Palais d'une beauté extraordinaire. Cette Veuve lui demanda pour qui l'on faisoit ces préparatifs ; il répondit que c'étoit pour ce jeune garçon qui étoit décédé le jour précédent. En même tems un vieillard vénérable qui étoit dans le même Palais, ordonna à deux jeunes hommes qui étoient vêtus de blanc, de tirer du tombeau ce jeune homme décédé, & de le conduire en ce lieu. Dès qu'il fut sorti du tombeau, on y vit éclore des roses vierges ou en boutons, & le jeune homme apparut à un Religieux, & lui dit que Dieu l'avoit reçû au nombre de ses Élûs, & l'avoit envoyé querir son pere, qui en effet mourut quatre jours après d'une petite fiévre.

Évode se propose sur cela diverses questions. Si l'Ame au sortir de son corps

___

(a) Evod. Upzal. apud Aug. Epist. clviij. Idem. Aug. Epist. clix.

ne conserve pas encore un certain corps subtil, avec lequel elle apparoît, & par le moyen duquel elle est transportée d'un lieu en un autre ? Les Anges mêmes n'ont-ils pas un certain corps ? Car s'ils sont incorporels, comment peut-on les compter ? Et si Samuel apparut à Saül, comment cela se put-il faire, si Samuel n'avoit point de corps ? Il ajoute : je me souviens fort bien que Profuturus, Privatus & Servitius que j'avois connus dans le Monastere, m'ont apparu, & m'ont parlé après leur décès ; & ce qu'ils m'ont dit est arrivé. Est-ce leur Ame qui m'a apparu, ou est-ce quelqu'autre Esprit qui a pris leur figure ? Il en conclut que l'Ame n'est pas absolument sans corps, puisqu'il n'y a que Dieu qui soit réellement incorporel : *animam igitur omni corpore carere omninò non posse, illud, ut puto, ostendit, quia Deus solus omni corpore semper caret.*

S. Augustin qu'Evode avoit consulté sur cette matiere, ne croit pas que l'Ame après la mort du corps soit revêtue d'aucune substance matérielle ; mais il avoue qu'il est très-difficile d'expliquer, comment se font une infinité de choses qui se passent dans notre esprit, tant dans le sommeil que dans la veille, où nous croyons voir, sentir, discourir, & faire des choses qui semblent ne pouvoir être faites que par le corps, quoiqu'il soit certain qu'il ne s'y passe rien de corporel. Et comment pouvoir expliquer des choses si inconnues & si éloignées de ce que nous expérimentons tous les jours, puisque nous ne pouvons expliquer ce que l'expérience journalière nous fait éprouver? *Quid se præcipitat de rarissimis aut inexpertis quasi definitam ferre sententiam, cùm quotidiana & continua non solvat?* Évode ajoute, qu'on a vû plusieurs personnes après leur décès aller & venir dans leurs maisons comme auparavant, & le jour & la nuit; & que dans les Eglises où il y a des morts enterrés, on entend souvent la nuit du bruit, comme de personnes qui prient à haute voix.

S. Augustin à qui Evode écrit tout cela, reconnoît qu'il y a beaucoup de distinction à faire entre les vraies & les fausses visions, & qu'il voudroit bien avoir un moyen sûr pour en faire le juste discernement. Le même Saint raconte à cette occasion une Histoire remarquable, qui a un très-grand rapport à la matiere que nous traitons. Un Médecin nommé Gennade, fort ami de S. Augustin, & fort connu à Carthage par sa grande capacité & par son amour pour les pauvres, doutoit qu'il y eût une autre vie après celle-ci; un jour il vit en songe un jeune homme, qui lui dit: suivez-moi; il le suivit en esprit, & se trouva dans une ville, où il entendit à sa droite une mélodie admirable: il ne se souvenoit pas de ce qu'il avoit entendu à sa gauche.

Une autrefois il vit le même jeune homme, qui lui dit: me connoissez-vous? fort bien, lui répondit-il; & d'où me connoissez-vous? il lui raconta ce qu'il lui avoit fait voir dans la ville, où il l'avoit conduit. Le jeune homme ajouta: est-ce en songe ou éveillé que vous avez vû tout cela? c'est en songe, lui dit-il; & ce que je vous dis à présent, l'entendez-vous en songe ou éveillé? c'est en songe, répondit-il. Le jeune homme ajouta: où est à présent votre corps? dans mon lit, répliqua-t'il. Sçavez-vous bien que vous ne voyez rien à présent des yeux du corps? je le sçais, répondit-il. Quels sont donc les yeux par lesquels vous me voyez? Comme il hésitoit, & ne sçavoit quoi répondre, le jeune homme lui dit: de même que vous me voyez & m'entendez à présent que vos yeux sont fermés, & vos sens endormis; ainsi après votre mort vous vivrez, vous verrez, vous entendrez, mais des yeux de l'esprit : ainsi ne doutez point qu'il n'y ait une autre vie après celle-ci.

Le grand S. Antoine vit un jour étant bien éveillé l'Ame du solitaire S. Ammon, qui étoit portée dans le Ciel au milieu des Chœurs des Anges. Or Saint Ammon étoit décédé le même jour à cinq journées de-là dans le désert de Nitrie. Le même S. Antoine vit aussi l'Ame de S. Paul Hermite, qui montoit au Ciel au milieu des Chœurs des Anges & des Prophetes. S. Benoît vit l'Ame de Saint Germain Evêque de Capoue au moment de son décès, qui étoit portée dans le Ciel par le ministere des Anges. Le même Saint vit l'Ame de sa sœur Sainte Scholastique, qui montoit au Ciel en forme de Colombe. On pourroit multiplier ces exemples à l'infini. Ce sont de véritables Apparitions d'Ames séparées de leurs corps.

S. Sulpice Sévere étant assez éloigné de la Ville de Tours, & ne sçachant pas ce qui s'y passoit, s'étoit endormi un matin d'un sommeil fort léger ; comme il dormoit, il vit S. Martin qui lui apparut vêtu d'un habit blanc, le visage éclatant, les yeux étincellans, les cheveux couleur de pourpre : il étoit néanmoins fort reconnoissable à son air & à sa figure ; & S. Martin se fit voir à lui d'un visage riant, & tenant en main le livre que Sulpice Sévere avoit composé de sa vie. Sulpice se jetta à ses pieds, embrassa ses genoux, & lui demanda sa bénédiction, que le Saint lui donna. Tout ceci se passoit en vision ; & comme S. Martin se fut élevé en l'air, Sulpice Sévere vit encore en esprit le Prêtre Clarus Disciple du Saint, qui prenoit le même chemin, & s'élevoit vers le Ciel. A ce moment Sulpice s'éveilla, & un jeune garçon qui le servoit étant entré, lui dit qu'il y avoit deux Moines de Tours qui venoient d'arriver, & qui annonçoient que S. Martin y étoit décédé.

M. le Baron de Coussey, ancien & respectable Magistrat, m'a raconté plus d'une fois, qu'étant à plus de soixante lieues de la Ville où sa mere décéda, la nuit qu'elle mourut, il fut éveillé par les abbois d'un chien qui étoit au pied de son lit, & qu'en même tems il apperçut la tête de sa mere environnée d'une grande lumiere, qui entrant par la fenêtre dans sa chambre, lui parla distinctement, & lui annonça diverses choses qui concernoient l'état de ses affaires.

Saint Chrisoftôme dans son exil (a), & la nuit qui précéda sa mort, vit le Martyr S. Basilique, qui lui dit: courage, mon frere Jean; demain nous nous trouverons ensemble. La même chose avoit été prédite à un Prêtre, qui demeuroit au même endroit. S. Basilique lui dit: préparez un lieu pour mon frere Jean; car le voici qui vient.

La découverte du corps de S. Etienne premier Martyr est très-célébre dans l'Eglise; elle se fit en 415. S. Gamaliel qui avoit été Maître de S. Paul avant sa conversion, apparut à un Prêtre nommé Lucius, qui couchoit dans le Baptistere de l'Eglise de Jérusalem pour en garder les vases sacrés, & lui dit que son corps, & celui de Saint Etienne premier Martyr, étoient enterrés à Caphargamala au Faux-bourg nommé Dilagabis; que le corps de son fils nommé Abibas, & celui de Nicodéme reposoient au même endroit. Lucius eut la même vision trois fois de suite à quelques jours de distance. Jean Patriarche de Jérusalem qui étoit alors au Concile de Diospolis, se rendit sur les lieux, fit les découvertes & la transla-

(a) Palladius, Dialog. de vitâ Chrisoft. c. xij.

tion des Reliques, qui furent transportées à Jérusalem; & il s'y fit un grand nombre de Miracles.

Licinius étant dans sa tente (*a*) tout occupé de la bataille qu'il devoit livrer le lendemain, vit un Ange, qui lui dicta la formule d'une priere qu'il fit apprendre à ses Soldats, & par le moyen de laquelle il remporta la victoire sur l'Empereur Maximin.

Mascezel, Général des troupes Romaines que Stilicon envoya en Afrique contre Gildon, se prépara à cette guerre à l'imitation du grand Théodose, par la priere & l'intervention des Serviteurs de Dieu. Il mena avec lui dans son vaisseau des Religieux, dont toute l'occupation pendant tout le trajet ne fut que la priere, le jeûne & le chant des Pseaumes. Gildon avoit une armée de soixante & dix mille hommes: Mascezel n'en avoit que cinq mille, & ne croyoit pas pouvoir sans témerité se mesurer avec un Ennemi si puissant & si supérieur en forces. Comme il étoit dans ces inquiétudes, S. Ambroise qui étoit mort un an auparavant, lui apparut la nuit tenant un bâton à la main, & frappa la terre par trois fois,

---

(*a*) Lactant. de Mort. Persec. c. 46.

disant: ici, ici, ici. Mascezel comprit que le Saint lui promettoit la Victoire au même lieu dans trois jours. En effet trois jours après il marcha à l'Ennemi, offrit la paix aux premiers qu'il rencontra; mais un Enseigne lui ayant répondu avec arrogance, il lui déchargea un grand coup d'épée sur le bras, & lui fit pancher son étendart : ceux qui étoient loin crurent qu'il se rendoit, & qu'il baissoit son étendart en signe de soumission, & ils se hâterent d'en faire de même. Paulin qui a écrit la vie de S. Ambroise, assûre avoir appris ces particularités de la bouche même de Mascezel ; & Orose les sçavoit de ceux qui en avoient été témoins.

Les Persécuteurs ayant fait souffrir le Martyre à sept Vierges Chrétiennes (a), l'une d'elles apparut la nuit suivante à S. Théodose d'Ancyre, & lui découvrit le lieu où elle & ses compagnes avoient été jettées dans le lac, ayant chacune une pierre au col. Comme Théodose & les siens étoient occupés à la recherche de ces corps, une voix du Ciel avertit Théodose de se garder du traître : elle vouloit marquer Polycronius, qui trahit Théo-

(a) Acta sincera Martyr. passion. S. Theodos. m. pag. 343. 344.

dose, & fut cause qu'il fut arrêté & martyrisé.

Sainte Potamienne (a), Vierge Chrétienne qui souffrit le Martyre à Alexandrie, apparut après sa mort à plusieurs personnes, & fut cause de leur conversion au Christianisme. Elle se fit voir en particulier à un soldat nommé Basilide, qui la menant au supplice, l'avoit défendue contre les insultes de la populace ; ce soldat encouragé par Potamienne qui lui mit en vision une couronne sur la tête, se fit baptiser, & reçut la couronne du Martyre.

Saint Grégoire Thaumaturge, Evêque de Néocésarée dans le Pont, étant fort occupé de certaines difficultés de Théologie, que formoient des Hérétiques sur les Mysteres de la Religion, & ayant passé une grande partie de la nuit à étudier ces matieres, il vit entrer dans sa chambre un vieillard vénérable, ayant à ses côtés comme une Dame d'une forme auguste & divine : il comprit que c'étoient la Sainte Vierge & S. Jean l'Evangéliste. La Vierge exhorta S. Jean à instruire l'Evêque, & à le tirer d'embarras, en lui

---

(a) Euseb. Hist. Eccles. lib. 6. c. 8.

expliquant clairement le Myſtere de la Trinité, & de la Divinité du Verbe ; il le fit, & Grégoire l'écrivit ſur le champ. C'eſt cette Doctrine qu'il laiſſa à ſon Egliſe, & que nous avons encore aujourd'hui.

CHAPITRE XLI.

Autres Exemples d'Apparitions.

Pierre le Vénérable Abbé de Cluny (a) raconte, qu'un bon Prêtre nommé Etienne ayant entendu la confeſſion d'un Seigneur nommé Gui bleſſé à mort dans un combat, ce Seigneur lui apparut tout armé quelque tems après ſa mort, & le pria de dire à ſon frere Anſelme de reſtituer un bœuf que lui Gui avoit pris à un tel payſan qu'il lui nomma, & de réparer le dommage qu'il avoit fait dans un village qui ne lui appartenoit pas, & auquel il avoit impoſé des charges indûes ; qu'il avoit oublié de déclarer ces deux péchés dans ſa derniere confeſſion, & qu'il étoit cruellement tourmenté pour

(a) Pet. Venerab. in Biblioth. Cluniac. p. 1283. & reliq.

cela; & pour assurance de ce que je vous dis, ajouta-t'il, quand vous serez retourné chez vous, vous trouverez qu'on vous a volé l'argent que vous destiniez à faire le voyage de S. Jacques. Le Curé de retour en sa maison trouva son argent, mais ne put s'acquitter de sa commission, parce qu'Anselme étoit absent. Peu de jours après Gui lui apparut de nouveau, & lui reprocha sa négligence à satisfaire à ce qu'il avoit demandé de lui; le Curé s'excusa sur l'absence d'Anselme, & enfin l'alla trouver, & lui dit ce dont il étoit chargé: Anselme lui répondit durement, qu'il n'étoit pas obligé de faire pénitence pour les péchés de son frere.

Le mort apparut une troisiéme fois au Curé, & le pria de le secourir dans cette extrémité: il le fit, & restitua le prix du boeuf; mais comme le reste excédoit son pouvoir, il fit des aumônes, recommanda Gui aux gens de bien de sa connoissance; & il n'apparut pas d'avantage.

Richer Moine de Senones (*a*) parle d'un Esprit qui revint de son tems dans la ville d'Epinal vers l'an 1212. chez un Bourgeois nommé Hugues de la Cour, & qui depuis Noël jusqu'à la S. Jean-

---

(*a*) Richer. Senon. in Chronic. m. Hoc non exstat in impresso.

Baptiste fit dans cette maison une infinité de choses à la vûe de tout le monde. On l'entendoit parler, on voyoit tout ce qu'il faisoit, mais nul ne le pouvoit voir: il se disoit de Cléfenteine, Village à sept lieues d'Epinal; & ce qui est encore remarquable, c'est que pendant les six mois qu'il se fit entendre dans cette maison, il n'y fit aucun mal à personne. Un jour Hugues ayant ordonné à son domestique de seller son cheval, & le valet occupé à autre chose ayant différé de le faire, l'Esprit fit son ouvrage au grand étonnement de toute la maison. Une autrefois Hugues étant absent, l'Eprit demanda à Etienne gendre de Hugues un denier pour en faire une offrande à S. Goëric Patron d'Epinal. Etienne lui présenta un vieux denier Provencien; mais l'Esprit le rebuta, disant qu'il vouloit un bon denier Toulois. Etienne mit sur le seuil de la porte un denier Toulois, qui disparut aussi-tôt, & la nuit suivante on entendit dans l'Eglise de S. Goëric du bruit, comme d'un homme qui y marchoit.

Une autre fois Hugues ayant acheté du poisson pour le repas de sa famille, l'Esprit transporta le poisson au jardin qui étoit derriere la maison, en mit la moitié sur un essis (*scandula*) & le reste dans un mortier, où on le retrouva. Une autre fois Hugues voulant se faire saigner, dit à sa fille de lui préparer des bandelettes; l'Esprit aussi-tôt alla prendre une chemise neuve dans une autre chambre, & la réduisit en plusieurs bandes, qu'il présenta au Maître du logis, & lui dit de choisir les meilleures. Un autre jour la servante du logis ayant étendu divers linges au jardin pour les faire sécher, l'Esprit les porta à la chambre haute, & les y plia plus proprement que n'auroit pû faire la plus habile blanchisseuse.

Un homme nommé Guy de la Torre (*a*) étant décédé à Vérone en 1306, au bout de huit jours parla à sa femme, aux voisins & voisines, au Prieur des Dominicains, & au Professeur de Théologie, qui lui fit plusieurs questions de Théologie, auxquelles il répondit fort pertinemment; il déclara qu'il étoit en Purgatoire pour certains péchés non expiés. On lui demanda comment il pouvoit parler n'ayant pas les organes de la voix; il répondit que les Ames séparées du corps avoient la faculté de se former de l'air des instrumens propres à pro-

(*a*) Herman. Contract. Chronic, pag. 1006.

noncer des paroles : il ajouta que le feu de l'Enfer agit sur les Esprits, non par sa vertu naturelle, mais par la puissance de Dieu, dont le feu est l'instrument.

Voici un autre exemple remarquable d'Apparition rapporté par M. d'Aubigné. J'affirme sur la parole du Roi (a) le second prodige, comme étant un des trois contes, desquels j'ai parlé autrefois, qu'il nous a réitéré, nous faisant voir ses cheveux hérissés. C'est que la Reine s'étoit mise au lit de meilleure heure que de coûtume, ayant à son coucher entr'autres personnes de marque le Roi de Navarre (b), l'Archevêque de Lyon, les Dames de Retz, de Lignerolles, & de Sauve, deux desquelles ont confirmé ce discours. Comme elle étoit pressée de donner le bon soir, elle se jetta d'un tressaut sur son chevet, mit les mains devant son visage, & avec un cri violent appella à son secours ceux qui l'assistoient, leur voulant montrer au pied du lit le Cardinal qui lui tendoit la main; elle s'écria plusieurs fois: M. le Cardinal, je n'ai que faire de vous. Le Roi de Navarre envoie au même tems un de

―――――――――

(a) D'Aubigné, Hist. Univ. l. 2. c. 12. An. 1574. pag. 79.
(b) Henri IV.

ses Gentilshommes au logis du Cardinal, qui rapporta comment il avoit expiré au même point.

Je tire des Mémoires de Sully (a), qu'on vient de réimprimer dans un meilleur ordre qu'ils n'étoient auparavant, un autre fait singulier, & qui peut se rapporter à ceux-ci. On cherche encore, dit l'Auteur, de quelle nature pouvoit être ce prestige vû si souvent & par tant d'yeux dans la Forêt de Fontainebleau; c'étoit un Fantôme environné d'une meute de chiens, dont on entendoit les cris, & qu'on voyoit de loin, mais qui disparoissoit, lorsqu'on s'en approchoit.

La note de M. de l'Ecluse, Editeur de ces Mémoires, entre dans un plus grand détail. Il marque que M. de Peréfix fait mention de ce Fantôme, & il lui fait dire d'une voix rauque l'une de ces trois paroles : m'attendez-vous, ou m'entendez-vous, ou amandez-vous ; & l'on croit, dit-il, que c'étoient des jeux de Sorciers ou du malin Esprit. Le Journal de Henri IV. & la Chronologie septenaire en parlent aussi, & assurent même que ce Phénomène effraya beaucoup Henri IV. &

_____
(a) Mém. de Sully in-4. t. 2. liv. x. pag. 562. note 26. ou Edition in-12. t. 3. pag. 331. note 26.

ses Courtisans; & Pierre Mathieu en dit quelque chose dans son Histoire de France, *tom. 2. pag. 268.* Bongars en parle comme les autres (*a*), & prétend que c'étoit un Chasseur, qu'on avoit tué dans cette Forêt du tems de François I. Mais aujourd'hui il n'est plus question de ce Spectre. Cependant il reste dans la Forêt une route, qui a retenu le nom du grand Veneur, en mémoire, dit-on, de ce prestige.

Une Chronique de Metz (*b*) sous l'an 1330. raconte l'Apparition d'un Esprit à Lagni sur Marne à six lieuës de Paris; c'étoit une bonne Dame, qui parla souvent après sa mort à plus de vingt-huit personnes, à son Pere, à sa Sœur, à sa Fille & à son Gendre, & à ses autres amis, leur demandant qu'ils fissent dire pour elle des Messes propres, comme plus efficaces que les Messes communes. Comme on craignoit que ce ne fût un mauvais Esprit, on lui lut le commencement de l'Evangile de S. Jean: *In principio erat verbum*, & on lui fit dire son *Pater*, son *Credo* & son *Confiteor*; elle disoit qu'elle avoit auprès d'elle deux Anges, un bon & un mauvais, & que le bon An-

(*a*) Bongars, Epist. ad Camerarium.
(*b*) Chronic. Metens. Anno 1330.

ge lui révéloit ce qu'elle devoit dire. On lui demanda si on iroit querir le S. Sacrement de l'Autel; elle répondit qu'il étoit avec eux: car son Pere qui étoit présent, & plusieurs autres des assistans l'avoient reçu le jour de Noël, qui étoit le Mardi précédent.

Le P. Taillepied Cordelier, Professeur en Théologie à Rouen (*a*), qui a composé un livre exprès sur les Apparitions, imprimé à Rouen en 1600. dit qu'un de ses confreres & de sa connoissance, nommé Frere Gabriel, apparut à plusieurs Religieux du Couvent de Nice, & les pria de satisfaire à un Marchand de Marseille chez qui il avoit pris un habit qu'il n'avoit pas payé. On lui demanda pourquoi il faisoit tant de bruit; il répondit que ce n'étoit pas lui, mais un mauvais Esprit qui vouloit apparoître au lieu de lui, & l'empêcher de déclarer la cause de son tourment.

Je tiens de deux Chanoines de Saint Diez en notre voisinage, que trois mois après la mort de M. Henri Chanoine de S. Diez leur confrere, celui des Chanoines à qui la maison étoit échûe, étant allé avec un de ses confreres à deux heu-

___
(*a*) Taillepied, Traité de l'Apparition des Esprits, c. 15. pag. 130.

res après midi pour visiter ladite maison, & voir quel changement il conviendroit d'y faire, ils entrerent dans la cuisine, & virent tous deux dans une grande chambre voisine & fort éclairée un grand Ecclésiastique de même taille & de même figure qu'étoit le Chanoine défunt, qui s'étant tourné vers eux, les envisagea pendant deux minutes, puis traversa ladite chambre, & gagna un petit escalier borgne qui conduit au grenier.

Ces deux Messieurs fort effrayés sortirent incontinent, & raconterent l'avanture à quelques-uns de leurs confreres, qui furent d'avis de retourner pour voir s'il n'y avoit point quelqu'un de caché dans la maison; on alla, on chercha, on fureta par-tout sans pouvoir trouver personne.

On lit dans l'Histoire des Evêques du Mans (a) sous l'Evêque Hugues qui vivoit en 1135. qu'on ouit dans la maison du Prévôt Nicolas un Esprit, qui effrayoit les voisins & ceux qui demeuroient dans la maison par des tintamares & des bruits effroyables, comme s'il eût jetté des pierres énormes contre les murs, avec un fracas qui ébranloit les toîtures,

_____
(a) Anecdot. Mabill. pag. 320. édition in-fol.

Tome I. Q

les murailles & les lambris : il transportoit les plats & la vaisselle d'un lieu à un autre, sans qu'on vît la main qui faisoit ces mouvemens. Ce Génie allumoit une chandelle quoiqu'éloignée du feu ; quelquefois lorsqu'on avoit servi de la viande sur la table, il y répandoit du son, ou de la cendre, ou de la suye, pour empêcher qu'on y touchât. *Amica* femme du Prévôt Nicolas ayant préparé du fil pour faire de la toile, l'Esprit l'entortilla & l'embarrassa de telle sorte autour d'un banc, que tous ceux qui le virent ne pouvoient assez admirer la façon dont tout cela s'étoit fait.

On appella des Prêtres qui jetterent de l'eau bénite par-tout, & ordonnerent à tous les assistans de faire sur eux le signe de la croix. Vers la premiere & la seconde nuit, on ouit comme la voix d'une jeune fille qui tirant des soupirs du fond du cœur, disoit d'une voix lamentable & entrecoupée, qu'il étoit *Garnier* ; & s'adressant au Prévôt : hélas, d'où viens-je ? de quel pays lointain, par combien de tempêtes, de dangers, de neiges, de froid, de feu, de mauvais tems, suis-je arrivé en cet endroit ? je n'ai point reçu le pouvoir de faire mal à personne ; mais munissez-vous du signe de la Croix contre une troupe de malins Esprits, qui ne sont venus ici que pour vous nuire : faites dire pour moi une Messe du S. Esprit, & une Messe pour les défunts ; & vous, ma chere belle-sœur, donnez pour moi quelques habits aux pauvres.

On lui fit plusieurs questions sur des choses passées & futures, auxquelles il répondit très-pertinemment : il s'expliqua même sur le salut & la damnation de plusieurs personnes ; mais il ne voulut pas entrer en dispute, ni en conférence avec des hommes doctes, qui lui furent envoyés par l'Evêque du Mans : cette derniere circonstance est fort remarquable, & donne quelque chose à soupçonner sur cette Apparition.

CHAPITRE XLII.

Apparitions d'Esprits qui impriment leur main sur des habits, ou sur du bois.

ON m'a communiqué depuis peu un ouvrage composé par un P. Prémontré de l'Abbaye de Toussaints dans la Forêt noire, homme fort habile. Son ouvrage est manuscrit, & est intitulé :

Umbra Humberti, hoc est historia memorabilis D. Humberti Birkii mirâ post mortem Apparitione, per A. G. N.

Ce Humbert Birck étoit un notable Bourgeois de la Ville d'Oppenheim, & maître d'une maison champêtre nommée Berenbach; il mourut au mois de Novembre 1620. peu de jours avant la Saint Martin. Le Samedi qui suivit ses obséques, on commença d'ouir certains bruits dans la maison, où il avoit demeuré avec sa premiere femme: car lorsqu'il mourut, il s'étoit remarié avec une autre femme.

Le Maître de cette maison soupçonnant que c'étoit son beau-frere qui y revenoit, il lui dit: si vous êtes Humbert mon beau-frere, frappez trois fois contre la muraille. En même tems on ouit trois coups seulement: car pour l'ordinaire il frappoit plusieurs coups. Il se faisoit aussi quelquefois entendre à la fontaine, où l'on alloit puiser de l'eau, & effrayoit tout le voisinage: il ne proféroit pas toutefois des voix articulées; mais il se faisoit entendre par des coups redoublés, par du bruit, une palpitation, un gémissement, un coup de sifflet, ou par un cri comme d'une personne qui se lamentoit. Tout cela dura pendant environ six mois, puis cessa tout à coup.

Au bout d'un an, & peu après son Anniversaire, il se fit entendre beaucoup plus fort qu'auparavant. Le Maître de la maison & ses domestiques les plus hardis lui demanderent enfin ce qu'il souhaitoit, & en quoi on pourroit l'aider; il répondit, mais d'une voix rauque & basse: faites venir pour Samedi prochain le Curé avec mes enfans. Le Curé étant incommodé, ne put s'y rendre au jour marqué; mais il y vint le Lundi suivant accompagné de bon nombre de personnes.

On en avertit Humbert, qui répondit d'une maniere fort intelligible. On lui demanda s'il demandoit des Messes: il en demanda trois; s'il vouloit qu'on fît des aumônes à son intention, il dit: je souhaite qu'on donne aux pauvres huit mesures de grains; que ma Veuve donnera quelque chose à tous mes enfans. Il ordonna ensuite qu'on réformât ce qui avoit été mal distribué dans sa succession, ce qui alloit environ à vingt florins. On lui demanda pourquoi il infestoit cette maison plutôt qu'une autre; il répondit qu'il y étoit forcé par des conjurations & des malédictions: s'il avoit reçu les Saints

Sacremens de l'Eglise : je les ai reçûs du Curé votre Prédécesseur. On lui fit dire le *Pater* & l'*Ave*: il les récita avec peine, disant qu'il en étoit empêché par un mauvais Esprit, qui ne lui permettoit pas de dire au Curé beaucoup d'autres choses.

Le Curé qui étoit un Prémontré de l'Abbaye de Toussaints, vint au Monastere le Mardi 12 Janvier 1621. afin de prendre l'avis du Supérieur dans une affaire si singuliere; on lui donna trois Religieux pour l'aider de leurs conseils. Ils se rendirent à la maison où Humbert continuoit ses instances : car on n'avoit encore rien exécuté de ce qu'il avoit demandé. Il s'y trouva grand nombre de personnes des environs. Le Maître du logis dit à Humbert de frapper la muraille : il la frappa assez doucement ; il lui dit de nouveau, allez chercher une pierre, & frappez plus fort : il différa un peu, comme ayant été ramasser une pierre, & donna un coup plus fort sur la muraille ; le Maître dit à l'oreille à son voisin le plus bas qu'il pût, qu'il frappe sept fois, & aussi-tôt il frappa sept fois. Il témoigna toujours un grand respect pour les Prêtres, & il ne leur répondoit pas avec la même hardiesse qu'aux Laïques ; comme on lui en demanda la cause, c'est, dit-il, qu'ils ont avec eux le S. Sacrement ; ils ne l'avoient pas toutefois autrement, que parce que ce jour-là ils avoient dit la Messe. Le lendemain on dit les trois Messes qu'il avoit demandées, & on se disposa aussi à faire un pélerinage qu'il avoit spécifié dans le dernier entretien qu'ils eurent avec lui ; on promit de faire les aumônes au premier jour. Depuis ce tems Humbert ne revint plus.

Le même Religieux Prémontré raconte que le 9 Septembre 1625. un nommé Jean Steinlin mourut dans un lieu appellé Altheim, du Diocèse de Constance. Steinlin étoit homme aisé, & Conseiller de sa Ville. Quelques jours après sa mort, il se fit voir pendant la nuit à un Tailleur d'habits nommé Simon Bauh, sous la forme d'un homme environné d'une flamme sombre, & comme celle de soufre allumé, allant & venant dans sa propre maison, mais sans parler. Bauh que ce spectacle inquiétoit, résolut de lui demander ce qu'on pouvoit faire pour son service ; il en trouva l'occasion le 17 Novembre de la même année 1625. Car comme il se reposoit la nuit dans son poële, un peu après onze heures du soir, il vit entrer dans sa chambre ce Spectre environné de feu comme de soufre, allant & venant, fermant & ouvrant les fenêtres. Le Tailleur lui demanda ce qu'il souhaitoit : il répondit d'une voix rauque & interrompue qu'il pourroit beaucoup l'aider s'il vouloit ; mais, ajouta-t'il, ne me promettez pas, si vous n'êtes pas résolu d'exécuter vos promesses : je les exécuterai, si elles ne passent pas mon pouvoir, répondit-il.

Je souhaite donc, reprit l'Esprit, que vous fassiez dire une Messe à la Chapelle de la Vierge de Rotembourg ; je l'ai vouée pendant ma vie, & ne l'ai pas fait acquitter : de plus vous ferez dire deux Messes à Altheim, l'une des défunts, & l'autre de la Vierge ; & comme je n'ai pas toujours exactement satisfait à payer mes Domestiques, je souhaite que l'on distribue aux pauvres un quarteron de blé. Simon promit de satisfaire à tout. L'Esprit lui tendit la main comme pour s'assurer de sa parole ; mais Simon craignant qu'il ne lui en arrivât quelque chose, lui tendit le banc qui lui tomba sous la main, & le Spectre l'ayant touché, y imprima sa main avec les cinq doigts & ses jointures, comme si le feu y avoit passé, & y eût laissé une impression assez profonde. Après cela il s'évanouit avec un si grand bruit, qu'on l'entendit trois maisons plus loin.

J'ai rapporté dans la premiere édition de cette Dissertation sur le retour des Esprits une avanture arrivée à Fontenoy sur la Moselle, où l'on prétendoit qu'un Esprit avoit de même imprimé sa main sur un mouchoir, & y avoit laissé l'empreinte de la main & du carpe très-bien marquée. Le mouchoir est entre les mains d'un nommé Casmet, Huissier demeurant à Toul, qui l'avoit reçû de son oncle Curé de Fontenoy même ; mais ayant approfondi la chose, il s'est trouvé que c'étoit d'un jeune garçon Maréchal, qui faisoit l'amour à la Demoiselle à qui le mouchoir appartenoit, & qui avoit forgé une main de fer pour en faire l'empreinte sur le mouchoir, & persuader le monde de la réalité de l'Apparition.

On a vû à S. Ayold, Ville de la Lorraine Allemande, dans la maison du sieur Curé, nommé M. Royer de Monclos, une scêne à peu près pareille d'une jeune servante âgée de seize ans, qui entendoit & voyoit, disoit-elle, une femme qui faisoit grand bruit dans la maison ; mais elle étoit la seule qui la vît & l'entendît, quoique d'autres entendissent aussi le bruit qui se faisoit dans le logis : ils voyoient aussi la jeune servante comme poussée, tirée, frappée par l'Esprit ; mais on ne le vit jamais, & on n'entendit pas sa voix. Ce manége commença la nuit du 31 de Janvier 1694. & finit sur la fin de Février de la même année. Le Curé conjura l'Esprit en Allemand & en François : il ne répondit point aux Exorcismes faits en François, sinon par des soupirs ; & comme on terminoit l'Exorcisme fait en Allemand, en disant : *que tout Esprit loue le Seigneur*, la fille dit que l'Esprit avoit dit *& moi aussi* ; mais elle fut la seule qui l'ouit.

On pria quelques Religieux de l'Abbaye de venir aussi exorciser l'Esprit : ils y vinrent, & avec eux quelques notables Bourgeois de S. Avold ; & ni après ni pendant les Exorcismes ils ne virent & n'ouirent autre chose, sinon que la servante paroissoit être poussée violemment, & qu'on frappoit rudement sur les portes. A force d'Exorcismes, on força l'Esprit, ou plutôt la servante qui étoit la seule qui le vît & qui l'entendît, de déclarer qu'il n'étoit ni fille ni femme ; qu'elle s'appelloit Claire-Marguerite Henri ; qu'il y avoit cent cinquante ans qu'elle étoit morte à l'âge de vingt ans, après avoir servi chez le Curé de

S. Avold d'abord pendant huit ans ; qu'elle étoit décédée à Guenvillier de douleur & de regret d'avoir tué son propre enfant.

Enfin la servante lui soutenant qu'elle n'étoit pas un bon Esprit, elle lui dit : donne-moi ta juppe : elle n'en voulut rien faire ; en même tems l'Esprit lui dit : *regarde ta juppe, ma marque y est.* Elle regarda, & vit sur sa juppe les cinq doigts de la main si bien exprimés, qu'il ne paroissoit pas qu'une Créature vivante l'eût pû mieux marquer. Ce manége dura environ deux mois ; & aujourd'hui à S. Avold, comme dans tout le pays, on parle de l'Esprit de S. Avold comme d'un jeu joué par cette fille, de concert sans doute avec quelques personnes qui voulurent se divertir, & intriguer le bon Curé avec ses sœurs, & tous ceux qui donnerent dans ce panneau. On a imprimé à Nancy chez Cusson en 1718. la relation de cet évenement, qui trouva d'abord créance parmi bon nombre de gens, mais dont on a été bien détrompé dans la suite.

J'ajouterai à cette Histoire celle qui est racontée par Philippe Mélancthon(a),

_____
(a) Philipp. Melanch. Theolog. t. 1. oper. fol. 326. 337.

dont le témoignage en cette matière ne doit pas être suspect. Il dit que sa tante ayant perdu son mari, lorsqu'elle étoit enceinte & près de son terme, elle vit un jour sur le soir deux personnes entrer chez elle ; l'un avoit la forme de son mari décédé, & l'autre celle d'un Franciscain de haute taille. D'abord elle fut effrayée ; mais son mari la rassura, & lui dit qu'il avoit des choses importantes à lui communiquer : en même tems il pria le Franciscain de passer dans le poêle voisin, en attendant qu'il eût fait connoître ses volontés à sa femme. Alors il la pria de faire dire quelques Messes pour le soulagement de son Ame, & l'engagea de lui donner sa main sans crainte: comme elle en faisoit difficulté, il l'assura qu'elle n'en ressentiroit aucun mal. Elle lui donna la main, puis la retira sans sentir aucune douleur, mais si gâtée de brûlure qu'elle en demeura noire toute sa vie. Après cela le mari rappella le Franciscain, ils sortirent & disparurent. Mélancthon croit que c'étoient deux Spectres ; il ajoute que l'on connoît plusieurs exemples semblables rapportés par des personnes très-dignes de foi.

Si ces deux hommes n'étoient que des Spectres, n'ayant ni chair ni os, comment l'un d'eux a-t'il pû imprimer la couleur noire à la main de cette Veuve ? comment celui qui a apparu au Tailleur Bauh imprima-t'il sa main dans le banc qu'on lui présenta ? Si c'étoient de mauvais Génies, pourquoi demanderent-ils des Messes, & ordonnerent-ils des restitutions ? Satan détruit-il son Empire, & inspire-t'il aux vivans de faire de bonnes actions, & de craindre les peines dont Dieu punit les péchés des méchans ?

Mais considérant la chose sous une autre vûe, le Démon ne peut-il pas dans ces sortes d'Apparitions où il demande des Messes & des prieres, avoir dessein de fomenter la superstition, en faisant croire aux vivans que les Messes & les prieres qu'on fera après leur mort les garantiront des peines de l'Enfer, quand même ils mourroient dans l'habitude du crime & dans l'impénitence ? On cite plusieurs exemples de scélérats qui sont apparus après leur mort demandant des prieres comme le mauvais Riche, & ausquels les prieres & les Messes ne pouvoient être d'aucune utilité, attendu l'état malheureux dans lequel ils étoient décédés. Ainsi dans tout cela Satan cherche à établir son Empire, & non à le détruire ou le diminuer.

Nous parlerons ci-après dans la Dissertation sur les Vampires, des Apparitions de personnes mortes qui ont été vûes, & ont agi comme vivantes dans leur propre corps.

Le même Mélancthon raconte qu'un Religieux vint un jour frapper rudement à la porte du logis de Luther demandant à lui parler; il entra, & dit: j'ai quelques erreurs Papistiques, sur lesquelles je serai bien-aise de conférer avec vous. Parlez, lui dit Luther. Il lui proposa d'abord quelques syllogismes, ausquels il répondit aisément; puis il lui en proposa d'autres plus difficiles. Luther offensé, lui répondit brusquement : allez, vous m'embarrassez ; j'ai autre chose à faire à présent. Toutefois il se leva, & répondit à ses argumens. En même tems ayant remarqué que le prétendu Religieux avoit les mains faites comme des griffes d'oiseau, il lui dit : n'es-tu pas celui dont il est dit dans la Genese : *celui qui naîtra de la femme brisera la tête du serpent ?* il ajouta, *mais tu ne les engloutiras pas tous.* A ces mots le Démon confus se retira en grondant, & faisant grand fracas; il laissa la chambre infectée d'une très-mauvaise odeur qui s'y fit sentir pendant quelques jours.

Luther qui fait l'esprit fort, & qui invective avec tant d'emportement contre les Messes privées, où l'on prie pour le repos des défunts (*a*), soutient hardiment que toutes les Apparitions d'Esprits qui se lisent dans les Vies des Saints, & qui demandent des Messes pour le soulagement de leurs ames, ne sont que des illusions de Satan, qui apparoît pour tromper les simples, & leur inspirer une vaine confiance au Sacrifice de la Messe. Il en conclut qu'il vaut mieux sans détour nier absolument le Purgatoire.

Il ne nioit donc pas ni les Apparitions ni les opérations du Diable, & il soutenoit qu'Ecolampade étoit mort accablé des coups du Diable (*b*) dont il n'avoit pû soutenir l'effort; & parlant de lui-même, il assure que s'étant un jour réveillé en sursaut au milieu de la nuit, le Diable parut pour disputer contre lui : alors il se sentit saisi d'une frayeur mortelle. Les argumens du Démon étoient si pressans, qu'ils ne lui laissoient aucun repos d'esprit : le son de sa puissante voix, ses manieres de disputer accablantes, où la question & la réponse

(*a*) Martin Luther, de abrogandâ Missâ privatâ, part. 2.
(*b*) Idem de abrogat. Miss. privatæ, t. vij. 226.

se font sentir à la fois, ne le laissoient pas respirer. Il dit encore que le Diable peut tuer & étrangler, & sans tout cela mettre un homme si fort à l'étroit par ses disputes, qu'il y a dequoi en mourir, comme je l'ai, dit-il, expérimenté plusieurs fois. Après de tels aveux que peut-on penser de la doctrine de ce Chef des Novateurs ?

CHAPITRE XLIII.

Sentiment des Juifs, des Grecs & des Latins sur les Morts qui sont demeurés sans sépulture.

LES anciens Hébreux, de même que la plûpart des autres Peuples, étoient fort soigneux de donner la sépulture aux Morts. Cela paroît par toutes les Histoires : on voit dans l'Ecriture combien les Patriarches ont eu d'attention sur cela pour eux-mêmes & pour les leurs ; on sçait de quelles louanges ils ont comblé le Saint homme Tobie, qui mettoit sa principale dévotion à donner la sépulture aux Morts.

Joseph l'Historien (a) dit, que les Juifs ne refusent la sépulture qu'à ceux qui se sont donné la mort. Moïse ordonna (b) de donner la sépulture le même jour, & avant le coucher du Soleil, à un supplicié & attaché à la croix; *parce dit-il, que celui qui est pendu au bois est maudit de Dieu, vous prendrez garde de ne pas souiller la terre que le Seigneur votre Dieu vous a donnée.* Cela se pratiqua envers notre Sauveur, que l'on détacha de la Croix le même jour qu'il y avoit été attaché, & peu d'heures après sa mort.

Homere (c) parlant de l'inhumanité d'Achilles, qui traîna le corps d'Hector après son chariot, dit qu'il deshonoroit & outrageoit la terre par cette barbare conduite. Les Rabins écrivent, que l'ame n'est reçûe dans le Ciel qu'après que le corps grossier est enterré & entierement consumé. Ils croyent de plus qu'après la mort les ames des méchans sont revêtues d'une espece d'enveloppe ou de sur-tout, avec lequel elles s'accoutument à souffrir les peines qui leur sont dûes; & que les ames des justes sont revêtues d'un corps

---

(a) Joseph. Bell. Jud. lib. 3. c. 25.
(b) Deut. xxj. 23.
(c) Homere Iliad. 24.

resplendissant, & d'un habit lumineux, avec lequel elles s'accoutument à l'éclat de la gloire qui les attend.

Origenes (a) reconnoît que Platon dans son Dialogue de l'ame avance, que les images & les ombres des morts paroissent quelquefois auprès de leurs tombeaux. Origenes en conclut, qu'il faut que ces ombres & ces images ayent une cause qui les produise ; & cette cause, selon lui, ne peut être que l'ame des morts, qui est revêtue d'un corps subtil semblable à celui de la lumiere, sur lequel elles sont portées comme dans un chariot où elles apparoissent aux vivans. Celse soutenoit que les Apparitions de Jesus-Christ après sa Résurrection n'étoient que les effets d'une imagination frappée & prévenue, qui se formoit à elle-même les objets de ses illusions sur le plan de ses désirs. Origenes le réfute solidement par le récit que font les Evangélistes de l'Apparition du Sauveur à S. Thomas, qui ne se rendit qu'à la vûe & au toucher de ses plaies ; ce n'étoit donc pas l'effet de sa pure imagination.

Le même Origenes (b) & Théophilacte après lui avancent, que les Juifs &

_____
(a) Origenes contra Celsum, pag. 97.
(b) Origenes in Joan. xj. & Theophilac. ibid.

les Payens croyoient que l'ame demeuroit quelque tems auprès du corps qu'elle avoit animé; & que c'est pour détruire cette vaine opinion, que J. C. voulant ressusciter Lazare, crie à haute voix : *Lazare, sortez dehors*; comme voulant appeller de loin l'ame de cet homme mort depuis trois jours.

Tertulien met les Anges dans la cathégorie de l'étendue (*a*) ; il y place Dieu même, & soutient que l'ame est corporelle. Origenes croit aussi l'ame matérielle & figurée (*b*) : sentiment qu'il peut avoir pris de Platon. Arnobe, Lactance, S. Hilaire, plusieurs anciens Peres & quelques Théologiens ont été de la même opinion; & Grotius sçait mauvais gré à ceux qui ont absolument spiritualisé les Anges, les Démons & les ames séparées du corps.

Les Juifs d'aujourd'hui (*c*) croyent qu'après que le corps d'un homme est enterré, son ame va & vient, & sort du lieu où elle est destinée pour venir visiter son corps, & sçavoir ce qui se passe autour de lui; qu'elle est errante pen-

---

(*a*) Tertul. lib. de Animâ.
(*b*) Origen. contra Celf. l. 2.
(*c*) Bereseith Rabba, c. 22. Vide Menasse de Resurrect. mort.

dant un an entier après la mort du corps, & que ce fut pendant cette année de délai que la Pythonisse d'Endor évoqua l'ame de Samuel, après lequel tems l'évocation n'auroit eu aucun pouvoir sur elle.

Les Payens pensoient à peu près de même. Lucain (a) introduit Pompée qui consulte une Magicienne, & lui commande d'évoquer l'ame d'un mort pour lui découvrir quel seroit le succès de la guerre contre César. Le Poëte fait dire à cette femme : Manes, obéissez à mes charmes : car je n'évoque pas une ame qui soit dans le noir tartare, mais une ame qui y est descendue depuis peu, & qui se trouve encore aux portes de l'Enfer :

— — — — — Parete precanti.
Non in tartareo latitantem poscimus
    antro
Assuetamque diù tenebris : modò
    luce fugatâ
Descendentem animam primo pa-
    lentis hiatu
Hæret adhuc orci.

___
(a) Lucan. Pharsal. 16.

Les Egyptiens (a) croyoient que lorsque l'ame d'un animal est séparée de son corps par violence, elle ne s'en éloigne pas, mais se tient près de lui. Il en est de même de l'ame des hommes qu'une mort violente a fait mourir: elle reste près du corps, rien ne peut l'en éloigner; elle y est retenue par sympathie: on en a vû plusieurs qui soupiroient près de leurs corps qui ne sont pas en terre, restant près de leur cadavre. C'est de celles-là dont les Magiciens abusent pour leurs opérations: ils les forcent de leur obéir, lorsqu'ils sont les maîtres du corps mort ou même d'une partie. Une expérience fréquente leur a appris, que dans le corps il y a une vertu secrette qui y attire l'ame qui l'a autrefois habité; c'est pourquoi ceux qui veulent recevoir les ames des animaux qui sçavent l'avenir, en mangent les principales parties, comme le cœur des corbeaux, des taupes, des éperviers: l'ame de ces bêtes entre chez eux en même tems qu'ils font usage de ces nourritures; elle leur fait rendre des Oracles comme des Divinités.

Les Egyptiens croyoient (b) que lorsque l'ame des bêtes est délivrée de son

―――――
(a) Prophyr. de abstin. lib. 2. art. xlvij.
(b) Demet. lib. 4. art. x.

corps, elle est raisonnable & prédit l'avenir, rend des Oracles, & est capable de tout ce que l'ame de l'homme peut faire lorsqu'elle est dégagée du corps; c'est pour cela qu'ils s'abstenoient de manger des animaux, & qu'ils respectoient les Dieux sous la forme des animaux.

On voyoit à Rome & à Metz des Compagnies ou des Colléges de Prêtres consacrés au service des Manes (a), des Lares, des Images, des Ombres, des Spectres, de l'Erebe, de l'Averne ou de l'Enfer sous la protection du Dieu Sylvanus; ce qui démontre que les Latins & les Gaulois reconnoissoient le retour des ames & leurs Apparitions, & qu'on les considéroit comme des Divinités, à qui l'on offroit des Sacrifices pour les appaiser & les empêcher de nuire. Nicandre confirme la même chose, en disant que les Celtes ou les Gaulois veilloient auprès des tombeaux de leurs grands hommes pour en tirer des lumieres sur l'avenir.

Les anciens Peuples septentrionaux étoient persuadés que les Spectres qui apparoissent quelquefois, ne sont autres que les ames des morts décédés depuis peu, & que dans leur pays on ne connoissoit

---

(a) Gruter. pag. lxiij. 1. Mauris. Hist. de Metz, pag. 15. Préface.

point de remede plus propre à faire cesser ces sortes d'Apparitions que de couper la tête au mort, de l'empaler, ou de lui percer le corps avec un pieu, ou de le brûler ; comme il se pratique encore aujourd'hui dans la Hongrie & dans la Moravie envers les Vampires.

Les Grecs qui avoient tiré leur Religion & leur Théologie des Egyptiens & des Orientaux, & les Latins qui l'avoient tirée des Grecs, étoient dans la persuasion que les ames des morts apparoissoient quelquefois aux vivans ; que les Nécromanciens les évoquoient & en tiroient des réponses sur l'avenir, & des instructions sur le présent. Homere le plus grand Théologien, & peut-être le plus curieux des Ecrivains de la Grece, a rapporté plusieurs Apparitions, tant des Dieux que des Héros, & des hommes après leur mort.

Dans l'Odyssée (a) Ulysse va consulter le Devin Tyrésias ; & ce Devin ayant préparé une fosse pleine de sang pour évoquer les Manes, Ulysse tire son épée, & les empêche de venir boire ce sang

---

(b) Homer. Odyss. sub finem. Horat. lib. 2° Satyr. 8. Aug. lib. de Civit. l. 7. c. 35. Clem. Alex. Pædag. lib. 2. c. 1° Prudent. lib. 4. contra Symach. Tertul. l. de anim. Lactantius lib. 2.

dont elles paroissoient fort altérées, & dont on ne vouloit pas qu'elles goûtassent avant que d'avoir répondu à ce qu'on demandoit d'elles : ils croyoient aussi que les ames n'étoient point en repos, & qu'elles rodoient autour de leurs cadavres tandis qu'ils n'étoient point inhumés (a):

> *Proptereà jacet exanimum tibi corpus amici,*
> *Heu nescis ! totamque incestat funere classem.*
> *Sedibus hunc refer antè suis, & conde sepulchro.*

Quand on donnoit la sépulture à un corps, on appelloit cela *animam condere*, couvrir l'ame, la mettre sous terre, & à couvert ;

> ‒ ‒ ‒ ‒ *Animamque sepulchro*
> *Condimus, & magnâ supremum voce ciemus.*

On l'appelloit à haute voix, & on lui offroit des libations de lait & du sang. On appelloit aussi cette cérémonie cacher les ombres, les envoyer avec leur corps sous la terre :

(a) Virgil. Æneid. lib. 3. v. 350. & sequent.

Romulus

*Romulus ut tumulo fraternas condidit umbras,
Et malè veloci justa soluta Remo.*

La Sibylle parlant à Enée, lui montre les Mânes qui erroient sur les bords de l'Achéron, & lui dit que ce sont les ames des personnes qui n'ont pas reçû la sépulture, & qui sont errantes pendant cent ans:

*Hæc omnis, quam cernis, inops, inhumataque turba est.
Centum errant annos, volitantque hæc littora circum.*

Le Philosophe Saluste (*a*) parle des Apparitions des morts autour de leurs tombeaux dans des corps ténébreux; il s'efforce de prouver par-là le dogme de la Métempsychose.

Voici un exemple singulier d'un mort qui refuse la sépulture, s'en reconnoissant indigne. Agathias raconte (*b*) que quelques Philosophes Payens ne pouvant goûter le dogme de l'unité d'un Dieu, résolurent de passer de Constantinople à

(*a*) Salust. Philos. c. 19. 20.
(*b*) Stolust. L. 2. de bello Persico sub fin.

Tome I. R

la Cour de Chosroës Roi de Perse, dont on parloit comme d'un Prince humain, & aimant les Lettres. Simplicius de Silicie, Eulamius Phrygien, Protan Lydien, Hermene & Philogenes de Phénicie, & Isidore de Gaze se rendirent donc à la Cour de Chosroës, & y furent bien reçûs ; mais ils s'apperçurent bientôt que ce Pays étoit beaucoup plus corrompu que la Grece, & ils résolurent de retourner à Constantinople, où régnoit alors Justinien.

Comme ils étoient en chemin, ils trouverent un cadavre sans sépulture, en eurent pitié, & le firent mettre en terre par leurs gens. La nuit suivante cet homme apparut à l'un d'eux, & lui dit de ne pas enterrer celui qui n'étoit pas digne de recevoir la sépulture ; que la terre abhorroit celui qui avoit souillé sa propre mere. Le lendemain ils trouverent le même cadavre jetté hors de terre, & comprirent qu'il s'étoit souillé d'un inceste qui le rendoit indigne de l'honneur de la sépulture, quoique ces sortes de crimes fussent connus en Perse, & qu'on n'en eût pas la même horreur que dans d'autres pays.

Les Grecs & les Latins croyoient que les ames des morts venoient goûter ce qu'on offroit sur leurs tombeaux, surtout du miel & du vin; que les Démons aimoient la fumée & les odeurs des Sacrifices, la mélodie, le sang des victimes, le commerce des femmes; qu'ils étoient attachés pour un tems à certains lieux ou à certains édifices qu'ils infestoient, & où ils apparoissoient; que les ames séparées de leur corps terrestre retenoient après leur mort un corps subtil, délié, aërien, qui conservoit la figure de celui qu'elles avoient animé; que ces corps étoient lumineux & semblables aux astres; qu'elles conservoient de l'inclination pour les choses, & pour les personnes qu'elles avoient aimées pendant leur vie; qu'elles poursuivoient celles qui leur avoient fait outrage, & qu'elles haïssoient. Ainsi Virgile décrit Didon en fureur, qui menace de poursuivre le perfide Enée (a):

- - - *Sequar atris ignibus absens:*
Et cùm frigida mors animæ subduxerit artus,
Omnibus umbra locis adero: dabis, improbe, pœnas.

Quand l'ame de Patrocle apparut à

(a) Virgil. Æneid. lib. iv.

Achilles (a), elle avoit sa voix, sa taille, ses yeux, ses habits, mais non pas son corps palpable. Ulysse étant descendu aux Enfers, y vit le divin Hercule (b), c'est-à-dire, dit Homere, son image; car pour lui, il est avec les Dieux immortels assis à leur festin. Enée reconnut sa femme Creüse qui lui apparut sous sa forme ordinaire, mais d'une taille plus grande & plus avantageuse (c);

> *Infelix simulacrum atque ipsius umbra Creüsæ*
> *Visa mihi ante oculos, & notâ major imago.*

On pourroit entasser une foule de passages des anciens Poëtes, même des Peres de l'Eglise, qui ont crû que les ames apparoissoient souvent aux vivans. Tertullien (d) croit que l'ame est corporelle, & qu'elle a une certaine figure, Il en appelle à l'expérience de ceux à qui les ames des personnes mortes sont apparues, & qui les ont vûes d'une maniere sensible, corporelle & palpable.

(a) Homer. Iliad. xxiij.
(b) Idem Odiss. v.
(c) Virgil. Æneid. 1.
(d) Tertull. de anim.

quoique d'une couleur & d'une consistance aërienne. Il définit l'ame (a) un souffle envoyé de Dieu, immortelle, corporelle, figurée. En parlant des fictions des Poëtes, qui ont avancé que les ames n'étoient pas en repos, tandis que leurs corps n'étoient pas enterrés, il dit que tout cela n'est inventé que pour inspirer aux vivans le soin qu'ils doivent avoir de la sépulture des morts, & pour ôter aux parens du mort la vûe d'un objet qui ne pourroit qu'augmenter inutilement leur douleur, s'ils le gardoient trop longtems dans leurs maisons : *ut instantiâ funeris & honor corporum servetur, & mœror affectuum temperetur.*

S. Irénée (b) enseigne comme une doctrine reçûe du Seigneur, que les ames non-seulement subsistent après la mort du corps, sans toutefois passer d'un corps à un autre, comme le veulent ceux qui admettent la Métempsychose ; mais qu'elles en conservent la figure, qu'elles demeurent auprès de ce corps, comme de fidéles gardiennes, & se souviennent de ce qu'elles ont fait & n'ont pas fait dans cette vie. Ces Peres croyoient donc le retour des ames, leurs Apparitions,

(a) Idem de anim. c. 56.
(b) Iren. lib. 2. c. 34.

leur attachement à leurs corps ; mais nous n'adoptons pas leur opinion sur la corporéité des ames : nous sommes persuadés qu'elles peuvent apparoître par la permission de Dieu, indépendamment de toute matiere & de toute substance corporelle qui leur soit propre.

Quant à l'opinion qui veut que l'ame ne soit pas en repos, tandis que son corps n'est pas enterré, qu'elle demeure pendant quelque tems auprès du tombeau du corps, & qu'elle y apparoît sous une forme corporelle ; ce sont des sentimens qui n'ont nul solide fondement, ni dans les Ecritures, ni dans la Tradition de l'Eglise, qui nous enseigne qu'aussitôt après la mort du corps l'ame est présentée au Jugement de Dieu, & y est destinée au lieu que ses bonnes ou mauvaises œuvres lui ont mérité.

CHAPITRE XLIV.

Examen de ce que les morts qui reviennent, demandent ou révèlent aux vivans.

LES Apparitions se font ou par les bons Anges, ou par les Démons, ou par les Ames des Trépassés, ou par les vivans à d'autres personnes encore vivantes.

Les bons Anges pour l'ordinaire n'apportent que de bonnes nouvelles, n'annoncent rien que d'heureux ; ou s'ils annoncent des malheurs futurs, c'est afin d'engager les hommes à les prévenir, ou à les détourner par la pénitence, ou à profiter des maux que Dieu leur envoie par l'exercice de la patience & de la résignation à ses ordres.

Les mauvais Anges ne prédisent ordinairement que des malheurs, des guerres, des effets de la colere de Dieu sur les peuples ; souvent même ils sont les exécuteurs des malheurs, des guerres, des calamités publiques, qui désolent les Royaumes, les Provinces, les Villes

& les Familles. Les Spectres dont nous avons raconté les Apparitions à Brutus, à Cassius, à Julien l'Apostat, ne sont porteurs que des ordres funestes de la colere de Dieu. Si quelquefois ils promettent quelque prospérité à ceux à qui ils apparoissent, ce n'est que pour le présent, jamais pour l'éternité, ni pour la gloire de Dieu, ni pour le salut éternel de ceux à qui ils parlent ; cela ne va qu'à une fortune temporelle toujours de peu de durée, très-souvent trompeuse.

Les ames des défunts, si ce sont des Chrétiens, demandent assez souvent que l'on offre le Saint Sacrifice du Corps & du Sang de Jesus-Christ, suivant la remarque de S. Grégoire le Grand (a), & comme l'expérience le fait voir, n'y ayant presque aucune Apparition de Chrétiens, qui ne demandent des Messes, des pélerinages, des restitutions, que l'on fasse des aumônes, que l'on satisfasse à ceux à qui le défunt doit quelque chose: souvent aussi ils donnent des avis salutaires pour le salut, pour la correction des mœurs, pour le bon réglement des familles. Ils découvrent l'état où se trouvent certaines personnes dans l'autre vie,

---

(a) Greg. Mag. lib. 4. Dialog. c. 55.

afin qu'on les soulage, ou afin de précautionner les vivans, & les empêcher de tomber dans de pareils malheurs. Ils parlent de l'Enfer, du Paradis, du Purgatoire, des Anges, des Démons, du souverain Juge, de la rigueur de ses Jugemens, de la bonté qu'il exerce envers les justes, & des récompenses dont il couronne leurs bonnes œuvres.

Mais on doit beaucoup se défier de ces Apparitions, où l'on demande des Messes, des péleinages, des restitutions. S. Paul nous avertit que le Démon se transforme souvent en Ange de lumiere (a); & S. Jean (b) nous avertit de nous défier des *profondeurs de Satan*, de ses illusions, de ses prestiges. Cet Esprit de malice & de mensonge se trouve parmi les vrais Prophetes, pour mettre dans la bouche des faux Prophetes le mensonge & l'erreur; il abuse du texte des Ecritures, des Cérémonies les plus sacrées, des Sacremens mêmes & des prieres de l'Eglise, pour séduire les simples & attirer leur confiance, pour partager autant qu'il est en lui la gloire qui n'est dûe qu'au Tout-Puissant, & pour se l'approprier. Combien de faux

(a) II. Cor. xj. 14.
(b) Apoc. 2§. 14.

miracles n'a-t'il point faits ? Combien de fois a-t'il prédit l'avenir ? Combien de guérisons n'a-t'il pas opérées ? Combien d'actions saintes n'a-t'il pas conseillées ? Combien d'entreprises louables en apparence n'a-t'il pas inspirées pour attirer les Fidéles dans ses piéges ?

Bodin dans sa Démonomanie (a) cite plus d'un exemple de Démons qui ont demandé des prieres, & se sont même mis en posture de personnes qui prient sur la fosse d'un mort, pour faire croire que le mort a besoin de prieres. Quelquefois ce sera le Démon sous la figure d'un scélérat mort dans le crime, qui viendra demander des Messes pour faire croire que son ame est en Purgatoire, & a besoin de prieres, quoiqu'il soit certain qu'il est mort dans l'impénitence finale, & que les prieres sont inutiles pour son salut. Tout cela n'est qu'une ruse du Démon, qui cherche à inspirer aux méchans une folle & dangereuse confiance, qu'ils seront sauvés malgré leur vie criminelle & leur impénitence, & qu'ils pourront parvenir au salut, moyennant quelques prieres & quelques aumônes qu'ils feront faire après leur

(a) Bodin Dæmonom. t. 3. c. 6.

mort, ne faisant pas attention que ces bonnes œuvres ne peuvent être utiles qu'à ceux qui sont morts en état de grace, quoiqu'encore souillés par quelque faute vénielle, puisque l'Ecriture nous apprend (a) que rien de souillé n'entrera dans le Royaume des Cieux.

On croit que les réprouvés peuvent quelquefois revenir par la permission de Dieu, comme on a vû des personnes mortes dans l'Idolâtrie, & parconséquent dans le crime, & exclues du Royaume de Dieu, retourner en vie, se convertir & recevoir le Baptême. S. Martin n'étoit encore que simple Abbé de son Monastere de Ligugé (b), lorsqu'en son absence un Cathécumene qui s'étoit mis sous sa discipline pour être instruit des vérités de la Religion Chrétienne, vint à mourir sans avoir reçû le Baptême. Il y avoit trois jours qu'il étoit décédé, lorsque le Saint arriva; il fit sortir tout le monde, fit sa priere sur le mort, le ressuscita, & lui donna le Baptême.

Ce Cathécumene racontoit qu'il avoit été conduit devant le Tribunal du souverain Juge, qui l'avoit condamné à descendre dans des lieux obscurs avec une

---

(a) Apoc. 21. 27.
(b) Sulpit. Sever. vita S. Martin. c. 5.

infinité d'autres personnes condamnées comme lui; mais que deux Anges ayant représenté au Juge que cet homme étoit celui pour qui Martin intercédoit, Dieu ordonna aux deux Anges de le ramener en terre, & de le rendre à Martin. Voilà un exemple qui prouve ce que je viens de dire, que les réprouvés peuvent revenir en vie, faire pénitence, & recevoir le Baptême.

Mais ce que quelques-uns ont avancé du salut de Falconile procuré par Sainte Thecle, de celui de Trajan sauvé par les prieres de S. Grégoire Pape, & de quelques autres décédés dans le Paganisme, tout cela est entierement contraire à la foi de l'Eglise & aux saintes Ecritures, qui nous apprennent que sans la foi il est impossible de plaire à Dieu, & que celui qui ne croit point, & n'a pas reçû le Baptême, est déja jugé & condamné; ainsi l'on doit tenir pour téméraires, erronnées, fausses & dangereuses les opinions de ceux qui accordent le salut à Platon, à Aristote, à Séneque, &c. parce qu'il leur paroît qu'ils ont vécu louablement selon les regles d'une morale toute humaine & philosophique.

Philippe, Chancelier de l'Eglise de Paris, soutenoit que la pluralité des bénéfices étoit permise. Etant au lit de la mort, il fut visité de Guillaume Evêque de Paris, mort en 1248. Ce Prélat pressa le Chancelier Philippe de renoncer à ses bénéfices à la réserve d'un seul ; il le refusa, disant qu'il vouloit éprouver si la pluralité des bénéfices étoit un aussi grand mal qu'on le disoit : il mourut dans ces dispositions en 1237.

Quelques jours après son décès l'Evêque Guillaume priant la nuit après matines dans sa Cathédrale, vit paroître devant lui une figure d'homme hideux & affreux ; il fit le signe de la croix, & lui dit : si vous êtes envoyé de Dieu, parlez ; il parla & dit : je suis ce misérable Chancelier, qui ai été condamné au supplice éternel. L'Evêque lui en ayant demandé la cause, il répondit : je suis condamné 1°. pour n'avoir point distribué aux pauvres le superflu de mes bénéfices ; 2°. pour avoir soutenu qu'il étoit permis d'en posséder plusieurs ; 3°. pour avoir croupi quelques jours dans le crime d'incontinence.

Cette Histoire fut souvent prêchée par l'Evêque Guillaume à ses Clercs ; elle est rapportée par le B. Albert le Grand qui étoit contemporain, dans son livre des Sacremens ; par Guillaume Durand Evêque de Mande, dans son livre *de modo celebrandi Concilia*; & dans Thomas de Cantimpré dans son ouvrage *des Abeilles*. Ils croyoient donc que Dieu permet quelquefois que les réprouvés apparoissent aux vivans.

Voici encore un exemple d'Apparitions d'un réprouvé & d'une réprouvée. Le Prince de Ratzivil (*a*), dans son voyage de Jérusalem, raconte qu'étant en Egypte, il acheta deux momies, les fit emballer, & les chargea sur son vaisseau le plus secrettement qu'il lui fut possible, ensorte qu'il n'y avoit que lui & deux domestiques qui le sçussent, les Turcs ne permettant que très-difficilement qu'on emporte de ces momies, parce qu'ils croyent que les Chrétiens s'en servent pour des opérations magiques. Lorsqu'on fut en mer, il survint une tempête à diverses reprises, & avec tant de violence, que le Pilote désespéroit de sauver le vaisseau. Un bon Prêtre Polonois, de la suite du Prince de Ratzivil, récitoit des prieres convenables à une telle circonstance; mais il étoit tourmenté, disoit-il, par deux Spectres hideux & noirs, un homme & une femme,

(*a*) Ratzivil, Peregrin. Jerosol. pag. 218.

qui étoient à ses côtés, & le menaçoient de lui ôter la vie : on crut d'abord que la frayeur lui avoit troublé l'imagination.

Le calme étant revenu, il parut tranquille ; mais bientôt l'orage ayant recommencé, il fut tourmenté plus fort qu'auparavant, & ne fut délivré de cette infestation, que quand on eut jetté dedans la mer ces deux momies qu'il n'avoit pas vûes, & que ni lui ni le Pilote ne sçavoient pas être dans le vaisseau. Je ne veux pas nier le fait, qui est rapporté par un Prince incapable de vouloir en imposer. Mais combien de réfléxions ne peut-on pas faire sur cet évenement ? Etoient-ce les ames de ces deux Payens, ou deux Démons qui prirent leur figure ? Quel intérêt le Démon prenoit-il à ne pas souffrir que ces corps fussent réduits au pouvoir des Chrétiens ?

CHAPITRE XLV.

Apparitions d'hommes vivans à d'autres hommes vivans, absens & fort éloignés.

ON a dans toutes les Histoires sacrées & profanes, anciennes & modernes, une infinité d'exemples d'Apparitions de personnes vivantes à d'autres personnes vivantes. Le Prophete Ezéchiel dit de lui-même (a): » j'étois assis dans
» ma maison au milieu des anciens de
» mon peuple, lorsque tout d'un coup
» une main qui venoit d'une figure toute
» brillante comme de feu, me saisit par
» les cheveux; & l'Esprit me transporta
» entre le Ciel & la Terre, & me mena
» à Jérusalem, où il me plaça auprès
» de la porte du Parvis intérieur qui re-
» garde le Septentrion, où je vis l'Idole
» de la jalousie (apparemment Adonis)
» & j'y remarquai la Majesté du Sei-
» gneur, comme je l'avois vûe dans le
» champ : il me fit voir l'Idole de la ja-
» lousie à laquelle les Israélites brûloient

(a) Ezech. viij. 1. 2. &c.

» des parfums ; & l'Ange du Seigneur
» me dit : tu vois les abominations que
» commettent les Enfans d'Israel, en
» s'éloignant de mon Sanctuaire ; tu en
» verras encore de plus grandes.

» Et ayant percé la muraille du Tem-
» ple, je vis des figures de reptiles &
» d'animaux, les abominations & les
» Idoles de la maison d'Israel, & soi-
» xante & dix hommes des anciens d'Is-
» rael, qui étoient debout devant ces fi-
» gures, ayant chacun un encensoir à la
» main ; après cela l'Ange me dit : tu
» verras encore quelque chose de plus
» abominable ; & il me fit voir des fem-
» mes qui faisoient le deuil d'Adonis.
» Enfin m'ayant introduit dans l'inté-
» rieur du Parvis du Temple, je vis
» vingt hommes entre le vestibule &
» l'Autel, qui tournoient le dos au Tem-
» ple du Seigneur, & avoient le visage
» tourné vers l'Orient, & rendoient
» leurs adorations au Soleil dans son
» lever. «

On peut remarquer ici deux choses : la premiere, Ezéchiel transporté de la Chaldée à Jérusalem par les airs entre le Ciel & la Terre par la main d'un Ange; ce qui prouve la possibilité du transport d'un homme vivant par les airs à une très-grande distance du lieu où il étoit.

La seconde, la vision ou l'Apparition de ces Prévaricateurs qui commettent jusques dans le Temple les plus grandes abominations, & les plus contraires à la Majesté de Dieu, à la sainteté du lieu, & à la Loi du Seigneur. Après tout cela le même Ange rapporta Ezéchiel dans la Chaldée, *& spiritus levavit me adduxitque in Chaldæam ad transmigrationem, &c.* mais ce ne fut qu'après que Dieu lui eut fait voir la vengeance qu'il devoit exercer contre les Israélites.

On dira peut-être que tout ceci ne se passa qu'en vision; qu'Ezéchiel crut être transporté à Jérusalem, & ensuite rapporté à Babylone; & que ce qu'il vit dans le Temple, il ne le vit que par révélation. Je réponds que le texte de ce Prophete marque un transport réel, & qu'il fut transporté par les cheveux entre le Ciel & la Terre. *Similitudo manûs apprehendit in cincinno capitis mei, & elevavit me spiritus inter terram & cœlum, & adduxit me in Jerusalem in visione Dei.* Il fut ramené en Judée de la même maniere.

Je ne nie pas que la chose ne puisse être arrivée en vision, & qu'Ezéchiel n'ait vû en esprit ce qui se passoit dans le Temple de Jérusalem. Mais j'en tirerai toujours une conséquence favorable à mon dessein, qui est la possibilité du transport d'un homme vivant par les airs à une très-grande distance du lieu où il se trouvoit, ou du moins qu'un homme vivant peut s'imaginer fortement qu'il est transporté, quoi qué ce transport ne soit qu'imaginaire & en vision, comme on prétend que cela arrive dans le transport des Sorciers au Sabat.

Enfin voilà de véritables Apparitions d'hommes vivans faites à d'autres hommes vivans. Comment cela s'est-il fait ? La chose n'est pas difficile à expliquer en suivant le récit du Prophete, qui est transferé de la Chaldée en Judée dans son propre corps par le ministere des Anges; mais les Apparitions rapportées dans S. Augustin & dans d'autres Auteurs ne sont pas de la même sorte : les deux personnes qui se voyent & s'entretiennent, ne sortent point de leur place, & celle qui apparoît n'a aucune connoissance de ce qui se passe à l'égard de celle à qui elle apparoît sans le sçavoir, & à qui elle explique certaines choses ausquelles elle ne pense pas même dans ce moment.

Dans le troisiéme Livre des Rois

Abdias Intendant du Roi Achab ayant rencontré le Prophete Elie qui se tenoit caché depuis longtems, lui dit que le Roi Achab l'avoit fait chercher par tout, & que ne l'ayant pû découvrir en aucun lieu, il étoit allé lui-même pour le chercher. Elie lui ordonna d'aller dire au Roi qu'Elie avoit paru ; mais Abdias lui répondit : voyez à quoi vous m'exposez ; car si je vais annoncer à Achab que je vous ai parlé, l'Esprit de Dieu vous transportera dans un lieu inconnu, & le Roi ne vous trouvant point me fera mourir: *cùm recessero à te, Spiritus Domini asportabit te in locum quem ego ignoro, & ingressus nunciabo Achab, & non inveniens te, interficiet me.*

Voilà encore un exemple qui prouve la possibilité du transport d'un homme vivant en un lieu fort éloigné. Le même Prophete étant au Carmel, fut saisi de l'Esprit de Dieu, qui le transporta delà à *Jezrael* en fort peu de tems, non par les airs, mais en le faisant marcher & courir avec une promptitude toute extraordinaire.

Dans l'Evangile Elie (*a*) apparoît avec Moïse sur le Thabor à la Transfiguration

---

(*a*) Matth. xvij. 3.

du Sauveur. Moïse étoit décédé depuis longtems ; mais l'Eglise croit qu'Elie est encore vivant. Dans les Actes des Apôtres (a), Ananie apparoît à S. Paul, & lui impose les mains en vision avant qu'il arrive dans sa maison à Damas.

Deux hommes de la Cour de l'Empereur Valens voulant découvrir par les secrets de la magie qui étoit celui qui devoit succéder à cet Empereur (b), firent faire une table de bois de laurier en forme de trépied, sur laquelle ils mirent un bassin fait de divers métaux ; sur les bords de ce bassin étoient gravées à quelque distance l'une de l'autre les vingt-quatre lettres de l'Alphabet Grec : un Magicien avec certaines cérémonies s'approcha du bassin, & tenant en main un anneau suspendu à un fil, laissoit tomber par intervalle l'anneau sur les lettres de l'Alphabet, pendant qu'on tournoit rapidement la table ; l'anneau tombant sur les différentes lettres, formoit des vers obscurs & énigmatiques, comme ceux que rendoit l'Oracle de Delphes.

Ensuite on demanda quel étoit le nom de celui qui devoit succéder à l'Empereur Valens ? L'anneau toucha les qua-

(b) Act. ix. 2.
(c) Ammian. Marcel. lib. 29. Sozomen. l. 6 c. 35.

tre lettres Θ E O Δ, qu'ils interprétèrent de Théodose second Sécretaire de l'Empereur Valens. Théodose fut arrêté, interrogé, convaincu, & mis à mort, & avec lui tous les coupables & les complices de cette opération ; on fit la recherche de tous les livres de Magie, & on en brûla un très-grand nombre.

Le grand Théodose à qui l'on ne pensoit point, & qui étoit fort éloigné de la Cour, étoit celui que ces lettres désignoient. En 379. il fut déclaré Auguste par l'Empereur Gratien, & étant venu à Constantinople en 380. il eut un songe (*a*) par lequel il lui sembloit que Melèce Evêque d'Antioche, qu'il n'avoit jamais vû, & qu'il ne connoissoit que de réputation, le revêtoit du manteau Impérial, & lui ceignoit la tête du Diadême.

On assembloit alors les Evêques d'Orient pour la tenue du Concile de Constantinople. Théodose pria qu'on ne lui montrât point Melèce, disant qu'il le reconnoîtroit aux marques qu'il avoit vûes en songe ; en effet, il le distingua entre tous les autres Evêques, l'embrassa, lui baisa les mains, & le regarda toujours

---

(*a*) Theodoret. Hist. Eccles. lib. 5. c. 7.

depuis comme son pere. Voilà une Apparition d'un homme vivant bien marquée.

S. Augustin raconte (*a*), qu'un certain homme vit la nuit avant son sommeil entrer dans sa maison un Philosophe qui lui étoit connu, & qui lui expliqua quelques passages ou quelques sentimens de Platon qu'il n'avoit pas voulu lui expliquer auparavant. Cette Apparition du Platonicien n'étoit que phantastique: car la personne à qui il avoit apparu, lui ayant demandé pourquoi il n'avoit pas voulu lui expliquer dans son logis ce qu'il étoit venu lui expliquer chez lui, il répondit: je ne l'ai point fait; mais j'ai songé que je le faisois. Voilà donc deux personnes vivantes, dont l'une dans le sommeil & en songe parle à une autre bien éveillée, & qui ne la voit que par l'imagination.

Le même S. Augustin (*b*) reconnoît en présence de son peuple qu'il a apparu à deux personnes qui ne l'avoient jamais vû, qui ne le connoissoient que de réputation, & qu'il leur conseilla de venir à Hippone pour y recevoir leur guérison par le mérite du Martyr S. Etienne; ils

(*a*) Aug. lib. 8. de civit. c. 18.
(*b*) Aug. serm. cxxiij. pag. 1277. 1278.

y vinrent & recouvrerent la santé.

Ennode enseignant la Rhétorique à Carthage (a), & se trouvant embarrassé sur le sens d'un passage des livres de la Rhétorique de Cicéron, qu'il devoit expliquer le lendemain à ses Ecoliers, se coucha inquiet, & à peine put-il s'endormir. Pendant son sommeil il crut voir S. Augustin qui étoit alors à Milan fort éloigné de Carthage, qui ne pensoit point du tout à lui, & qui apparemment dormoit fort tranquillement, qui vint lui expliquer le passage en question. S. Augustin avoue qu'il ne sçait comment cela s'est fait; mais de quelque maniere qu'il se soit fait, il est fort possible que nous voyons en songe un mort comme nous voyons un vivant, sans que ni l'un ni l'autre sçache ni comment, ni quand, ni où se forment ces images dans notre esprit. Il se peut faire aussi qu'un mort apparoisse aux vivans sans le sçavoir, & qu'il leur découvre des choses cachées & futures, dont l'évenement découvre la vérité & la réalité. Quand un homme vivant apparoît en songe à un autre homme, on ne dit pas que son corps ou son ame lui ayent apparu, mais

(a) Aug. de curâ gerendâ pro mortuis. c. 11, 12.

simplement

simplement qu'un tel lui a apparu. Pourquoi ne pourra-t'on pas dire que les morts apparoissent sans corps & sans ames ; mais simplement que leur figure se présente à l'esprit & à l'imagination de la personne vivante ?

S. Augustin dans le livre qu'il a composé sur le soin qu'on doit avoir pour les morts (a), dit qu'un S. Moine nommé Jean apparut à une femme pieuse, qui désiroit ardemment de le voir. Le Saint Docteur raisonne beaucoup sur cette Apparition ; si ce Solitaire a prévû ce qui lui devoit arriver, s'il a été en esprit vers cette femme, si c'est son Ange, si c'est son Esprit sous la figure de son corps, s'il a apparu dans son sommeil, comme nous voyons en songe des personnes absentes qui nous sont connues. Il faudroit parler au Solitaire pour sçavoir de lui-même comment cela s'est fait, si c'est par la vertu de Dieu ou par sa permission : car il n'y a guére d'apparence qu'il l'ait fait par une puissance naturelle.

On dit que S. Siméon Stylite (b) apparut à son Disciple S. Daniel, qui avoit entrepris le voyage de Jérusalem, & lui dit d'aller à Constantinople, où il auroit

(a) Aug. de curâ gerend. pro mort. c. 17. p. 589.
(b) Vita Daniel. Stylit. xj. Decemb.

Tome I.   S

beaucoup à souffrir pour Jesus-Christ. S. Benoît (a) avoit promis à des Architectes, qui l'avoient prié de venir leur montrer comment il vouloit qu'ils bâtissent un Monastére : le Saint n'y alla point en corps ; mais il s'y rendit en esprit, & leur donna le plan & le dessein de la maison qu'ils devoient construire : ces hommes ne comprirent pas que ce fût là ce qu'il leur avoit promis, & vinrent de nouveau lui demander qu'elles étoient ses intentions sur cet édifice ; il leur dit : je vous l'ai expliqué en songe ; vous pouvez suivre le plan que vous avez vû.

Le César Bardas qui avoit si fort contribué à la déposition de S. Ignace, Patriarche de Constantinople, eut une vision qu'il raconta ainsi à Philothée son ami. Je croyois cette nuit aller en procession avec l'Empereur Michel à la grande Eglise. Quand nous y fûmes entrés & arrivés près de l'Ambon, parurent deux Eunuques de la chambre d'un air cruel & farouche, dont l'un ayant lié l'Empereur, le tira hors du Chœur du côté droit ; l'autre me tira de même du côté gauche. Alors je vis tout d'un coup sur le trône du Sanctuaire

(a) Gregor. lib. 2. Dialog. c. 22.

un vieillard assis, tout semblable à l'image de S. Pierre, ayant debout près de lui deux hommes terribles qui paroissoient des Prévôts. Je vis devant les genoux de S. Pierre Ignace fondant en larmes, & criant: vous avez les clefs du Royaume des Cieux; si vous avez connoissance de l'injustice qu'on m'a faite, consolez ma vieillesse affligée.

S. Pierre répondit: montrez celui qui vous a maltraité. Ignace se retournant, me montra de la main, & dit: voilà celui qui m'a le plus fait de mal. Saint Pierre fit signe à celui qui étoit à sa droite, & lui mettant en main un petit glaive, il lui dit tout haut: Prens Bardas l'ennemi de Dieu, & le mets en pieces devant le Vestibule. Comme on me menoit à la mort, j'ai vû qu'il disoit à l'Empereur, le menaçant de la main: attends, fils dénaturé; ensuite je vis qu'on me coupoit effectivement en pieces.

Ceci arriva en 866. l'année suivante au mois d'Avril, l'Empereur étant parti pour attaquer l'Isle de Crete, on lui rendit Bardas tellement suspect, qu'il résolut de s'en défaire. Il accompagnoit l'Empereur Michel en cette expédition. Bardas voyant entrer les meurtriers l'épée à la main dans la tente de l'Empereur, se jetta à ses pieds, pour lui demander pardon ; mais on le tira dehors, on le mit en pieces, & on porta par dérision quelques-uns de ses membres au bout d'une pique. Ceci arriva le 29 d'Avril 866.

Roger Comte de Calabre & de Sicile assiégeant la Ville de Capoue, un nommé Sergius Grec de naissance, à qui il avoit donné le commandement de deux cens hommes, s'étant laissé gagner par argent, forma le dessein de le trahir, & de livrer l'armée du Comte au Prince de Capoue pendant la nuit ; c'étoit le premier jour de Mars qu'il devoit exécuter son dessein. S. Bruno qui vivoit alors dans le désert de Squilance, apparut au Comte Roger, & lui dit de courir promptement aux armes, s'il ne vouloit être opprimé par ses ennemis. Le Comte s'éveille en sursaut, ordonne à ses gens de monter à cheval, & de voir ce qui se passoit dans le camp ; ils rencontrerent les gens de Sergius avec le Prince de Capoue, qui les ayant apperçus se retirerent promptement dans la Ville ; ceux du Comte Roger en prirent cent soixante-deux, de qui ils apprirent tout le secret de la trahison. Roger étant allé le 29 Juillet suivant à Squilance, &

ayant raconté à Bruno ce qui lui étoit arrivé, le Saint lui dit: ce n'est pas moi qui vous ai averti; c'est l'Ange de Dieu, qui se trouve auprès des Princes en tems de guerre. Ainsi le raconte le Comte Roger lui-même dans un privilége accordé à S. Bruno.

Un Religieux (a) nommé Fidus, Disciple de S. Euthymius, Abbé célebre en Palestine, ayant été envoyé par Martyrius, Patriarche de Jérusalem, pour une commission importante touchant les affaires de l'Eglise, s'embarqua à Joppé, & fit naufrage la nuit suivante; il se soutint pendant quelque tems sur une piece de bois qu'il rencontra par hazard. Alors il invoqua à son secours S. Euthymius, qui lui apparut marchant sur la mer, & lui dit: sçachez que ce voyage n'est point agréable à Dieu, & ne sera d'aucune utilité à la mere des Eglises, c'est-à-dire à Jérusalem. Retournez à celui qui vous a envoyé, & lui dites de ma part qu'il ne se mette point en peine de la séparation des Schismatiques: car l'union se fera dans peu; pour vous, il faut que vous alliez en ma Laure, & que vous en fassiez un Monastere.

(a) Vita Sancti Euthym. pag. 86. 87.

Ayant ainsi parlé, il enveloppa Fidus de son manteau, & Fidus se trouva tout d'un coup à Jérusalem dans sa maison, sans sçavoir comment il y étoit venu: il raconta tout au Patriarche Martyrius, qui se souvint de la prédiction de S. Euthymius sur le changement de la Laure en Monastere.

La Reine Marguerite, dans ses Mémoires, prétend que Dieu protége les Grands d'une façon particuliere, & qu'il leur fait connoître en songe ou autrement ce qui doit leur arriver; comme la Reine Catherine de Médicis ma mere, dit-elle, qui la nuit devant cette misérable course, songea qu'elle voyoit le Roi Henri II. mon pere blessé à l'œil comme il arriva: étant éveillée, elle pria plusieurs fois le Roi de ne vouloir point courir ce jour-là.

La même Reine étant dangereusement malade à Metz, & ayant autour de son lit le Roi (Charles IX.) ma sœur & mon frere de Lorraine, & force Dames & Princesses, elle s'écria comme si elle eût vû donner la bataille de Jarnac: voyez comme ils fuyent; mon fils, à la victoire: voyez-vous dans cette haye le Prince de Condé mort? Tous ceux qui étoient là croyoient qu'elle rêvoit; mais la nuit d'après M. de Losse lui en apporta des nouvelles : je le sçavois bien, dit-elle ; ne l'avois-je pas vû d'avant-hier ?

La Duchesse Philippe de Gueldres, épouse du Duc de Lorraine René II. étant Religieuse à Sainte Claire du Pont-à-Mousson, vit pendant son Oraison la malheureuse bataille de Pavie. Elle s'écria tout d'un coup : ah mes sœurs, mes cheres sœurs, en prieres pour l'amour de Dieu ; mon fils de Lambesc est mort, & le Roi (François I.) mon cousin est fait prisonnier. Quelques jours après on reçut à Nancy des nouvelles de ce fameux évenement arrivé le même jour que la Duchesse l'avoit vû. Ni le jeune Prince de Lambesc, ni le Roi François I. n'avoient certainement aucune connoissance de cette révélation, & n'y eurent aucune part : ce ne fut donc ni leur esprit, ni leurs Fantômes qui apparurent à la Princesse ; ce fut apparemment leur Ange, ou Dieu même qui par sa puissance frappa son imagination, & lui représenta ce qui arrivoit dans ce moment.

Mézeray assure qu'il avoit souvent ouï raconter à des gens de qualité, que le Duc Charles III. de Lorraine qui étoit à Paris lorsque le Roi Henri II. fut blessé d'un éclat de lance dont il mourut, avoit raconté plusieurs fois, qu'une Dame qui logeoit dans son Hôtel avoit vû en songe fort distinctement, que le Roi avoit été atteint & abbatu par terre d'un coup de lance.

Aux exemples d'Apparitions d'hommes vivans à d'autres hommes vivans dans le sommeil, on peut joindre une infinité d'autres exemples d'Apparitions d'Anges & de Saints personnages, ou même de personnes mortes à des hommes vivans endormis, pour leur donner des instructions, pour les instruire des dangers qui les menacent, pour leur inspirer des avis salutaires sur leur salut, pour leur donner du secours ; on pourroit composer des gros volumes sur cette matiere. Je me contenterai de rapporter ici quelques exemples de ces Apparitions tirés des Auteurs profanes.

Xercès Roi de Perse délibérant dans un Conseil s'il porteroit la guerre en Grece, en fut fortement dissuadé par Artabane son oncle paternel ; Xercès s'offensa de sa liberté, & lui dit des paroles fort desobligeantes. La nuit suivante il fit de sérieuses réfléxions sur les raisons d'Artabane, & changea de résolution : s'étant endormi, il vit en songe un homme d'une taille & d'une beauté extraordinaire, qui lui dit : vous avez donc renoncé au dessein de faire la guerre aux Grecs, quoique vous ayez déja donné vos ordres aux Chefs des Perses pour assembler votre armée ? Vous n'avez pas bien fait de changer de résolution ; quand vous n'auriez personne qui fût de votre sentiment, allez, croyez-moi, suivez vos premiers desseins : ayant dit cela la vision disparut. Le lendemain il assembla de nouveau son Conseil, & sans parler du songe qu'il avoit eu, il témoigna qu'il étoit fâché de ce qu'il avoit dit dans sa colere le jour précédent à Artabane son oncle, & déclara qu'il avoit renoncé au dessein de faire la guerre aux Grecs; ceux de son Conseil ravis de joie, se prosternerent en sa présence & l'en féliciterent.

La nuit suivante il eut pour la seconde fois la même vision, & le même Fantôme lui dit : fils de Darius, tu as donc abandonné le dessein de déclarer la guerre aux Grecs, sans te mettre en peine de ce que je t'ai dit ? sçaches que si tu n'entreprends incessamment cette expédition, tu seras bientôt réduit à une condition aussi basse que celle où tu te trouves aujourd'hui est élevée. Aussi-tôt le Roi se jette à bas du lit, & envoie en diligence

S v

querir Artabane, à qui il raconte les deux songes qu'il avoit eus deux nuits de suite; il ajouta: je vous prie de vous revêtir de mes ornemens Royaux, de vous asseoir sur mon Trône, ensuite de vous coucher dans mon lit; si le Fantôme qui m'a apparu vous apparoît aussi, je croirai que la chose est ordonnée par les décrets des Dieux, & je me rendrai à leurs ordres.

Artabane eut beau se défendre de se revêtir des ornemens Royaux; de s'asseoir sur le Trône du Roi, & de se coucher dans son lit, alléguant que tout cela seroit inutile, si les Dieux avoient résolu de lui faire connoître leur volonté; que cela même seroit plus capable d'irriter les Dieux, comme si l'on vouloit par ces marques extérieures leur faire illusion; qu'au reste les songes par eux-mêmes ne méritent aucune attention, & que pour l'ordinaire ils ne sont que des suites & des représentations de ce que l'on a eu plus fortement dans l'esprit pendant la veille.

Xercès ne se rendit point à ses raisons, & Artabane fit ce que le Roi voulut, persuadé que si la même chose se présentoit plus d'une fois, ce seroit une preuve de la volonté des Dieux, de la réalité de la vision, & de la vérité du songe; il se coucha donc dans le lit du Roi, & le même Fantôme lui apparut, & lui dit: c'est donc toi qui empêches Xercès d'exécuter sa résolution, & d'accomplir ce qui est arrêté par les destins? j'ai déja déclaré au Roi ce qu'il doit craindre, s'il differe d'obéir à mes ordres. En même tems il sembla à Artabane que le Spectre vouloit lui brûler les yeux avec un fer ardent; aussitôt il sortit du lit, & raconta à Xercès ce qui lui étoit apparu, ce qui lui avoit été dit, & ajouta: je change absolument d'avis, puisqu'il plaît aux Dieux que nous fassions la guerre, & que les Grecs sont menacés de grands malheurs; donnez vos ordres, & faites toutes vos dispositions pour la guerre. Ce qui fut aussitôt exécuté.

Les terribles suites de cette guerre qui devint si fatale à la Perse, & qui fut enfin cause du renversement de cette fameuse Monarchie, fait juger que cette Apparition, si elle est véritable, fut annoncée par un mauvais Esprit, ennemi de cette Monarchie, envoyé de Dieu pour disposer les choses aux évenemens prédits par les Prophetes, & à la succession des grands Empires prédestinée dans les Décrets du Tout-Puissant.

Cicéron remarque que deux Arcadiens qui voyageoient ensemble (*a*), arriverent à Mégare Ville de la Grece, située entre Athenes & Corinthe; l'un qui avoit droit d'hospitalité dans la Ville, logea chez son ami, & l'autre dans une hôtellerie. Après le souper, celui qui étoit chez son ami se retira pour se coucher; dans le sommeil il lui sembla que celui qui étoit à l'hôtellerie lui apparoissoit, & le prioit de le secourir, parce que l'Hôtellier vouloit le tuer. Sur le champ il se leve effrayé par le songe; mais s'étant rassuré & rendormi, l'autre lui apparut de nouveau, & lui dit que puisqu'il n'avoit pas eu la bonté de le secourir, du moins il ne laissât pas sa mort impunie; que l'Hôtellier après l'avoir tué avoit caché son corps dans un chariot, & l'avoit couvert de fumier, & qu'il ne manquât pas de se trouver le lendemain matin à l'ouverture de la porte de la Ville, avant que le chariot sortît. Frappé de ce nouveau songe, il se rend du grand matin à la porte de la Ville, voit le chariot, & demande à celui qui le menoit ce qu'il avoit sous ce fumier : le Chartier prit aussitôt la fuite, l'on tira le corps

___
(*a*) Cicero de divinatione.

du chariot, & l'Hôtellier fut arrêté & puni.

Cicéron rapporte encore d'autres exemples de pareilles Apparitions arrivées dans le sommeil ; l'une est de Sophocles, & l'autre de Simonides. Le premier vit Hercule en songe, qui lui marqua le nom d'un voleur qui avoit pris dans son Temple une patere d'or. Sophocles négligea cet avertissement comme l'effet d'un sommeil inquiet ; mais Hercule lui apparut une seconde fois, & lui répéta la même chose, ce qui engagea Sophocles à dénoncer le voleur, qui fut convaincu par l'Aréopage, & depuis ce tems-là le nom d'Hercule le Révélateur fut donné à ce Temple.

Le songe ou l'Apparition de Simonides lui fut personnellement plus utile. Il étoit sur le point de s'embarquer : il trouva sur le rivage le cadavre d'un inconnu qui étoit sans sépulture ; Simonides la lui donna par humanité. La nuit suivante le mort apparut à Simonides, & lui conseilla par reconnoissance de ne point s'embarquer sur le vaisseau qui étoit à la rade, parce qu'il feroit naufrage. Simonides le crut, & peu de jours après il apprit le naufrage du vaisseau sur lequel il devoit monter.

Jean Pic Prince de la Mirande nous assure dans son Traité *de auro*, qu'un homme qui n'étoit pas riche se trouvant réduit à la derniere extrémité, & n'ayant aucune ressource ni pour payer ses dettes, ni pour nourrir dans un tems de disette une famille nombreuse, accablé de chagrin & d'inquiétude s'endormit. Dans ce même tems un bienheureux s'apparoît à lui en songe, lui enseigne par quelques énigmes le moyen de faire de l'or, & lui indique au même instant l'eau dont il devoit se servir pour y réussir. A son réveil il prend cette eau & en fait de l'or, en petite quantité à la vérité, mais assez pour sustenter sa famille. Il en fit deux fois avec du fer, & trois fois avec de l'orpiment; & il m'a convaincu par mes propres yeux, dit Pic de la Mirande, que le moyen de faire de l'or artificiellement n'est pas un mensonge, mais un véritable.

Voici une autre sorte d'Apparition d'un homme vivant à un autre homme vivant, qui est d'autant plus singuliere, qu'elle prouve à la fois & la force des Sortiléges, & qu'un Magicien peut se rendre invisible à plusieurs personnes pendant qu'il se découvre à un seul homme. Le fait est tiré du Traité des Superstitions du R. P. le Brun (a), & est revêtu de tout ce qui le peut rendre incontestable ; je ne le rapporterai qu'en abrégé. Le Vendredi premier jour de Mai 1705. sur les cinq heures du soir, Denis Misanger de la Richardière, âgé de dix-huit ans, fut attaqué d'une maladie extraordinaire, qui commença par une espece de léthargie : on lui donna tous les secours que la Médecine & la Chirurgie peuvent fournir ; il tomba ensuite dans une espece de fureur ou de convulsion, & on fut obligé de le tenir & faire garder par cinq ou six personnes, de peur qu'il ne se précipitât par les fenêtres, ou qu'il ne se cassât la tête contre la muraille : l'émétique qu'on lui donna, lui fit jetter quantité de bile, & il demeura 4 ou 5 jours assez tranquille.

A la fin du mois de Mai, on l'envoya à la campagne pour prendre l'air : il lui survint de nouveaux accidens si peu ordinaires, qu'on jugea qu'il étoit ensorcellé ; & ce qui confirmoit cette conjecture, c'est qu'il n'eut jamais de fiévre, & qu'il conserva toutes ses forces, nonobstant tous les maux & les remédes violens qu'on lui avoit fait prendre. On

(a) Le Brun, Traité des Superstit. tom. 1. p. 281. 282. & suiv.

lui demanda s'il n'avoit point eu quelques démêlés avec quelque Berger, ou autre personne soupçonnée de Sortilége ou de Maléfice.

Il déclara que le 18 Avril précédent traversant le Village de Noysi à cheval pour se promener, son cheval s'arrêta tout court au milieu de la rue Feret, vis-à-vis la Chapelle, sans qu'il pût le faire avancer, quoiqu'il lui donnât plusieurs coups d'éperon. Il y avoit là un Berger appuyé contre la Chapelle, ayant sa houlette en main, & deux chiens noirs à ses côtés. Cet homme lui dit : Monsieur, je vous conseille de retourner chez vous ; car votre cheval n'avancera pas. Le jeune la Richardiere continuant à piquer son cheval, dit au Berger : je n'entre point dans ce que vous dites ; le Berger répondit à demi-bas : je vous y ferai bien entrer. En effet, le jeune homme fut obligé de descendre de cheval, & de le ramener par la bride au logis de M. son pere dans le même Village ; alors le Berger lui donna un sort qui devoit commencer au premier Mai, comme on l'a sçû depuis.

Pendant cette maladie on fit dire plusieurs Messes en différens endroits, surtout à S. Maur des Fossés, à S. Amable,

& au S. Esprit. Le jeune la Richardiere assista à quelques unes des Messes que l'on dit à S. Maur ; mais il déclara qu'il ne seroit guéri que le Vendredi 26 Juin au retour de S. Maur. Entrant dans la chambre dont il avoit la clef dans sa poche, il y trouva ce Berger assis dans son fauteuil avec sa houlette & ses deux chiens: il fut le seul qui le vit, nul autre de la maison ne l'apperçut ; il dit même que cet homme s'appelloit *Damis*, quoiqu'auparavant il ne se souvenoit pas que personne lui eût révélé son nom. Il le vit pendant tout ce jour & toute la nuit suivante. Sur les six heures du soir, comme il étoit dans ses maux ordinaires, il tomba par terre, criant que le Berger étoit sur lui & l'écrasoit ; en même tems il tira son couteau, & en donna cinq coups dans le visage du Berger, dont il demeura marqué : le malade dit à ceux qui veilloient, qu'il alloit avoir cinq foiblesses considérables, & les pria de le secourir & de l'agiter violemment. La chose arriva comme il l'avoit prédite.

Le Vendredi 26 Juin M. de la Richardiere étant allé à la Messe à S. Maur assura qu'il seroit guéri ce jour-là. Après la Messe le Prêtre lui mit l'Etole sur la tête, & récita l'Evangile de S. Jean ;

pendant cette priere le jeune homme vit S. Maur debout, & le malheureux Berger à sa gauche, ayant le visage ensanglanté des cinq coups de couteau qu'il avoit donnés. Dans ce moment le jeune homme cria sans dessein : miracle, miracle, & assura qu'il étoit guéri, comme il le fut en effet.

Le 29 Juin le même M. de la Richardiere retourna à Noysi, & s'amusa à chasser : le lendemain comme il chassoit encore dans les vignes, le Berger se présenta devant lui; il lui donna de la crosse de son fusil sur la tête, le Berger s'écria : Monsieur, vous me tuez, & s'enfuit. Le lendemain cet homme se présenta de nouveau devant lui, se jetta à ses genoux, lui demanda pardon, & lui dit : je m'appelle *Damis*; c'est moi qui vous ai donné le sort qui devoit durer un an : par le secours des Messes & des prieres qu'on a dites pour vous, vous en avez été guéri au bout de huit semaines; mais le sort est retombé sur moi, & je n'en pourrai guérir que par un miracle. Je vous prie de faire prier pour moi.

Pendant tous ces bruits, la Maréchaussée s'étoit mise à la poursuite du Berger; mais il leur échappa, ayant tué ses deux chiens & jetté sa houlette. Le Dimanche 13 de Septembre il vint trouver M. de la Richardiere, lui raconta son avanture; qu'après avoir été 20 ans sans s'approcher des Sacremens, Dieu lui avoit fait la grace de se confesser à Troyes, & qu'après diverses remises il avoit été admis à la sainte Communion. Huit jours après M. de la Richardiere reçut une lettre d'une femme qui se disoit parente du Berger, qui lui apprit sa mort, & le prioit de faire dire pour lui une Messe de *Requiem*; ce qui fut exécuté.

Combien de difficultés ne peut-on pas former contre cette Histoire? Comment ce malheureux Berger a-t'il pû donner un sort sans toucher la personne? Comment a-t'il pû s'introduire dans la chambre du jeune M. de la Richardiere sans ouvrir ni forcer la porte? Comment a-t'il pû se rendre visible à lui seul, pendant que nul autre ne le voyoit? Peut-on douter de sa présence corporelle, puisqu'il reçut cinq coups de couteau au visage, dont il portoit encore les marques, lorsque par le mérite de la sainte Messe & l'intercession des Saints le sortilége fut levé? Comment S. Maur lui apparut-il avec son habit de Bénédictin, ayant à sa gauche le Magicien? Si le fait est certain, comme il le paroît, qui expliquera la maniere dont tout cela se passa ?

CHAPITRE XLVI.

Raisonnemens sur les Apparitions.

APRES avoir parlé assez longtems des Apparitions, & après en avoir établi la vérité, autant qu'il nous a été possible par l'autorité des Ecritures, par des exemples, par des raisons, il faut à présent porter notre jugement sur les causes, les moyens & les raisons de ces Apparitions, & répondre aux objections qu'on peut former pour en détruire la réalité, ou du moins pour en faire douter.

Nous avons supposé que les Apparitions étoient l'ouvrage des Anges, des Démons, ou des Ames des défunts; nous ne parlons pas des Apparitions de Dieu même: ses volontés, ses opérations, sa puissance, sont au-dessus de notre portée ; nous reconnoissons qu'il peut tout ce qu'il veut, que sa volonté est toute puissante, & qu'il se met quand il veut au-dessus des Loix qu'il a faites. Quant aux Apparitions des hommes vivans à d'autres hommes aussi vivans, elles sont d'une nature différente de celles que nous nous proposons d'examiner ici ; nous ne laisserons pas d'en parler ci-après.

Quelque système que l'on suive sur la nature des Anges, des Démons ou des Ames séparées du corps, soit qu'on les tienne pour substances purement spirituelles, comme l'Eglise Chrétienne le tient aujourd'hui, soit qu'on leur donne un corps aërien, subtil, invisible, comme plusieurs l'ont enseigné ; il paroît presque aussi difficile de rendre palpable, sensible & épais, un corps subtil & aërien, qu'il l'est de condenser l'air, & de le faire paroître comme un corps solide & sensible ; comme quand les Anges apparurent à Abraham & à Loth, l'Ange Raphaël à Tobie, & le conduisit en Médie, ou lorsque le Démon apparut à Jesus-Christ, & le conduisit sur une haute montagne, & sur le pinacle du Temple de Jérusalem, ou lorsque Moïse apparut avec Elie sur le Thabor : car ces Apparitions sont certaines par les Ecritures.

Si l'on veut que ces Apparitions n'ayent été que dans l'imagination & dans l'esprit de ceux qui ont vû ou crû voir des

Anges, des Démons ou des Ames séparées du corps, ainsi qu'il arrive tous les jours dans le sommeil, & quelquefois dans la veille, lorsqu'on est fort occupé de certains objets, ou frappé de certaines choses qu'on désire ardemment, ou qu'on craint extraordinairement ; comme quand Ajax croyant voir Ulysse & Agamemnon, ou Menelaüs, se jetta sur des animaux qu'il égorgea, croyant tuer ces deux hommes ses ennemis, & sur lesquels il mouroit d'envie d'exercer sa vengeance.

Dans cette supposition l'Apparition ne sera pas moins difficile à expliquer. Il n'y avoit ni prévention, ni trouble d'imagination, ni passion précédente qui portât Abraham à se figurer qu'il voyoit trois personnes, à qui il donna à manger, à qui il parla, qui lui promirent la naissance d'un fils, à quoi il ne pensoit guére alors. Les trois Apôtres qui virent Moïse s'entretenant avec Jesus-Christ sur le Thabor, n'étoient point préparés à cette Apparition : il n'y avoit nulle passion de crainte, d'amour, de vengeance, d'ambition, ni autre qui leur frappât l'imagination, pour les disposer à voir Moïse; comme il n'y en avoit point dans Abraham lorsqu'il apperçut les trois Anges qui lui apparurent.

Souvent dans le sommeil nous voyons ou nous croyons voir ce qui nous a beaucoup frappé dans la veille, ou ce que nous souhaitons beaucoup ; quelquefois nous nous y représentons des choses auxquelles nous n'avons jamais pensé, & même qui nous répugnent, & qui se présentent à notre esprit malgré nous. Personne ne s'avise de chercher les causes de ces sortes de représentations : on les attribue au hazard, ou à quelque disposition des humeurs ou du sang, ou du cerveau, ou même du lieu où l'on est couché, ou de la maniere dont le corps est placé au lit ; mais rien de tout cela n'est applicable aux Apparitions des Anges, des Démons, ou des Esprits, lorsque ces Apparitions sont accompagnées & suivies d'actions, de discours, de prédictions & d'effets réels précédés & prédits par ceux qui apparoissent.

Si l'on a recours à une prétendue fascination des yeux ou des autres sens, qui nous font quelquefois croire que nous voyons & entendons ce que nous ne voyons & n'entendons pas ; ou que nous ne voyons ou n'entendons pas ce qui se passe à nos yeux, ou ce qui frappe nos oreilles : comme quand les soldats envoyés pour arrêter Elisée lui parlerent

& le virent avant de le connoître, ou que les habitans de Sodôme ne purent reconnoître la porte de Loth, quoiqu'elle fût devant leurs yeux, ou que les Disciples d'Emmaüs ne reconnurent pas Jesus-Christ qui les accompagnoit, & qui leur expliquoit les Ecritures ; ils n'ouvrirent leurs yeux & ne le reconnurent *qu'à la fraction du pain.*

Cette fascination des sens qui nous fait croire que nous voyons ce que nous ne voyons pas, ou cette suspension de l'éxercice & des fonctions naturelles de nos sens, qui nous empêche de voir & de reconnoître ce qui se passe à nos yeux ; tout cela n'est guére moins miraculeux, que de condenser l'air ou de le raréfier, ou de donner de la solidité & de la consistence à ce qui est purement spirituel & dégagé de la matiere.

Il s'ensuit de tout cela que nulle Apparition ne se peut faire sans une espece de miracle, & sans un concours extraordinaire & surnaturel de la puissance de Dieu, qui ordonne, ou qui fait, ou qui permet qu'un Ange, qu'un Démon, ou qu'une Ame séparée du corps apparoisse, agisse, parle, marche, & fasse d'autres fonctions qui n'appartiennent qu'à un corps organisé,

On

On me dira qu'il est inutile de recourir au miraculeux & au surnaturel, si l'on a reconnu dans les substances spirituelles un pouvoir naturel de se faire voir, soit en condensant l'air, ou en produisant un corps massif & palpable, ou en suscitant quelque corps mort, à qui ces Esprits rendent la vie & le mouvement pour un certain tems.

Je conviens de tout cela ; mais j'ose soutenir que cela n'est possible ni à l'Ange, ni au Démon, ni à une substance spirituelle, quelle qu'elle soit. L'Ame peut bien produire en elle-même des pensées, des volontés & des désirs : elle peut bien imprimer des mouvemens à son corps, & réprimer ses saillies & ses agitations ; mais comment le fait-elle ? La Philosophie ne peut guére l'expliquer qu'en disant qu'en vertu de l'union qu'elle a avec son corps, Dieu par un effet de sa sagesse lui a donné le pouvoir d'agir sur ses humeurs, sur ses organes, & de leur imprimer certains mouvemens; mais il y a lieu de croire qu'elle n'opére tout cela que comme cause occasionnelle, & que c'est Dieu comme cause premiere, nécessaire, immédiate & essentielle, qui produit tous les mouvemens du corps qui se font dans la nature.

Tome I.   T

Ni l'Ange, ni le Démon n'ont pas plus de privilége à cet égard sur la matiere, que l'ame de l'homme sur son propre corps. Ils ne peuvent ni modifier la matiere, ni la changer, ni lui imprimer des actions & des mouvemens que par le pouvoir de Dieu, & avec son concours nécessaire & immédiat : nos lumieres ne nous permettent pas de juger autrement; il n'y a point de proportion physique entre l'Esprit & le corps : ces deux substances ne peuvent agir mutuellement & immédiatement l'une sur l'autre ; elles ne peuvent agir qu'occasionnellement, en déterminant la cause premiere, en vertu des Loix qu'elle a jugé à propos de se prescrire à elle-même pour l'action réciproque des créatures l'une sur l'autre, de leur donner l'être, de le conserver, & de perpétuer le mouvement dans la masse de la matiere qui compose l'Univers, en donnant lui-même la vie aux substances spirituelles, & leur permettant avec son concours comme cause premiere d'agir le corps sur l'ame, & l'ame sur le corps, les uns & les autres comme causes occasionnelles.

Porphyre étant consulté par Anebon, Prêtre Egyptien, si ceux qui prédisent l'avenir & font des prodiges ont des

Ames plus puissantes, ou s'ils reçoivent ce pouvoir de quelque Esprit étranger, répond que selon les apparences tout cela se fait par le moyen de certains mauvais Esprits qui sont naturellement fourbes, qui prennent toutes sortes de formes, & qui font tout ce qu'on voit arriver de bien & de mal ; mais qu'au fond ils ne portent jamais les hommes à ce qui est véritablement bien.

Saint Augustin (a) qui rapporte ce passage de Porphyre, appuie beaucoup sur son témoignage, & dit que tout ce qui se fait d'extraordinaire par certains tons de voix, par des figures ou des fantômes, est d'ordinaire l'ouvrage du Démon, qui se joue de la crédulité & de l'aveuglement des hommes ; que tout ce qui s'opére de merveilleux dans la nature, & ne se rapporte pas au culte du vrai Dieu, doit passer pour illusion du Démon. Les plus anciens Peres de l'Eglise, Minutius Felix, Arnobe, S. Cyprien, attribuent de même toutes ces sortes d'effets extraordinaires au malin Esprit.

Tertullien (b) ne doutoit pas que les Apparitions qui sont produites par la Magie, & par les évocations des Ames,

(a) Aug. de civit. Dei, lib. X. c. 11. 12.
(b) Tertull. de animâ, c. 57.

qui forcées par les enchantemens sortent, dit-on, du fond de l'Enfer, ne soient de pures illusions du Démon, qui fait paroître aux assistans un corps fantastique, & qui fascine les yeux de ceux qui croyent voir ce qu'ils ne voient pas; ce qui n'est pas plus difficile au Démon, dit-il, que de séduire & d'aveugler les Ames, qu'il engage dans le péché. Pharaon croyoit voir des Serpens véritables produits par ses Magiciens; ce n'étoit qu'illusion. La vérité de Moïse dévora le mensonge de ces Imposteurs; *corpora videbantur Pharaoni & Egyptiis magicarum virgarum Dracones; sed Moïsi veritas mendacium devoravit.*

Cette fascination des yeux de Pharaon & de ses serviteurs est-elle plus aisée à faire que de produire des serpens; & se peut-elle faire sans le concours de Dieu? & comment concilier ce concours avec la sagesse, l'indépendance & la vérité de Dieu? Le Démon à cet égard a-t'il un plus grand pouvoir qu'un Ange & qu'une Ame séparée du corps? Et si une fois on ouvre la porte à cette fascination, tout ce qui paroît surnaturel & miraculeux deviendra incertain & douteux. On dira que les merveilles racontées dans l'Ancien & le Nouveau Testament ne sont à l'égard de ceux qui en ont été témoins, ou à qui elles sont arrivées, qu'illusions & fascinations; & à quoi ces principes ne conduisent-ils pas? Cela conduit à douter de tout, à nier tout, à croire que Dieu de concert avec le Démon nous induit à erreur, & nous fascine les yeux & les autres sens, pour nous faire croire que nous voyons, que nous entendons, & que nous connoissons, ce qui n'est ni présent à nos yeux, ni connu à notre esprit, ni appuyé sur notre raisonnement, puisque par-là les principes du raisonnement sont renversés.

Il faut donc recourir aux principes solides & inébranlables de la Religion, qui nous apprennent ;

1°. Que les Anges, les Démons, & les Ames séparées du corps, sont de purs Esprits dégagés de toute matiere.

2°. Que les substances spirituelles ne peuvent que par l'ordre ou la permission de Dieu apparoître aux hommes, & leur faire paroître des corps sensibles & véritables, dans lesquels & par lesquels ils font ce qu'on leur voit faire.

3°. Que pour faire paroître ces corps & les faire agir, parler, marcher, manger, &c. elles doivent produire des corps sensibles, ou en condensant l'air, ou subssituant d'autres corps terrestres, solides, & capables de faire les fonctions dont nous parlons.

4°. Que la maniere dont se fait cette production & apparition de corps sensibles, nous est absolument inconnue; que nous n'avons aucune preuve, que les substances spirituelles ayent un pouvoir naturel de produire ces sortes de changemens quand il leur plaît; qu'elles ne les peuvent produire que dépendamment de Dieu.

5°. Qu'encore qu'il y ait souvent beaucoup d'illusion, de prévention & d'imagination dans ce qu'on raconte des opérations & des Apparitions des Anges, des Démons, & des Ames séparées du corps, il y a toutefois de la réalité dans plusieurs de ces choses, & qu'on ne peut raisonnablement les révoquer toutes en doute, ni encore moins les nier toutes.

6°. Qu'il y a des Apparitions qui portent avec elles la preuve & le caractere de vérité, par la qualité de celui qui les rapporte, par les circonstances qui les accompagnent, par les suites de ces Apparitions, qui annoncent des choses futures, & qui sont suivies de l'effet, qui opérent des choses impossibles aux forces naturelles de l'homme, & trop opposées aux intérêts du Démon, & à son caractere de malice & de tromperie, pour qu'on puisse le soupçonner d'en être l'auteur ou le fauteur. Enfin ces Apparitions sont certifiées par la créance, les prieres, & la pratique de l'Eglise qui les autorise, & qui en suppose la réalité.

7°. Que quoique ce qui paroît miraculeux ne le soit pas toujours, on doit au moins y reconnoître pour l'ordinaire du prestige & de l'opération du Démon; par conséquent que le Démon peut avec la permission de Dieu faire beaucoup de choses qui surpassent nos connoissances, & le pouvoir naturel que nous lui supposons.

8°. Que ceux qui veulent les expliquer par la voie de la fascination des yeux & des autres sens, ne résolvent pas la difficulté, & se jettent dans de plus grands embarras, que ceux qui admettent simplement les Apparitions faites par l'ordre ou la permission de Dieu.

CHAPITRE XLVII.

Objections contre les Apparitions, & réponses aux objections.

LA plus solide objection qu'on puisse former contre les Apparitions des Anges, des Démons, des Ames séparées du corps, se prend de la nature de ces substances, qui étant purement spirituelles, ne peuvent paroître avec des corps sensibles, solides & palpables, ni en faire les fonctions, qui n'appartiennent qu'à la matiere & à des corps vivans & animés.

Car ou les substances spirituelles sont unies aux corps qui paroissent ou non? Si elles n'y sont pas unies, comment peuvent-elles les mouvoir & les faire agir, marcher, parler, raisonner, manger? Si elles y sont unies, elles ne font donc qu'un tout, un individu avec elles; & comment peuvent-elles s'en séparer après s'y être unies? Les prennent-elles & les quittent-elles à volonté, comme on quitte un habit ou un masque? Cela supposeroit qu'elles sont maîtresses de paroître ou de disparoître, ce qui n'est pas, puisque toute Apparition se fait uniquement par l'ordre ou par la permission de Dieu. Ces corps qui paroissent ne sont-ils que les instrumens dont les Anges, les Démons, ou les Ames se servent pour effrayer, pour avertir, pour châtier, pour instruire celui ou ceux à qui ils paroissent? C'est en effet ce qu'on peut dire de plus raisonnable sur ces Apparitions; les Exorcismes de l'Eglise ne tombent directement que sur l'agent & le moteur de ces Apparitions, & non sur le Fantôme qui apparoît, ni sur le premier Auteur qui est Dieu, qui l'ordonne ou le permet.

Une autre objection fort commune & fort frappante est celle qui se tire de la multitude des fausses histoires, & des bruits ridicules qui se répandent parmi le peuple d'Apparitions d'Ames, de Démons, de Folets, de Possessions & Obsessions.

Il faut convenir que de cent de ces prétendues Apparitions, à peine y en aura-t'il deux de vraies; les Anciens ne sont pas plus croyables en cela que les Modernes, puisqu'ils étoient au moins aussi crédules qu'on l'est dans notre siè-

T v

cle, ou plutôt qu'ils étoient plus crédules qu'on ne l'est aujourd'hui.

Je conviens que la vaine crédulité du peuple, & l'amour de ce qui a l'air de merveilleux & d'extraordinaire, ont produit une infinité d'histoires fausses sur le sujet que nous traitons. Il y a ici deux écueils à éviter, la trop grande crédulité, & l'excessive difficulté à croire ce qui est au-dessus du cours ordinaire de la nature: de même qu'on ne doit pas conclure le général du particulier, ni dire que tout est faux, parce qu'il y a quelques histoires qui sont fausses; aussi ne doit-on pas toujours assurer qu'une telle histoire en particulier est inventée à plaisir, parce qu'il y en a un très-grand nombre de cette derniere espece. Il est permis d'éxaminer, d'éprouver & de choisir; on ne doit porter son jugement qu'avec connoissance de cause. Une histoire peut être fausse dans plusieurs de ses circonstances, & être vraie dans le fond.

L'histoire du Déluge & celle du passage de la mer rouge sont certaines en elles-mêmes, & dans le simple & naïf récit qu'en fait Moïse. Les Historiens profanes & quelques Hébreux, des Chrétiens même y ont ajouté des embellissemens qui ne doivent point porter coup contre l'histoire en elle-même. Joseph l'Historien a beaucoup embelli l'histoire de Moïse ; des Auteurs Chrétiens ont beaucoup ajouté à celle de Joseph; les Mahométans ont alteré plusieurs points de l'Histoire sacrée de l'Ancien & du Nouveau Testament : faudra-t'il pour cela réduire en problême ces Histoires ? La vie de S. Grégoire Thaumaturge est remplie de miracles, de même que celles de S. Martin, de S. Bernard ; S. Augustin rapporte plusieurs guérisons miraculeuses opérées par les Reliques de S. Etienne. On rapporte aussi plusieurs choses extraordinaires dans la vie de S. Ambroise. Pourquoi n'y pas ajouter foi après le témoignage de ces grands Hommes, & celui de leurs Disciples, qui avoient vêcu avec eux, & avoient été témoins d'une bonne partie de ce qu'ils rapportent ?

Il n'est pas permis de contester la vérité des Apparitions marquées dans l'Ancien & le Nouveau Testament; mais il est permis de les expliquer : par exemple, il est dit que le Seigneur apparut à Abraham dans la Vallée de Mambré (*a*); qu'il entra dans la tente d'Abraham, & qu'il

(*a*) Genes. xviij. v. 8.

lui promit la naissance d'un fils: toutefois l'on convient qu'il reçut trois Anges qui allerent de-là à Sodôme. S. Paul (a) le marque expressément dans l'Epître aux Hébreux: *Angelis hospitio receptis.* Il est dit de même que le Seigneur apparut à Moïse, & lui donna la Loi; & S. Etienne dans les Actes (b) nous apprend que ce fut un Ange qui lui parla au buisson ardent & sur le Mont Oreb; & S. Paul aux Galates dit que la Loi a été donnée par les Anges (c): *ordinatæ per Angelos.*

Quelquefois le nom d'Ange du Seigneur se prend pour un Prophete, pour un homme rempli de son esprit, & député de sa part. Il est certain que l'Hébreu *Malac* & le Grec *Angelos* a la même signification qu'un *Envoyé*. Par exemple, au commencement du livre des Juges (d), il est dit qu'il vint un Ange du Seigneur de Galgal au lieu des pleurs, & qu'il y reprocha aux Israélites leur infidélité & leur ingratitude. Les plus habiles Commentateurs (e) croyent que cet *Ange du Seigneur* n'est autre que Phinées ou le Grand Prêtre d'alors, ou

(a) Hebr. xiij. 2.
(b) Act. vij. 30. 32.
(c) Gal. 3.
(d) Judic. 11. 1.
(e) Vide Commentar. in Judic. 2. 2.

plutôt un Prophete envoyé exprés vers le Peuple assemblé à Galgal.

Dans l'Ecriture les Prophetes sont quelquefois qualifiés Anges du Seigneur: (a) *voici ce que dit l'Envoyé du Seigneur; entre les Envoyés du Seigneur*, dit Aggée, parlant de lui-même. Le Prophete Malachie, le dernier des petits Prophetes, dit que *le Seigneur enverra son Ange, qui préparera sa voie devant sa face* (b). Cet Ange est S. Jean-Baptiste, qui prépare la voie à Jesus-Christ, lequel est lui-même qualifié l'Ange du Seigneur: *& bientôt le Dominateur que vous demandez, & l'Ange du Seigneur si désiré viendra dans son Temple*. Ce même Sauveur est désigné dans Moïse sous le nom de Prophete (c): *le Seigneur suscitera du milieu de votre nation un Prophete comme moi*. Le nom d'Ange est donné au Prophete Nathan, qui reprit David de son péché. Je ne prétens pas par ces témoignages nier que les Anges n'ayent souvent apparu aux hommes; mais j'en infere que quelquefois ces Anges n'étoient que des Prophetes, ou d'autres personnes suscitées & envoyées de Dieu à son Peuple.

(a) Agg. i. 13.
(b) Malac. iij. 1.
(c) Deut. xviij. 18.

Quant aux Apparitions du Démon, il est bon de remarquer que dans l'Ecriture on attribue aux mauvais Esprits la plus grande partie des calamités publiques & des maladies: par exemple, il est dit que Satan inspira à David (a) de faire le dénombrement de son Peuple; mais dans un autre endroit il est dit simplement que la colere du Seigneur s'enflamma contre Israël (b), & qu'elle porta David à faire le dénombrement de ses Sujets. Il y a plusieurs autres endroits des Livres saints où l'on rapporte ce que fait le Démon, & ce qu'il dit, d'une maniere populaire, par la figure que l'on nomme Prosopopée; par exemple, l'entretien de Satan avec la premiere femme (c), & le discours que le Démon tint en la compagnie des bons Anges devant le Seigneur, lorsqu'il lui parla de Job (d), & qu'il obtint permission de le tenter & de l'affliger. Dans le Nouveau Testament il paroît que les Juifs attribuoient à la malice du Démon & à sa possession presque toutes les maladies dont ils étoient affligés. Dans S. Luc (e) cette femme qui

(a) I. Par. xxj. 1.
(b) II. Reg. xxiv. 1.
(c) Genes. 11. v. 2. 32
(d) Job. 1. 7. 8. 9.
(e) Luc. xiij. 16.

étoit courbée & ne pouvoit se relever, & qui souffroit cette incommodité depuis dix-huit ans, avoit, dit l'Evangéliste, *un esprit d'infirmité*, & Jesus-Christ après l'avoir guérie dit, *que Satan la tenoit liée depuis dix-huit ans*; & dans un autre endroit il est dit, qu'un Lunatique ou Epileptique étoit possédé du Démon : il est clair par ce qu'en disent S. Matthieu & S. Luc, qu'il étoit attaqué d'Epilepsie (*a*), qu'il tomboit du mal caduc, qu'il écumoit, qu'il se déchiroit, qu'il se rouloit, qui sont des marques connues de l'Epilepsie. Le Sauveur le guérit de cette incommodité, & ôta par ce moyen au Démon l'occasion de le tourmenter davantage ; comme David en dissipant par le son de sa Harpe la noire mélancholie de Saül, le délivroit du malin Esprit qui abusoit de ces dispositions qu'il trouvoit en lui, pour réveiller sa jalousie contre David. Tout ceci veut dire que souvent on attribue au Démon ce dont il n'est point coupable, & qu'il ne faut pas donner légerement dans tous les préjugés du peuple, ni prendre à la lettre tout ce que l'on raconte des opérations de Satan.

(*a*) Matth. xvij. 14. Luc. ix. 36.

CHAPITRE XLVIII.

Autres Objections & Réponses.

POUR combattre les Apparitions des Anges, des Démons, & des Ames séparées du corps, on releve encore les effets d'une imagination frappée & prévenue, d'un esprit foible & timide, qui s'imagine voir & entendre ce qui ne subsiste que dans son idée : on releve les supercheries du malin Esprit, qui se plaît à nous jouer & à nous faire illusion ; on appelle au secours les subtilités des Charlatans, qui font tant de choses qui passent pour surnaturelles aux yeux des ignorans. Les Philosophes par le moyen de certains verres, & de ce qu'on appelle Lanternes-magiques, par les secrets de l'Optique, par les poudres de Sympathie, par leurs Phosphores, & depuis peu par la machine de l'Electricité, font voir une infinité de choses que les simples prendroient pour des prestiges, parce qu'ils en ignorent les causes. Des yeux mal affectés ne voient pas ce que les autres voient, ou le voient autrement. Un homme plein de vin verra les objets doubles; celui qui a la jauniſſe les verra jaunes; dans l'obſcurité on croit voir un Spectre en voyant un tronc d'arbre.

Un Charlatan paroîtra manger une épée; un autre crachera des charbons, ou des cailloux: celui-ci boira du vin & le fera ſortir par le front; un autre coupera la tête à ſon compagnon, & la lui remettra: vous croirez voir un poulet qui traîne une poutre. Le Charlatan avalera du feu & le vomira: il tirera du ſang d'un fruit, il fera ſortir de ſa bouche des cloux enfilés, ſe mettra une épée ſur le ventre, la preſſera avec force, & au lieu d'entrer, elle ſe repliera juſqu'à la garde; un autre ſe fera paſſer une épée au travers du corps ſans ſe bleſſer: vous verrez tantôt un enfant ſans tête, puis une tête ſans enfant, & tout vivant. Cela paroît miraculeux; cependant ſi l'on ſçavoit comment tout cela ſe fait, on n'en feroit que rire, & on admireroit qu'on ait pû admirer de telles choſes.

Que n'a-t'on pas dit pour & contre le ſecret de la baguette de Jacques Aimar? L'Ecriture nous prouve l'antiquité de la Divination par la baguette dans l'exemple de Nabuchodonoſor (a), & dans ce

(a) Ezech. xjx 21.

qu'en dit le Prophete Osée (a). La fable parle des merveilles opérées par la verge d'or de Mercure. Les Gaulois & les Germains usoient aussi de la baguette pour deviner, & il y a lieu de croire que souvent Dieu permettoit que les baguettes fissent connoître par leurs mouvemens ce qui devoit arriver ; c'est pourquoi on les consultoit. Tout le monde sçait le secret de la baguette de Circé, qui changeoit les hommes en bêtes : je ne lui compare pas la baguette de Moïse, par le moyen de laquelle Dieu opéra tant de miracles en Egypte ; mais on peut lui comparer celles des Magiciens de Pharaon qui produisirent tant d'effets merveilleux.

Albert le Grand rapporte qu'en Allemagne on a vû deux freres, dont l'un passant près d'une porte des mieux fermées, & présentant le côté gauche, elle s'ouvroit ; l'autre frere avoit la même vertu pour le côté droit. S. Augustin dit qu'il y a des hommes (a) qui remuent les deux oreilles l'une après l'autre, ou toutes les deux ensemble, sans remuer la tête : d'autres sans la remuer aussi font descendre sur leur front toute la peau de

---

(a) Osée. iv. 12.
(b) Aug. lib. xiv. de Civit. c. 24.

leur tête & les cheveux qui y tiennent, & la remettent comme elle étoit auparavant ; quelques-uns imitent si parfaitement la voix des animaux, qu'il est presque impossible de ne s'y pas méprendre. On a vû des gens qui parloient du creux de leur estomach, & se faisoient entendre comme parlant de très-loin, quoiqu'ils fussent tout près : un autre dans le bruit qu'il rendoit par le derriere sans aucune mauvaise odeur (a), imitoit quand il vouloit le son de la voix & du chant de l'homme ; d'autres avalent une incroyable quantité de choses différentes, & en resserrant tant soit peu leur estomach, rejettent toutes entieres comme d'un sac celles qu'il leur plaît. On a vû & entendu l'année passée en Alsace un Allemand qui seul sonnoit de deux cors-de-chasse ensemble, & donnoit des airs à deux parties, le premier & le second dessus en même tems. Qui nous expliquera le secret des fiévres intermittantes, du flux & reflux de la mer, & la cause de tant d'effets qui sont certainement tout naturels ?

Gallien raconte (b) qu'un Médecin

(a) Aug. ibidem : Quidam ab imo sine fœtore ullo ita numerosos pro arbitrio sonitus edunt, ut ex illâ etiam parte cantare videantur.

(b) Gallien. de differ. sympt.

nommé Théophile étant tombé malade, s'imaginoit voir auprès de son lit grand nombre de joüeurs d'Instrumens qui lui rompoient la tête, & augmentoient sa maladie. Il ne cessoit de crier que l'on chassât ces gens-là. Etant revenu en santé & en son bon sens, il se souvenoit parfaitement de tout ce qu'on lui avoit dit; mais il ne pouvoit se mettre hors de l'esprit ces joueurs d'Instrumens, qu'il assuroit lui avoir causé un mortel ennui.

En 1628. Desbordes Valet-de-chambre du Duc de Lorraine Charles IV. fut accusé d'avoir avancé la mort de la Princesse Christine de Salm, épouse du Duc François II. & mere du Duc Charles IV. & d'avoir causé à différentes personnes des maladies que les Médecins attribuoient aux maléfices. Charles IV. avoit conçû de violens soupçons contre Desbordes, depuis que dans une partie de chasse ce Valet-de-chambre avoit servi sans autres préparatifs que d'avoir ouvert une boëte à trois étages, un grand dîner au Duc & à sa compagnie, & pour comble de merveilles avoit ordonné à trois voleurs qui étoient morts & pendus au gibet, d'en descendre, & de venir faire la révérence au Duc, puis de reprendre leur place à la potence; on disoit de plus que dans une autre occasion il avoit ordonné aux personnages d'une tapisserie de s'en détacher, & de venir se présenter au milieu de la salle.

Charles IV. n'étoit pas fort crédule ; cependant il permit qu'on fit le procès à Desbordes : il fut, dit-on, convaincu de Magie, & condamné au feu ; mais on m'a assuré depuis (*a*) qu'il s'étoit sauvé, & que quelques années après s'étant présenté devant le Duc, & s'étant justifié, il demanda la restitution de ses biens qu'on avoit confisqués, mais qu'il n'en put récupérer qu'une très-petite partie. Depuis l'avanture de Desbordes, les Partisans de Charles IV. voulurent révoquer en doute la validité du Baptême de la Duchesse Nicole son épouse, parce qu'elle avoit été baptisée par Lavallée Chantre de Saint George, ami de Desbordes, & convaincu comme lui de plusieurs crimes, qui lui attirerent une pareille condamnation. Du doute du baptême de la Duchesse, on vouloit inférer l'invalidité du mariage de Charles avec elle, ce qui étoit alors la grande affaire de Charles IV.

Le P. Delrio Jésuite dit que le Ma-

_____
(*a*) M. Franfquin Chanoine de Toul.

gicien nommé Trois-Echelles détachoit par ses enchantemens en présence du Roi Charles IX. les anneaux ou chaînes d'un collier de l'Ordre du Roi porté par quelques Chevaliers qui étoient fort éloignés de lui; il les faisoit venir dans sa main, & les remettoit ensuite en leur place sans que le collier parût dérangé.

Jean Fauste Cudlingen Allemand fut prié dans une compagnie de gens de bonne humeur de faire en leur présence quelques tours de son métier; il leur promit de leur faire voir une vigne chargée de raisins meurs & prêts à cueillir. Ils croyoient que comme on étoit alors au mois de Décembre, il ne pourroit exécuter sa promesse; il leur recommanda beaucoup de ne bouger de leurs places, & de ne pas porter les mains pour couper des raisins, sinon par son commandement exprès. La vigne parut aussitôt en verdure & chargée de raisins au grand étonnement de tous les assistans: chacun prit son couteau, attendant l'ordre de Cudlingen pour couper du raisin; mais après les avoir tenus quelque tems en cette attente & dans cette posture, il fit tout d'un coup disparoître la vigne & les raisins: alors chacun se trouva armé de son couteau, & tenant d'une main le nez de son voisin, de maniere que s'ils eussent voulu couper une grape sans le commandement de Cudlingen, ils se seroient coupé le nez les uns aux autres.

On a vû dans ces quartiers-ci un cheval qui paroissoit doué d'esprit & de discernement, & entendre le langage de son maître; tout le secret consistoit en ce que le cheval étoit dressé à observer certains mouvemens de son maître, & ensuite de ces mouvemens il étoit porté à faire certaines choses ausquelles il étoit accoutumé, & à s'adresser à certaines personnes, à quoi il ne se seroit jamais porté sans le mouvement qu'il voyoit faire à son maître.

On peut objecter cent autres faits semblables, qui pourroient passer pour opérations magiques, si l'on ne sçavoit que ce sont de pures subtilités, & des tours de souplesse faits par des gens exercés en ces sortes de manéges. Il se peut faire que quelquefois on ait attribué à la Magie & au malin Esprit des opérations pareilles à celles que nous venons de rapporter, & que l'on ait pris pour des Apparitions d'Esprit de personnes décédées, de pures badineries souvent faites exprès par des jeunes gens pour effrayer les passans. Ils se couvriront de blanc ou de noir, & se feront voir dans un cimetiere en posture de gens qui demandent des prieres; après cela ils seront les premiers à crier qu'ils ont vû un Esprit: d'autres fois ce seront des filoux ou de jeunes gens, qui couvriront sous ce voile leurs intrigues amoureuses, ou leurs vols & leurs friponneries.

Quelquefois une Veuve ou des Héritiers par des raisons d'intérêt publieront que le défunt mari apparoît dans sa maison, & est dans la peine; qu'il a demandé ou commandé telles choses ou telles restitutions. J'avoue que tout cela peut arriver & arrive quelquefois; mais il ne s'ensuit pas qu'il ne revienne jamais d'Esprits. Le retour des Ames est infiniment plus rare que ne le croît le commun du Peuple; j'en dis autant des prétendues opérations magiques & des Apparitions du Démon.

On remarque que plus l'ignorance est grande dans un pays, plus la superstition y regne, & que l'Esprit de ténébres y exerce un plus grand Empire, à proportion de ce que les Peuples y sont plongés dans les plus grands désordres & dans de plus profondes ténébres. Louis Vivez témoigne (a) que dans les pays nouvelle-

_____
(a) Ludov. Vivez, lib. 2. de Veritate fidei, p. 540.

ment

ment découverts en l'Amérique, rien n'est plus commun que de voir des Esprits qui paroissent en plein midi, non-seulement à la campagne, mais dans les Villes & dans les Villages, parlant, commandant, frappant même quelquefois les hommes. Olaüs Magnus, Archevêque d'Upsal, qui a écrit sur les Antiquités des Nations Septentrionales, remarque que dans la Suede, la Norvége, la Finlande, la Fionie, & la Laponie, l'on voit communément des Spectres ou des Esprits qui font plusieurs choses merveilleuses; qu'il y en a même qui servent comme de Domestiques aux hommes, menent paître les chevaux & autre bétail.

Les Lapons encore aujourd'hui, tant ceux qui sont demeurés dans l'Idolâtrie, que ceux qui ont embrassé le Christianisme, croyent les Apparitions des Manes, & leur font des especes de sacrifices. Je veux croire que la prévention & les préjugés de l'enfance ont beaucoup plus de part à cette croyance que la raison & l'expérience. En effet, parmi les Tartares où la Barbarie & l'ignorance régnent autant qu'en aucun pays du monde, on ne parle ni d'Esprits ni d'Apparitions, non plus que parmi les Mahométans, quoiqu'ils admettent les Apparitions des Anges faites à Abraham & aux Patriarches, & celle de l'Archange Gabriel à Mahomet même.

Les Abyssins, Peuple fort grossier & fort ignorant, ne croyent ni Sorciers, ni Sortiléges, ni Magiciens; ils disent que c'est donner trop de pouvoir au Démon, & que par-là on tombe dans l'erreur des Manichéens, qui admettent deux principes, l'un du bien qui est Dieu, & l'autre du mal qui est le Démon. Le Ministre Becker dans son livre intitulé: *le Monde enchanté*, se mocque des Apparitions des Esprits & des mauvais Anges, & traite de ridicule tout ce qu'on dit des effets de la Magie; il soutient que croire à la Magie est contraire à l'Ecriture & à la Religion.

Mais d'où vient donc que les Ecritures défendent de consulter les Magiciens, & qu'elles font mention de Simon le Magicien, d'Elimas autre Magicien, & des opérations de Satan? Que deviendront les Apparitions des Anges si bien marquées dans l'Ancien & le Nouveau Testament? Que deviendront les Apparitions d'Onias à Judas Machabée, & du Diable à Jesus-Christ même, après son jeûne de quarante jours? Que dira-t-on de l'Apparition de Moïse à la Transfiguration du Sauveur ; & d'une infinité d'autres Apparitions faites à toutes sortes de personnes, & rapportées dans des Auteurs sages, sérieux, éclairés? Les Apparitions des Démons & des Ames sont-elles plus difficiles à expliquer & à concevoir que celles des Anges, que l'on ne peut raisonnablement contester sans renverser toutes les Ecritures, les pratiques, & la créance des Eglises?

L'Apôtre ne nous dit-il pas que l'Ange de ténébres se transfigure quelquefois en Ange de lumiere? Abandonner absolument la créance des Apparitions, n'est-ce pas donner atteinte à ce que le Christianisme a de plus sacré, à la créance d'une autre vie, d'une Eglise subsistante dans un autre monde, des récompenses pour les bonnes actions, & des supplices pour les mauvaises; l'utilité des prieres pour les morts, l'efficace des exorcismes? Il faut donc dans ces matieres garder le milieu entre l'excessive crédulité & l'extrême incrédulité : il faut être sage & éclairé modérément, *sapere ad sobrietatem*; il faut, selon le conseil de S. Paul, éprouver tout, examiner tout, ne se rendre qu'à l'évidence & à la vérité connue; *omnia probate, quod bonum est tenete*

CHAPITRE XLIX.

Les Secrets de la Physique & de la Chymie pris pour choses surnaturelles.

ON pourra m'objecter les secrets de la Physique & de la Chymie, qui produisent une infinité d'effets merveilleux, & qui paroissent au-dessus des forces des agens naturels. On a la composition d'un Phosphore, avec lequel on écrit : les caracteres ne paroissent point au grand jour ; mais on les voit briller dans l'obscurité : on peut tracer avec ce Phosphore des figures capables de surprendre & même d'allarmer pendant la nuit, comme on a fait apparemment plus d'une fois pour causer malicieusement de vaines frayeurs. La poudre ardente est un autre Phosphore, qui pourvû qu'on l'expose à l'air, répand la lumiere & le jour & la nuit. Combien de gens ont-ils été effrayés par les petits vers qui se trouvent dans certains bois pourris, & qui rendent la nuit une lumiere brillante !

On a l'expérience journaliere d'une infinité de choses toutes naturelles, qui paroissent au-dessus du cours ordinaire de la nature (a), mais qui n'ont rien de miraculeux, ni qui doive être attribué aux Anges ou au Démon; par exemple, les dents & les nez d'applique, dont on trouve tant d'Histoires dans les Auteurs, en sont une preuve. Ces dents & ces nez tombent aussi-tôt que la personne dont on les a tirés vient à mourir, à quelque distance que ces deux personnes soient l'une de l'autre.

Les pressentimens qu'ont certaines personnes de ce qui arrive à leurs parens & à leurs amis, même à leur propre mort, n'ont rien de plus miraculeux. On a plusieurs exemples des personnes à qui ces pressentimens sont ordinaires, & qui la nuit même en dormant diront qu'une telle chose est arrivée, ou doit arriver; que tels messagers leur doivent venir, & annoncer telles choses.

Il y a des chiens qui ont l'odorat si fin, qu'ils sentent d'assez loin l'approche d'une personne qui leur a fait du bien ou du mal; on en a diverses expériences: cela ne peut venir que de la diversité des organes de ces animaux, dont les uns ont l'odorat beaucoup plus fin que les

___
(a) M. de S. André, Lett. 3. sur les Maléfices.

autres, & sur qui les esprits qui s'exhalent des corps étrangers agissent plus vivement, & dans une plus grande distance que sur d'autres. Certaines personnes ont l'ouie si fine, qu'elles entendront ce qui se dira à l'oreille, même dans une autre chambre bien fermée; on cite sur cela l'exemple d'une certaine Marie Bucaille, à qui l'on croyoit que son Ange gardien découvroit ce qu'on disoit à une assez grande distance d'elle.

D'autres ont l'odorat si vif, qu'ils distinguent à l'odeur tous les hommes & les animaux qu'ils ont vûs, & qu'ils sentent leur approche à une assez grande distance; on en a plus d'un exemple. Les aveugles assez souvent ont cette faculté, aussi-bien que celle de discerner au tact les couleurs des étoffes, du poil des chevaux, des cartes à jouer.

D'autres discernent au goût tout ce qui entre dans un ragoût, mieux que ne sçauroit faire le Cuisinier le plus expert. D'autres ont la vûe si perçante, qu'au premier coup d'œil ils discernent les objets les plus confus & les plus éloignés, & remarquent jusqu'au moindre changement qui s'y fait.

Il y a des hommes & des femmes qui sans dessein de nuire, ne laissent pas de faire beaucoup de mal aux enfans & à tous les animaux tendres & délicats, qu'ils regardent avec attention ou qu'ils touchent. Tout cela arrive particulierement dans les pays chauds, & l'on en pourroit produire beaucoup d'exemples : de-là ce que les Anciens & les Modernes ont écrit sur les fascinations ; de-là les précautions qu'on prenoit contre ces effets par des amuletes & des préservatifs qu'on pendoit au col des enfans.

On a connu des hommes, des yeux desquels il sortoit des esprits si venimeux, qu'ils endommageoient tout ce qu'ils regardoient, même jusqu'aux mammelles des Nourrices qu'ils faisoient tarir, aux plantes, aux fleurs, aux feuilles des arbres qu'on voyoit se flétrir & tomber : ils n'osoient entrer en aucun lieu, qu'ils n'avertissent auparavant qu'on en fit sortir les Enfans, les Nourrices, les animaux nouveaux nés, & généralement toutes les choses qu'ils pouvoient infecter par leur haleine ou par leurs regards.

On se mocqueroit avec raison de ceux qui pour expliquer tous ces effets si singuliers auroient recours aux Maléfices, aux Sortiléges, à l'opération des Démons ou des bons Anges. L'écoulement des corpuscules, ou la transpiration insensible des corps qui produisent tous ces effets, suffit pour en rendre raison. On n'a recours ni aux miracles, ni aux causes supérieures, sur-tout lorsque ces effets sont produits de près à près, & à une médiocre distance ; mais quand la distance est grande, l'écoulement des esprits & des corpuscules insensibles ne satisfait pas de même, non plus que quand il se trouve des choses & des effets qui passent les forces connues de la nature, comme de prédire l'avenir, de parler des langues inconnues, de s'extasier ensorte que l'on ne sente plus rien, de s'élever en l'air, & d'y demeurer assez longtems.

Les Chymistes montrent que la Palingénésie, ou une espece de renaissance ou de résurrection des animaux, des insectes & des plantes, est possible & naturelle. En mettant les cendres d'une plante dans une phiole, ces cendres s'éxaltent, & s'arrangent autant qu'elles peuvent dans la figure que leur a d'abord imprimé l'Auteur de la Nature.

Le P. Schot Jésuite assure qu'il a vû souvent une rose, qu'on faisoit sortir de ses cendres toutes les fois qu'on vouloit moyennant un peu de chaleur. On a trouvé le secret d'une eau minérale, qui fait reverdir une plante morte qui a sa racine, & qui la met au même état que si elle pouſſoit en pleine terre. Digby aſſure qu'il a tiré d'animaux morts pilés & broyés la repréſentation de ces animaux, ou d'autres animaux de même eſpece.

Ducheſne fameux Chymiſte rapporte qu'un Médecin de Cracovie conſervoit dans des phioles les cendres de preſque toutes les plantes, de ſorte que quand quelqu'un par curioſité vouloit voir, par exemple, une roſe dans ces phioles, il prenoit celle où ſe conſervoit la cendre du roſier, & la mettant ſur une chandelle allumée, dès qu'elle avoit un peu ſenti la chaleur, on voyoit remuer la cendre, qui s'élevoit comme un petit nuage obſcur, & après quelques mouvemens, venoit enfin à repréſenter une roſe auſſi belle & auſſi fraîche que ſi elle venoit du roſier.

Gaffarel aſſure que M. de Claves, célebre Chymiſte, faiſoit voir tous les jours des plantes tirées de leurs propres cendres. David Vanderbroch prétend que le ſang des animaux contient auſſi-bien que leur ſemence les idées de leurs eſpeces; il rapporte à ce ſujet l'expérience de M. Borelli, qui aſſure que le sang humain tout chaud est encore plein de ses esprits, ou souffres acides & volatils, & qu'étant excité dans les cimetieres & dans les lieux où se sont donné de grandes batailles par quelque chaleur de la terre, on voit s'élever des idées ou fantômes des personnes qui y sont enterrées ; qu'on les verroit aussi-bien le jour que la nuit, sans le trop de lumiere qui nous empêche même de voir les étoiles. Il ajoute que par ce moyen on pourroit voir l'idée, & représenter par une Nécromancie licite & naturelle la figure ou le fantôme de tous les grands hommes de l'Antiquité, nos amis & nos ancêtres, pourvû qu'on eût de leurs cendres.

Voilà ce qu'on objecte de plus plausible pour détruire tout ce qu'on dit des Apparitions des Esprits. On en conclut que ce sont ou des Phénomenes fort naturels, & des exhalaisons produites par la chaleur de la terre imbibée de sang & des esprits volatils des morts, sur-tout de mort violente ; ou que ce sont des suites d'une imagination frappée & prévenue, ou simplement des illusions de notre esprit, ou des jeux de personnes qui aiment à se divertir par des terreurs paniques qu'ils inspirent aux autres ; ou enfin des mouvemens produits naturellement par des hommes, des chats, des chiens, des hiboux, des rats, des singes & autres animaux: car il est vrai que le plus souvent quand on approfondit ce qu'on a pris pour des Apparitions, on ne trouve rien de réel, d'extraordinaire, ni de surnaturel; mais conclure de-là que toutes les Apparitions & les opérations que l'on attribue aux Anges, aux Ames & aux Démons, sont chimériques, c'est porter les choses à l'excès: c'est conclure qu'on se trompe toujours, parce qu'on se trompe souvent.

CHAPITRE L.

Conclusion du Traité sur les Apparitions.

APRES avoir exposé mon sentiment sur les Apparitions des Anges, des Démons, des Ames des trépassés, & même des hommes vivans à d'autres hommes vivans, & avoir parlé de la Magie, des Oracles, des Obsessions & Possessions du Démon, des Esprits folets & familiers, des Sorciers & Sorcieres, des Spectres qui prédisent l'avenir, de ceux qui infestent les maisons ; après avoir proposé les objections qu'on forme contre les Apparitions, & y avoir répondu le plus solidement qu'il m'a été possible, je crois pouvoir conclure, qu'encore que cette matiere souffre de très-grandes difficultés, tant pour le fond de la chose, je veux dire pour la vérité & la réalité des Apparitions en général, que sur la maniere dont elles se font : toutefois on ne peut raisonnablement disconvenir qu'il n'y ait des Apparitions véritables de toutes les sortes dont nous venons de parler, & qu'il n'y en ait aussi un très-grand nombre de très-contestables, & d'autres qui sont manifestement l'ouvrage de la fourberie, de la malice des hommes, de la subtilité des charlatans, & de la souplesse des joueurs des passe-passe.

Je reconnois de plus, que l'imagination, la prévention, la simplicité, la superstition, l'excessive crédulité, la foiblesse d'esprit ont donné lieu à plusieurs prétendues Apparitions, & à plusieurs histoires qu'on raconte ; que l'ignorance de la bonne Philosophie a fait prendre pour effets miraculeux & pour opérations de la Magie noire, ce qui est le simple effet de la Magie blanche, & des secrets d'une Philosophie cachée aux ignorans & au commun des hommes.

De plus, je confesse que je vois des difficultés insurmontables dans l'explication de la maniere des Apparitions, soit qu'on admette avec plusieurs Anciens que les Anges, les Démons & les Ames séparées du corps ont une espece de corps subtil, transparent, de la nature de l'air, soit qu'on les croye purement spirituels, & dégagés de toutes matieres visibles, grossieres ou subtiles.

Je pose pour principe que pour expliquer la matiere des Apparitions, & pour donner sur ce sujet des regles sûres, il faudroit

1°. Connoître parfaitement la nature des Esprits, des Anges, des Ames & des Démons : il faudroit sçavoir si les Ames par leur nature sont tellement spirituelles, qu'elles n'ayent plus aucun rapport à la matiere, ou si elles ont encore quelque relation à un corps aërien, subtil, invisible, dont elles soient encore les maîtresses après la mort, ou qu'elles exercent quelque empire sur le corps grossier qu'elles ont animé, pour lui imprimer de nouveau certains mouvemens, de même que l'ame qui nous anime, imprime à nos corps tels mouvemens qu'elle juge à propos ; ou si l'Ame détermine simplement par sa volonté comme cause occasionnelle, la premiere cause qui est Dieu, à donner le mouvement à la machine qu'elle a animée.

2°. Si après la mort l'Ame conserve encore ce pouvoir sur son propre corps ou sur d'autres, par exemple, sur l'air & sur les autres élémens.

3°. Si les Anges & les Démons ont respectivement le même pouvoir sur les corps sublunaires, par exemple, pour épaissir l'air, pour l'enflammer, pour y produire des nuages & des orages, pour y faire paroître des fantômes, pour gâter ou conserver les fruits & les moissons, pour faire périr les animaux, pour produire des maladies, pour exciter des tempêtes & des naufrages sur la mer, ou même pour fasciner les yeux & tromper nos autres sens.

4°. S'ils peuvent faire toutes ces choses naturellement & par leur propre vertu, autant de fois qu'ils le jugent à propos; ou s'il faut un ordre particulier, ou du moins une permission de Dieu pour qu'ils puissent exercer ce que nous venons de dire.

5°. Enfin il faudroit sçavoir exactement, quel est l'empire de ces substances que nous supposons purement spirituelles, & jusqu'où s'étend le pouvoir des Anges, des Démons, & des Ames séparées de leurs corps grossiers, à l'égard des Apparitions, des opérations, des mouvemens qu'on leur attribue. Car tandis que nous ne sçaurons pas quelle est la mesure de la puissance que le Créateur a donnée ou laissée aux Ames séparées du corps, aux bons Anges ou aux Démons, nous ne pourrons aucunement définir ce qui est miraculeux, ni le distinguer de ce qui est naturel, ni prescrire les justes bornes jusqu'où peut s'étendre, ou dans lesquelles on doit limiter les opérations naturelles des Ames, des Anges & des Démons.

Si nous accordons au Démon la faculté de fasciner nos yeux quand il lui plaît, ou de disposer l'air pour y faire paroître un Fantôme ou un Phénoméne, ou de rendre le mouvement à un corps mort, mais non entierement corrompu, ou d'inquiéter les vivans par de mauvais songes ou des représentations terribles, il ne faudra plus admirer plusieurs choses que nous admirons, ni tenir pour miracles certaines guérisons & certaines Apparitions, si elles ne sont que des effets naturels de la puissance des Ames, des Anges & des Démons.

Si un homme revêtu de son corps produisoit de tels effets par lui-même, on auroit raison de dire que ce sont des opérations surnaturelles, parce qu'elles excédent le pouvoir connu, ordinaire & naturel de l'homme vivant; mais si ce même homme avoit commerce avec un Esprit, un Ange ou un Démon, à qui il commandât en vertu de quelque pacte explicite ou implicite certaines choses qui seroient au-dessus de ses forces naturelles, mais non pas au-dessus des forces de l'Esprit auquel il commanderoit, l'effet qui en résulteroit seroit-il miraculeux ou surnaturel? Non sans doute, dans la supposition que l'Esprit qui le produiroit, ne feroit rien qui fût au-dessus de ses forces & de sa faculté naturelle.

Mais seroit-ce un miracle, qu'un homme eût relation avec un Ange ou avec un Démon, & qu'il fît avec eux un pacte explicite ou implicite, pour les obliger sous certaines conditions, & avec certaines cérémonies, à produire des effets qui paroîtroient au dehors & dans nos esprits pour être au-dessus des forces de l'homme? Par exemple, dans les opérations de certains Magiciens, qui se vantent d'avoir un pacte explicite avec le Démon, & qui par ce moyen excitent des tempêtes, ou font une diligence extraordinaire en marchant, ou font mourir des animaux, ou causent aux hommes des maladies incurables, ou charment les armes ; ou qui dans d'autres opérations, comme dans l'usage de la baguette divinatoire, & dans certains remédes contre les maladies des hommes & des chevaux, qui n'ayant nulle proportion naturelle avec ces maladies, ne laissent pas de les guérir, quoique ceux qui emploient ces remédes, protestent qu'ils n'ont jamais pensé à contracter aucune alliance avec le Démon ?

Pour répondre à cette question, la difficulté revient toujours à sçavoir, s'il y a entre l'homme vivant & mortel une proportion ou un rapport naturel, qui le rende capable de contracter une alliance avec l'Ange ou le Démon, en vertu de laquelle ces Esprits lui obéissent, & exercent sous son Empire, en vertu du pacte précédent, un pouvoir qui leur est naturel : car si dans tout cela il n'y a rien qui soit au-dessus des forces ordinaires de la nature, tant de la part de l'homme que de la part des Anges ou des Démons, il n'y a rien de miraculeux ni dans les uns ni dans les autres; il n'y en a point non plus de la part de Dieu, qui laisse agir les causes secondes selon leur faculté naturelle, dont il est néanmoins toujours le principe & le Maître absolu, pour les limiter, les arrêter, les suspendre, les étendre ou les augmenter selon son bon plaisir.

Mais comme nous ne connoissons point, & qu'il paroît même impossible que nous connoissions par les lumieres de la raison, quelle est la nature & l'étendue naturelle du pouvoir des Anges, des Démons & des Ames séparées du corps, il semble qu'il y auroit de la témérité à vouloir décider sur cette matiere, pour en tirer des conséquences des causes par les effets, ou des effets par les causes. Par exemple, dire les Ames, les Démons & les Anges ont quelquefois apparu aux hommes ; donc elles ont une faculté naturelle de revenir & d'apparoître, c'est une proposition hazardée & téméraire ; car il est très-possible que les Ames ne reviennent, & que les Anges & les Démons n'apparoissent que par une volonté particuliere de Dieu, & non par une suite de ses volontés générales, & en vertu de son concours naturel & physique avec ses créatures.

Au premier cas, ces Apparitions sont miraculeuses, comme étant au-dessus des forces naturelles des agens dont il s'agit ; au second cas, elles n'ont rien de surnaturel, sinon la permission que Dieu accorde rarement aux Ames de revenir, aux Anges & aux Démons d'apparoître, & de produire les effets dont nous avons parlé.

Suivant ces principes, nous pouvons avancer sans témérité

1°. Que les Anges & les Démons ont souvent apparu aux hommes ; que les Ames séparées du corps sont souvent revenues, & que les uns & les autres peuvent encore faire la même chose.

2°. Que la maniere de ces Apparitions & de ces retours est une chose inconnue, & que Dieu abandonne à la dispute & aux recherches des hommes.

3°. Qu'il y a quelque apparence que ces sortes d'Apparitions ne sont point absolument miraculeuses de la part des bons & des mauvais Anges, mais que Dieu les permet quelquefois pour des raisons dont il s'est réservé la connoissance.

4°. Que l'on ne peut donner sur cela aucune regle certaine, ni former aucun raisonnement démonstratif, faute de connoître parfaitement la nature & l'étendue du pouvoir des Etres spirituels dont il s'agit.

5°. Qu'il faut raisonner des Apparitions en songe autrement que de celles qui se font dans la veille ; autrement des Apparitions en corps solides, parlant, marchant, bûvant & mangeant ; & autrement des Apparitions en ombre, ou en corps nébuleux & aërien.

6°. Ainsi il seroit téméraire de poser des principes, & de former des raisonnemens uniformes sur toutes ces choses en commun, chaque espece d'Apparition demandant son explication particuliere.

CHAPITRE LI.

Maniere d'expliquer les Apparitions.

LEs Apparitions en songe, par exemple, celle de l'Ange (*a*), qui dit à S. Joseph de transporter l'Enfant Jesus en Egypte, parce que le Roi Hérode vouloit le faire mourir ; cette Apparition renferme deux choses : la premiere, l'impression qui se fit dans l'idée de S. Joseph d'un Ange qui lui paroissoit ; la seconde, la prédiction

(*a*) Matth. II. 13. 14.

ou la révélation de la mauvaise volonté d'Hérode. L'une & l'autre est au-dessus des forces ordinaires de notre nature ; mais nous ne sçavons pas si elle est au-dessus du pouvoir d'un Ange : il est certain qu'elle ne s'est pû faire que par la volonté & par l'ordre de Dieu.

Les Apparitions d'une Ame, d'un Ange & d'un Démon, qui se font voir revêtus d'un corps apparent, & seulement en ombre & en fantôme, comme celle de l'Ange qui se fit voir à Manué pere de Samson, & qui s'évanouit avec la fumée du Sacrifice, & de celui qui tira S. Pierre de prison, & disparut de même après l'avoir conduit le long d'une rue ; les corps que ces Anges prenoient, & que nous supposons avoir été seulement apparens & aëriens, souffrent de grandes difficultés ; car ou ces corps leur étoient propres, ou ils leur étoient étrangers ou empruntés.

S'ils leur étoient propres, & que l'on suppose avec plusieurs anciens & quelques nouveaux, que les Anges, les Démons, & même les Ames des hommes ont une espece de corps subtil, transparent & aërien, la difficulté consiste à sçavoir comment ils peuvent condenser le corps transparent, & le rendre visible d'invisible qu'il étoit: car s'il étoit toujours & de sa nature sensible & visible, il y auroit une autre espece de miracle continuel à le rendre invisible, & à le dérober à nos sens; & si de sa nature il est invisible, quelle puissance le peut rendre visible? De quelque maniere qu'on envisage cet objet, il paroît également miraculeux, ou de rendre sensible ce qui est purement spirituel, ou de rendre invisible ce qui est de sa nature palpable & corporel.

Les anciens Peres de l'Eglise qui donnoient aux Anges des corps subtils, & de la nature de l'air, expliquoient selon leurs principes plus facilement les prédictions faites par les Démons, & les opérations merveilleuses qu'ils causent dans l'air, dans les élémens, dans nos corps, & qui sont beaucoup au-dessus de ce que les hommes les plus subtils & les plus sçavans peuvent connoître, prédire & opérer. Ils concevoient de même plus facilement que les mauvais Anges peuvent causer des maladies, qu'ils rendent l'air corrompu & contagieux, qu'ils inspirent aux méchans de mauvaises pensées & des désirs injustes, qu'ils pénétrent nos pensées & nos désirs, qu'ils prévoient des tempêtes & des changemens dans l'air, & des dérangemens dans les saisons; tout cela s'explique avec beaucoup plus de facilité dans l'hypothèse que les Démons ont des corps composés d'un air très-fin & très-subtil.

S. Augustin (*a*) avoit écrit qu'ils pouvoient aussi découvrir ce qui se passe dans notre esprit & dans le fond de nos cœurs, non-seulement par nos paroles, mais aussi par certains signes & certains mouvemens extérieurs, qui échappent aux plus circonspects; mais réfléchissant sur ce qu'il avoit avancé dans cet endroit, il se rétracta, & avoua qu'il avoit parlé trop affirmativement sur une matiere peu connue, & que la maniere dont les mauvais Anges pénetrent nos pensées, est une chose très-cachée, & qu'il est très-difficile aux hommes de découvrir & d'expliquer: ainsi il aime mieux suspendre son jugement sur cela, & demeurer dans le doute.

(*a*) S. Aug. lib. 2. retract. c. 30.

CHAPITRE LII.

Difficulté d'expliquer la maniere dont se font les Apparitions, quelque système que l'on propose sur ce sujet.

LA difficulté est plus grande, si l'on suppose que ces Esprits sont absolument dégagés de toute matiere : car comment peuvent-ils rassembler autour d'eux une certaine quantité de matiere, s'en revêtir, lui donner une forme humaine, reconnoissable, capable de parler, d'agir, de s'entretenir, de boire & de manger, comme firent les Anges qui apparurent à Abraham (a), & celui qui apparut (b) au jeune Tobie, & le conduisit à Ragés ? Tout cela se fait-il par la puissance naturelle de ces Esprits ? Dieu leur a-t'il donné ce pouvoir en les créant, & s'est-il engagé en vertu de ses Loix naturelles, & par une suite de son action intime & essentielle sur la créature en qualité de Créateur, d'imprimer à l'occasion de la volonté de ces Esprits certains mouve-

(a) Genes. xviij.
(b) Tob. xij. 19.

mens

mens dans l'air & dans les corps qu'ils voudront mouvoir, condenser & faire agir, de même à proportion qu'il a bien voulu en vertu de l'union de l'Ame à un corps vivant, que cette Ame imprimât à ce corps des mouvemens proportionnés à ses propres volontés, quoique naturellement il n'y ait nulle proportion naturelle entre la matiere & l'Esprit, & que selon les loix de la Physique, l'une ne puisse agir sur l'autre, sinon en ce que la premiere cause, l'Etre créateur a bien voulu s'assujettir à créer ce mouvement, & à produire ces effets à l'occasion de la volonté de l'homme, mouvemens qui sans cela passeroient pour surnaturels?

Ou dira-t'on avec quelques nouveaux Philosophes (a), qu'encore que nous ayons des idées de la matiere & de la pensée, peut-être ne serons-nous jamais capables de connoître si un Etre purement matériel pense ou non, par la raison qu'il nous est impossible de découvrir par la contemplation de nos propres idées sans révélation, si Dieu n'a point donné à quelques amas de matieres disposées comme il le trouve à propos, la puissance d'appercevoir & de penser, ou

_____
(a) M. Lock, de intellectu human. lib 4. c. 3.

s'il a joint & uni à la matiere ainsi disposée une substance immatérielle qui pense ? Or par rapport à nos notions, il ne nous est pas plus mal-aisé de concevoir que Dieu peut ajouter à notre idée de la matiere la faculté de penser, puisque nous ignorons en quoi consiste la pensée, & à quelle espece de substance cet Etre tout-puissant a trouvé à propos d'accorder cette faculté, qui ne sçauroit être dans aucun Etre créé qu'en vertu du bon plaisir & de la bonté du Créateur.

Ce systême certainement renferme de grandes absurdités, & plus grandes à mon sens que celles qu'il sembleroit vouloir éviter. Nous concevons clairement que la matiere est divisible, & capable de mouvement ; mais nous ne concevons pas qu'elle soit capable de penser, ni que la pensée puisse consister dans une certaine configuration ou un certain mouvement de la matiere. Et quand la pensée pourroit dépendre d'un arrangement, ou d'une certaine subtilité, ou d'un certain mouvement de la matiere, dès que cet arrangement seroit troublé, ou le mouvement interrompu, ou cet amas de matiere subtile dissipé, la pensée cesseroit d'être produite, & par conséquent ce qui constitue l'homme ou l'animal raisonnable ne subsisteroit plus : ainsi toute l'économie de notre Religion, toutes nos espérances d'une autre vie, toutes nos craintes des peines éternelles s'évanouiroient ; les principes mêmes de notre Philosophie seroient renversés.

A Dieu ne plaise que nous voulions donner des bornes à la Toute-puissance de Dieu ; mais cet Etre tout-puissant nous ayant donné pour regle de nos connoissances la clarté des idées que nous avons de chaque chose, & ne nous étant pas permis d'assurer ce que nous ne connoissons pas distinctement, il s'ensuit que nous ne devons pas assurer que la pensée puisse être attribuée à la matiere. Si la chose nous étoit connue par la révélation, & enseignée par l'autorité des Ecritures, alors on pourroit imposer silence à la raison humaine, & captiver son entendement sous l'obéissance de la foi ; mais on convient que la chose n'est nullement révélée : elle n'est pas non plus démontrée, ni par la cause, ni par les effets ; elle doit donc être considérée comme un pur systême, inventé pour lever certaines difficultés qui résultent du sentiment qui lui est opposé.

Si la difficulté d'expliquer comment l'Ame agit sur nos corps paroît si grande, comment peut-on comprendre que l'Ame elle-même soit matérielle & étendue ? En ce dernier cas agira-t'elle sur elle-même, & se donnera-t'elle le mouvement pour penser, ou ce mouvement sera-t'il la pensée, ou produira-t'il la pensée ? Cette matiere pensante pensera-t'elle toujours, ou seulement par fois; & quand elle aura cessé de penser, qui est-ce qui la fera penser de nouveau ? Sera-ce Dieu, sera-ce elle-même ? Un agent aussi simple que l'Ame peut-il agir sur lui-même, & se reproduire en quelque sorte en pensant, après avoir cessé de penser ?

Mon Lecteur dira que je le laisse ici dans l'embarras, & qu'au lieu de lui donner des lumieres sur les Apparitions des Esprits, je répands des doutes & de l'incertitude sur cette matiere : j'en conviens ; mais j'aime mieux douter prudemment, que d'assurer ce que je ne sçais pas. Et si je m'en tiens à ce que ma Religion m'enseigne sur la nature des Ames, des Anges & des Démons, je dirai qu'étant purement spirituels, il est impossible qu'ils apparoissent revêtus d'un corps, quel qu'il soit, à moins d'un miracle : supposé toutefois que Dieu ne les ait pas créés naturellement capables de ces opérations, avec subordination à sa volonté souverainement puissante, qui ne leur permet que rarement de mettre en exécution cette faculté de se faire voir corporellement aux mortels.

Si quelquefois les Anges ont mangé, parlé, agi, marché comme des hommes, ce n'étoit point par le besoin qu'ils eussent de boire ou de manger pour se soutenir & pour vivre, mais pour l'exécution des desseins de Dieu, qui vouloit qu'ils parussent aux hommes agissans, bûvans & mangeans, comme le marque l'Ange Raphael (a) : *Quand j'étois avec vous, j'y étois par la volonté de Dieu : il vous sembloit que je bûvois & mangeois; mais pour moi j'use d'une nourriture invisible, qui est inconnue aux hommes.*

Il est vrai que nous ne connoissons point quelle peut être la nourriture des Anges, qui sont des substances purement spirituelles, ni ce que devenoit cette nourriture, que Raphael & les trois Anges qu'Abraham traita dans sa tente, prirent ou semblerent prendre en la compagnie des hommes. Mais il y a tant d'autres choses dans la nature qui nous sont inconnues & incompréhensibles, que

(a) Tob. xij. 18. 19.

X iij

nous devons bien nous consoler de ne pas connoître comment se font les Apparitions des Anges, des Démons & des Ames séparées du corps.

Fin du Tome Premier.

www.ingramcontent.com/pod-product-compliance
Lightning Source LLC
Chambersburg PA
CBHW072212240426
43670CB00038B/854